WILDGÄNSE
THOMAS SPYRA

Autor

Thomas Spyra, Jahrgang 1948, lebt mit seiner Frau in Bad Windsheim. Nach mehreren Kurzerzählungen, verschiedenen Presseartikeln und nach seinem erfolgreichen Erstlingswerk „Des Meisters Bartel verlorener Ring" ist dies der zweite historische Roman aus seiner Feder.

Neben seinem Schreiben malt Thomas Spyra und gehört mit zu den bekannten Künstlern in seiner Heimatregion. Bei vielen Ausstellungen hat er seine Werke dem Publikum präsentiert.

Er ist Mitglied im Autorenverband Franken.

WILDGÄNSE

Historischer Roman

von

Thomas Spyra

Herstellung und Verlag:
© 2016 cristom-kunstverlag – Bad Windsheim

Druckerei & Verlag
Steinmeier GmbH & Co.KG, Deiningen

ISBN: 978-3-00-052944-3

Titelbild nach Skizzen
von Thomas und Miggl Spyra

Unterstüzt von der
Franken Therme Bad Windsheim

Für Christl
Ohne die hilfreiche Unterstützung und Aufmunterung
meiner Frau wäre das Buch nie geschrieben worden.

Waffen töten Menschen viele Male,
nicht durch ihre Bosheit,
sondern durch die Bosheit derer,
die sie bösartig gebrauchen.
Giovanni Boccaccio (1313 – 1375)

Vor Gott sind alle Menschen gleich,
ob einer arm ist oder reich.
Über Allen steht das Himmelszelt,
doch wie gerecht ist unsere Welt?
Christl Spyra

Für Erika
In Erinnerung an unsere „Sizilientante"
† 2015

1 Aufbruch 1736

Blutend an den Händen und aus der Nase, mit brummendem Schädel lag Andreas Christoph Bartel im Gebüsch. Mucksmäuschenstill lag er da und wartete ängstlich darauf, wie es weiter gehen würde, hatte er doch gemeint, sein letztes Stündlein sei angebrochen. Immer noch wütete die Bande und er rührte sich nicht, aus Angst die Straßenräuber würden ihn doch noch entdecken.

Langsam kreisten seine Gedanken um die Ereignisse der letzten Tage.

Alles war schief gegangen, seit der Schneidermeister mit seiner Frau in Windsheim, einer kleinen fränkischen Stadt, eine gute Tagesreise westlich von Nürnberg gelegen, aufgebrochen war.

Aus dem einst großen, kräftigen und immer lustigen Burschen, den Anna Maria geheiratet hatte, war im Laufe der Jahre ein etwas beleibter, schon leicht grauhaariger Mann geworden. Aschfahl war seine Haut vom tagelangen Sitzen in der dunklen Werkstatt. Nur sonntags bei schönem Wetter kam er an die frische Luft und in die Sonne, wenn er mit seinen wenigen Freunden auf dem Kornmarkt am Brunnen beim Frühschoppen saß.

Er gehörte zu jenen Menschen, die ein ausgesprochenes Selbstbewusstsein an den Tag legten und die meinten, sie müssten die ganze Welt verbessern. Immer und überall setzte er sich für die kleinen Leute ein und stellte sich damit nicht nur einmal gegen die Obrigkeit. Dabei stand er sich oft selbst im Weg, stieß wegen mangelnder Bildung an seine Grenzen.

„Ein Schneidermeister sollte sich um seine Sachen kümmern und das Reden und Philosophieren den Studierten überlassen." Nicht nur einmal bekam er dies gesagt. Aber er schlug alle wohlgemeinten Ratschläge in den Wind.

Zweimal wurde ihm in Windsheim eine besondere Ehre zuteil. Man berief ihn zum Siebener; dies sind Feldgeschworene, die für die Ordnung der Grenzsteine zuständig sind. Etwas später wählte man ihn zum Ratsherrn in den Äußeren Rat.

Leider verhinderte sein Unvermögen, sich gewissen gesellschaftlichen Regeln zu unterwerfen, eine Wiederwahl.

Die größte Stütze in dieser nicht immer leichten Zeit war seine von ihm über alles geliebte Frau Anna Maria. Sie war über zwölf Jahre älter als er, aber das sah man ihr nicht an. Mit ihren fast 53 Jahren war sie immer noch ein Energiebündel und eine schöne Frau. Sie strahlte zwar die Reife einer älteren Frau aus, hatte sich jedoch die Geschmeidigkeit der Jugend erhalten. Freilich war die Zeit an ihr auch nicht spurlos vorübergegangen. Aber die Lachfalten unter den hellgrün leuchtenden Augen und das rotblonde, schon leicht grau werdende Haar, das unter der Haube hervorspitzte, hatten sie nur noch hübscher werden lassen. Manch einer fragte sich, was sie an dem jüngeren und blassen Schneidermeister fand.

„Sei du selbst! Lass dich nicht beugen und unterkriegen. Jeder Mensch ist ein Individuum!" Mit diesen Thesen der Aufklärung ermunterte ihn seine Frau immer wieder, so weiter zu machen, wie er begonnen hatte.

Er grübelte viel über sich und die Welt nach. Viel Zeit für den Aufbau einer eigenen Werkstatt, für das Erlangen von

Ansehen und Reichtum lag hinter ihm. Er hatte es mithilfe seiner Frau zu etwas gebracht. Aber dann vor knapp einem Jahr wurde er aus der Zunft ausgeschlossen und nun durfte er keine eigene Werkstatt mehr betreiben. Er war mit seinen aufrührerischen Reden bei den Stadtoberen unerwünscht. Wer Gleichheit und Brüderlichkeit für alle Menschen forderte, war ein Querulant und so einen wollte man nicht innerhalb der Stadtmauern haben.

So hatte er seinen beruflichen und gesellschaftlichen Auf- und Abstieg in der Freien Reichsstadt Windsheim erlebt. Zu guter Letzt blieben ihm nur noch Flickschneiderei und Gelegenheitsarbeiten, sodass er für sich und seine Frau keine Zukunft mehr in der Stadt gesehen hatte.

Am ersten Montag im März 1736 hatten sie sich gemeinsam in aller Herrgottsfrühe auf den Weg gemacht. Frierend saß er auf dem Kutschbock, zog die Decke fester um sich. Die ersten Morgennebel lichteten sich bereits im Aischtal. Rotglühend schimmerte die aufgehende Sonne durch die Bäume des dichten Waldes. Der Morgensonne entgegen hinauf in Richtung Frankenhöhe, einer Hügellandschaft zwischen dem Aisch- und Zenntal im Rangau, ging die Reise. Dichte Eichen- und Buchenwälder bestimmten die Landschaft, nur unterbrochen von kleinen Dörfern und Weilern, hauptsächlich Besitzungen, die sich die verschiedenen Familien der Reichsfreiherren von Seckendorff mit den Rittern des Deutschherrnordens teilten. Zwielichtiges Gesindel, umherziehende Soldaten und Räuber sollten in den dunklen Wäldern hausen. Nur gemeinsam trauten sich die

Bauern, ihre Schweine und Kühe auf die wenigen Hutungen zu treiben.

"Hü, ho, los vorwärts, hü", schrie Christoph und trieb die Pferde mit dem schwer beladenen Reisewagen den steilen, steinigen Weg hinauf vorbei an der Burg Hoheneck. Er hatte zwar die Zusage des Burgherrn auf einen unversehrten Durchzug durch die dichten Wälder des Hohenecker Schussbachforstes, aber trotzdem war er froh, als sie das etwas lichtere und sichere Zenntal erreichten.

Bis zum Abend wollten sie bei einem Freund, dem berühmten Kupferstecher Johann Adam Delsenbach in Nürnberg sein, der ihnen durch seine guten Verbindungen zu den Händlern eine Mitreisegelegenheit in einem Nürnberger Handelszug verschaffen wollte. Immer noch war es gefährlich, alleine oder in kleinen Gruppen zu reisen.

Sie näherten sich der Freien Reichsstadt Nürnberg, eine der größten und reichsten Städte im ganzen Land. Vor vielen Jahren hatte Christoph hier seine Lehr- und Wanderjahre beendet und die Fertigkeiten eines Meisters erlangt.

Sie fuhren aus dem Wald heraus und erschraken, als plötzlich vor ihnen Todesvögel aufflogen. Hunderte schwarzer Raben kreisten, verdunkelten den Himmel und ein markerschütterndes Krächzen und Kreischen lag in der Luft. Christoph brachte den Wagen abrupt zum Stehen und sprang vom Bock. Auf dem Acker hier vor der Stadt sahen sie viele aufgeworfene Erdhügel. Der Gestank des Todes brannte beißend in der Nase. Vermummte Gestalten mit Kapuzen und Tüchern vorm Gesicht zerrten von einem Karren Stofffetzen und Leichenreste auf einen brennenden Holzstoß.

Andere waren dabei, Gruben auszuheben und Leichen hineinzuwerfen. Sie bestreuten die Toten mit Kalk und schaufelten die Gräber wieder zu.

„Heda, macht, dass ihr weiterkommt", rief ihnen einer der Wachen zu, „hier in den Dörfern vor der Stadt Nürnberg erntet der *Schwarze Tod.*"

Entsetzt blickten die Bartels auf das Geschehen und rasch kletterte Christoph wieder auf seinen Kutschbock. Er hatte gedacht, diese Seuche sei endlich ausgerottet. Sie fuhren weiter in Richtung Spittlertor.

Als sie am späten Nachmittag dort ankamen, fanden sie das Tor der Stadt verschlossen. Auf Anordnung des Stadtrates durfte niemand hinein oder heraus. Alle Reisenden mussten sich erst in ein Gehöft vor den Mauern der Stadt in Quarantäne begeben und dort zwei Wochen warten, bevor sie die Stadt betreten durften.

Soviel Zeit hatten die Bartels nicht, sie wollten ja zügig weiter. Christoph gelang es, einen der Stadtwachen zu überreden, seinen Freund ans Tor holen zu lassen. Es dauerte sehr lange, bis Delsenbach auf der Stadtmauer erschien.

„Grüß Gott Christoph, Ihr seid spät dran. Fang auf, hier habe ich ein Empfehlungsschreiben des Patriziers Abraham Levi Rosenzweig", damit warf er ihnen den Brief von der Stadtmauer hinunter, „versucht es in den kleineren Städten und Dörfern nördlich der Stadt. Viel Glück und eine gute und gesunde Reise. Schreibt einmal, wenn Ihr angekommen seid." Delsenbach winkte ihnen noch einmal zum Abschied zu, bevor ihn einer der Wachen wegdrängte.

Heute, drei Tage nach ihrer Abreise aus Windsheim, waren sie mit einigen Kaufleuten, denen sie sich angeschlossen hatten, bis kurz vor die fürstbischöfliche Residenzstadt Bamberg gekommen, als das Unglück über sie hereinbrach. Sie fuhren in einem mit herrlich weißblühenden Schlehengebüsch gesäumten Hohlweg einen steilen Berg hinunter. Lauer Frühlingsduft lag in der Luft.

Christoph hatte Mühe, die Pferde zu zügeln. Obwohl er den Bremshebel fest angezogen hatte, schob der vollgepackte Wagen die Pferde abwärts. Plötzlich, mit lautem, markerschütterndem Geschrei stürzten von den seitlichen Hängen und den Bäumen maskierte Wegelagerer über den Kaufmannszug her. Alles ging sehr schnell. Des Meisters Pferde scheuten und brachen aus. Sie rasten mit der immer noch voll gebremsten Kutsche den Bergweg hinunter und rammten einen umgekippten Kaufmannswagen. Unten an der Kurve brach das Fuhrwerk nach links aus und flog über eine Böschung seitlich ins Gebüsch. Christoph wurde vom Bock geschleudert und landete durch das kratzende Dornengestrüpp in blühendem Bärlauch. Er konnte gerade noch erkennen, wie der Wagen umkippte und das Gespann mit lautem Krachen nach unten verschwand.

Völlig benommen lag er da, alles tat ihm weh. Der starke Knoblauchduft des Bärlauchs trieb ihn in die Höhe, er rappelte sich auf und sah entsetzt, wie die Räuberbande wütete. Wahllos stachen sie auf die Reisenden ein, rissen den Toten die Kleider von den Leibern und sackten alles ein, was sie gebrauchen konnten. Er hörte das laute und erbärmliche Schreien, Heulen und Betteln seiner Reisegefährten. Ängstlich kroch er tiefer zurück ins Gebüsch. Endlich zog die Bande mit den noch heil gebliebenen und nun vollgepackten Wagen der Reisegruppe ab. Noch eine kleine Weile, dann war Ruhe. Eine unheimliche Stille – Totenstille.

Vorsichtig stand er auf und rannte erst leise, dann immer lauter rufend zur Schlucht: „Anna Maria!" Keine Antwort. „Frau? Anna Maria!" Stille - ihm war, als hielte die Natur den Atem an, die Angst kroch in ihm hoch. Lebte Anna Maria noch? Tränen brannten in seinen Augen, wo war sie?

Dann - nahe am Abgrund fand er seine Frau, in sich zusammengekauert und schluchzend. Sie hatte gerade noch aus dem Wagen springen können.

Gott sei Dank, auch sie war nur leicht verletzt und blutete aus einer kleinen Platzwunde am Kopf. Verzweifelt und glücklich zugleich klammerten sich beide aneinander. Sie hatten überlebt!

Lautes Pferdewiehern drang von unten herauf. Christoph kroch an den Rand der Schlucht und entdeckte etwa acht Ellen tiefer seine zerschellte Kutsche und zuckende Pferdeleiber in einem knietiefen Bach.

„Bleib hier und rühr dich nicht vom Fleck, man weiß ja nie, ob die nicht noch einmal zurückkommen. Ich klettere hinunter und sehe nach, ob noch etwas zu retten ist."

Vorsichtig rutschte Christoph den steilen Hang hinab, sich immer wieder am Gebüsch und an kleinen Bäumen festhaltend. Unten angekommen zerschnitt er die Riemen der eingespannten Pferde und löste sie vom Wagen. Er versuchte die Gäule einen nach dem anderen hochzuziehen. Aber es gelang ihm nicht. Laut wieherten die Pferde vor Schmerzen und knickten immer wieder ein, wenn er versuchte ihnen aufzuhelfen. Offensichtlich waren beide schwer verletzt, hatten sich Fesseln oder Beine gebrochen. Schweren Herzens erlöste er sie von ihrem Leiden und schnitt ihnen die Halsschlagadern durch. Das zweite Pferd zuckte noch einmal auf und ein großer Schwall Blut spritzte Christoph von oben bis unten voll.

Die Kutsche war nur noch ein Trümmerhaufen. Zusammen mit Anna Maria, die ihm nachgerutscht war, blieb ihm nichts anderes übrig, als die schweren Reisetruhen und ihre sonstige Habe aus dem Bach ans trockene Ufer zu ziehen. Aus dem nun offen stehenden Geheimversteck am Wagenboden nahm Christoph seine Gold- und Schmuckstücke an sich und versteckte sie in seinem weiten Mantel.

Erschöpft setzten sie sich auf eine der Kisten. Sie hatten Glück im Unglück gehabt. Dadurch, dass ihr Wagen das Steilufer hinabgestürzt war, hatten die Räuber sich nicht die Mühe gemacht, sie auszurauben.

Betend sanken beide in die Knie: „Herr, wir danken dir, dass du unser Leben gerettet hast. Bitte hilf uns jetzt weiter." Eng kuschelten sich die Eheleute aneinander, um sich gegenseitig zu wärmen. Jetzt im März war das Wasser doch recht kalt.

„Es wird bald Nacht, ich laufe zurück zum letzten Dorf, durch das wir vor etwa zwei Stunden gekommen sind, und hole Hilfe."

„Bleib hier, bitte lass mich nicht alleine, ich habe Angst, die Räuber könnten zurückkommen. Warten wir lieber, bis jemand vorbeikommt", flehte ihn seine Frau an.

„Also gut! Sehen wir erst einmal nach, was mit den anderen ist."

Beide kletterten den Hang hinauf und schlichen vorsichtig zum Weg zurück. Nichts rührte sich mehr. Auf dem schmalen Hohlweg verstreut lagen die Ermordeten, grausam verstümmelt, halbnackt, ihrer Kleidung beraubt. Erbarmungslos hatten die Halunken auf die wehrlosen Kaufleute und ihre Gehilfen eingestochen, Hälse aufgeschlitzt und Köpfe eingeschlagen.

„Christoph, komm, hier lebt noch einer!", rief Anna Maria plötzlich.

Nach weiterem Suchen fanden Christoph und Anna Maria nochmal einen schwer verletzten Kaufmann und eine ältere Dienstmagd. Diese hatte ebenso viel Glück gehabt wie sie und lediglich einige Abschürfungen davongetragen. Aber nervlich war sie völlig am Ende, zitterte und schluchzte in einem fort. Nur mühsam brachten sie aus ihr heraus, dass sie neben ihrer Herrschaft auch ihren Mann und ihren Sohn, beide Kutscher, bei dem Überfall verloren hatte.

Mit Stoffstreifen aus zerrissenen Kleidern, die verstreut herumlagen, verbanden sie notdürftig die Wunden der beiden Händler. Sie beratschlagten gerade, wie es nun weiter gehen solle, als sie Pferdegetrappel näherkommen hörten. Eilig zogen sie die Verletzten mit sich ins Gebüsch.

Eine schwer bewaffnete Eskorte geleitete mehrere Wagen den Weg herunter und näherte sich ihrem Versteck. Als die Soldaten die vielen Leichen sahen, stoppten sie und sicherten ihren Wagentreck sofort nach allen Seiten. Ein vornehm gekleideter Herr rief aus einer prachtvollen Karosse: „Herr Hauptmann, was ist da los? Lass Er nachschauen!"

Christoph erhob sich und trat vorsichtig aus dem Gebüsch. Sofort hielt ihn ein Bewaffneter mit einer Lanze in Schach.

„Helft uns Herr! Wir sind Räubern in die Hände gefallen", flehte er zu dem hohen Herrn hinüber.

„Was geht uns das an! Wir sind in Eile!", damit drängte ein Offizier hoch zu Ross Christoph zur Seite. „Macht Platz und belästigt seine Exzellenz Bischof Johann Theodor von Bayern nicht länger."

Auf einen Wink des Hauptmannes wollten die Soldaten Bartel zur Seite drängen, aber der fiel auf die Knie und bettelte laut schreiend: „Exzellenz, bitte …! Es wird bald dunkel. Wenn Ihr uns schon nicht mitnehmt, dann wenigstens die beiden Schwerverletzten, die brauchen einen Medikus, sonst sterben sie." Christoph zeigte auf die beiden Kaufleute, welche die Frauen aus dem Gebüsch herausschleiften.

„Hört Ihr schlecht! Macht Platz! Wir sind in einer sehr wichtigen Mission zum Fürstbischof unterwegs und werden noch heute Abend erwartet", schrie ihn der Hauptmann an.

„Bitte! Eure Exzellenz, denkt doch an die Worte Jesu in dem Gleichnis vom barmherzigen Samariter. Wir sind auch unter die Räuber gefallen und solltet Ihr nun nicht genauso handeln, wie es in der Bibel steht?" Bartel war zwischen den Soldaten hindurchgeschlüpft und hatte sich vor der Kutsche abermals auf die Knie geworfen.

„Was fällt Euch ein, mich, einen Bischof der Kurie, an die Heilige Schrift zu erinnern. Überhaupt, was wisst Ihr davon, Ihr als einfacher Handwerker, könnt Ihr überhaupt lesen?

Am Ende seid Ihr ein Ketzer bei Eurem Betragen", echauffierte sich der Angesprochene.

Offensichtlich hatte aber der Hinweis auf die Bibel den Bischof nach kurzem Zögern umstimmen können.

„Also gut, wir nehmen Euch mit. Ladet die Verletzten auf!", gab er den Befehl. „Zwei meiner Männer werden Euch helfen und der Marketenderwagen soll Euch aufnehmen. Aber beeilt Euch! Wir warten nicht!" Der Reisezug setzte sich wieder in Bewegung.

Die verletzten Kaufleute wurden auf den letzten Wagen gebettet und gegen ein kleines Trinkgeld waren die beiden Soldaten sogar bereit, die Truhen der Bartels zu holen und aufzuladen.

Mittlerweile dämmerte es bereits und in rasanter Fahrt hetzten sie den Vorausfahrenden hinterher. Kurz vor dem Stadttor holten sie den Tross ein, gerade noch rechtzeitig, bevor die Tore geschlossen wurden.

Der Wagen hielt neben einem stattlichen Anwesen, dem Gasthaus *Zum Roten Ochsen*.

„Hier könnt Ihr bleiben", meinte einer der Soldaten und half bereits den beiden Frauen vom Wagen. Auch der Wirt war mit ein paar seiner Knechte eifrig zur Stelle, als er das Bischofswappen auf dem Wagen erkannte.

„Die zwei Verletzten bringen wir ins Spital." Mit einem kurzen Gruß verabschiedeten sich die Soldaten und fuhren weiter.

Anna Maria schaltete, bevor der Wirt es sich anders überlegen konnte: „Ein schönes Zimmer für meinen Mann und mich und eine Kammer für unsere Magd."

In der Zwischenzeit hatten sich die beiden Frauen darauf geeinigt, dass Elisabeth als Magd für Kost und Logis mit den Bartels reisen würde.

Christoph zählte dem Wirt die ausgehandelte Summe in die Hand und erkundigte sich: „Wir sind auf dem Weg nach Bremen, dort will ich mich in Diensten der Hadson Companie nach Amerika einschiffen. Wir möchten uns gerne einem Handelszug in Richtung Norden anschließen. Könnt Ihr uns da weiter helfen?"

„Oh, da habt Ihr aber Pech. Alle Reisegruppen in diese Richtung sind in den letzten Tagen aufgebrochen. Da wären nur noch ein paar aus Schwäbisch Hall, die mit einer Ladung Salz nach Leipzig wollen. Ich mach Euch später bekannt." Damit verließ der Wirt das geräumige Zimmer, das er den Bartels vermietet hatte.

„Gerne könnt Ihr Euch uns anschließen, Meister Bartel. Von Leipzig aus kommt Ihr in gut zwei Tagen nach Torgau an die Elbe. Von dort könntet Ihr ein Schiff nehmen, das Euch den Fluss abwärts bis Hamburg bringt. Es ist der schnellste und sicherste Weg."

Froh nahm Christoph das Angebot des Handelsherrn an.

Auch der Wirt riet ihm dazu: „Schließt Euch dem schwerbewaffneten Treck der Schwäbisch Haller an. Man weiß nie, wann sich wieder so eine günstige Gelegenheit ergibt."

Nachdem der Zug erst in zwei Tagen aufbrechen wollte, hatte der Meister Zeit und Muße, sich die Bischofsstadt genauer anzusehen. Am Nachmittag stand er am Prachttor vor dem Bamberger Dom und betrachtete erstaunt eine aus

Sandstein gehauene Figur. Die bildhübsche Jungfrau hatte einen zerbrochenen Stab in der rechten Hand und zehn Ziegel in der linken. Ihre Augen waren mit einem Tuch verbunden. Seltsam, dachte er und schüttelte den Kopf.

„Werter Herr, Ihr seid nicht von hier - oder?", fragte ihn ein kleines spindeldürres Männchen, das ihn schon seit einiger Zeit beobachtete. „Kennt Ihr die Geschichte?"

Bartel schüttelte den Kopf und sah ihn fragend an.

„Man nennt die Figur die blinde Jungfrau, oder auch die blinde Gerechtigkeit und erzählt sich Folgendes: Eine Jungfrau wurde einst der Unzucht beschuldigt, sie beteuerte aber immer wieder ihre Unschuld. Vergebens – trotz ihres Flehens wurde sie gefoltert und schon halbtot erst vor den Dom und dann zum alten Schloss vors Gericht geschleppt. Verzweifelt bettelte sie zum Himmel: *Der Mensch hat kein Erbarmen mit meiner Unschuld, ihr Ziegel auf dem Dache habt´s noch eher, so erbarmt ihr euch meiner!* Kaum hatte sie das gerufen, fielen zehn Ziegel vom Dach und schlugen sie tot. Volk und Richter nahmen es als Himmelszeichen ihrer Unschuld. Seitdem mahnt das steinerne Bildnis der Jungfrau hier. Allerdings vergaß der Bildhauer die Augenbinde, die das blinde Urteil bedeuten soll. Darum verbindet man ihr nun die Augen mit einem Tuch ,und immer, wenn der Stoff verfault herabfällt, soll die Jungfrau um Mitternacht auf dem Domplatz auf- und niederschweben.

Einige Wachposten, die sie gesehen haben wollen, hatten nicht den Mut, sie anzurufen. Es heißt, sie pocht solange an die Wohnungen der Domherren und schwebt hier herum, bis sie wieder eine frische Augenbinde bekommt."

Kopfschüttelnd über so viel Dummheit und Herzlosigkeit meinte der Meister: „Nun das hat ihr auch nicht mehr geholfen. Aber wenigstens ein gnädiger Tod."

Von einem nahegelegenen Fuhrbetrieb erstand Bartel zu einem angemessenen Preis einen stabilen Planwagen und zwei starke Kaltblüter.

„Gebt den Pferden Bier, wenn Ihr einmal eine Höchstleistung von ihnen wollt, sie haben zu einer Brauerei gehört und sind das Biersaufen gewöhnt", riet der Verkäufer Christoph lachend.

Bereits zwei Tage später fuhren sie in Richtung Norden, naja, vielleicht etwas zu weit nach Nordosten.

Am Tag bevor sie losfahren wollten, war ein großer Handelszug aus Nürnberg angekommen. Es hatten nun alle beschlossen, erst gemeinsam nach deren Ziel Halle und dann weiter nach Leipzig zu reisen. Vielleicht ergab sich unterwegs noch eine Gelegenheit für Christoph und Anna Maria, sich einer anderen Reisegruppe anzuschließen, deren Weg besser für ihre geplante Richtung passte. Nun waren sie ein großer Treck mit über 40 Wagen und fast 80 Söldnern. So waren sie sicher, von keinem Gesindel überfallen zu werden. Allerdings ging es etwas langsamer, es dauerte seine Zeit, bis sich dieser Wagenzug jedes Mal wieder in Bewegung setzte.

Nach neun Tagen erreichten sie Halle, eine schmucke kleine Stadt mit einer sehr alten Universität. Gut drei Wochen waren nun seit dem Aufbruch in Windsheim vergangen. Je länger sie darüber nachdachten, umsomehr waren die beiden Eheleute überzeugt, dass Gott trotz allen Unglücks seine schützende Hand über sie gehalten hatte und sie glimpflich davongekommen waren.

Christoph entschloss sich, erst einmal eine größere Rast einzulegen und die Reise bei einer günstigen Gelegenheit nach Bremen fortzusetzen. Sie mieteten sich in einem kleinen, sauberen Gasthaus nahe der Universität ein - sehr preiswert, darum verkehrten hier mehr Studenten als Reisende. Mit dem Wirtsknecht vom Gasthaus *Zum Wilden Mann,* einem der führenden Häuser, in dem die durchreisenden Handelszüge haltmachten, hatte er vereinbart, dass dieser ihm Nachricht gab, sobald eine geeignete Reisegesellschaft ankäme.

Am zweiten Abend, die Bartels saßen gerade beim Abendbrot in einer Ecke des Wirtshauses, fragte sie der Wirt, nachdem er jedem einen großen Humpen Bier serviert hatte: „Wo seid Ihr eigentlich her? Ihr sprecht schon etwas anders als wir."

„Wir kommen aus Windsheim, einer Reichsstadt zwischen Rothenburg und Nürnberg. Etwa zehn Tagesreisen südlich von hier, im Frankenland", antwortete Christoph dem freundlichen Mann.

„Windsheim? Das habe ich doch schon mal gehört - Else!", schrie er nach hinten, „woher kennen wir Windsheim?"

„Na einer der Studenten, der Medikus, der Große! Wie hieß er doch gleich nochmal? Der war schon einige Zeit fertig mit dem Studium, hatte nur noch keine rechte Lust zum Arbeiten", erklärte seine Frau.

„Ach, du meinst den Stellers Georg, oder?"

„Ja, genau den!"

„Der ist doch im letzten Jahr nach St. Petersburg aufgebrochen, an die Akademie des Zaren."

„Meint Ihr den Georg Wilhelm Steller, einen Studenten der Medizin, der Theologie und vieler anderen Wissenschaften?", fragte Christoph nach.

„Ja, aber der ist wie gesagt kein Student mehr. Der ist schon fertig mit seinem Studium und ist nun ein Arzt", erwiderte der Wirt, „der Meiers Friedrich, einer der Philosophiestudenten, der kennt ihn gut. Ist auch so ´n Eigenbrötler wie der Steller. Morgen am Sonntag, da kommt er gewöhnlich zum Mittag vorbei. Soll ich Euch miteinander bekannt machen?"

„Wenn sie wollen", Christoph war nicht sehr begeistert, er kannte den Steller ja nur aus seiner Anfangszeit vor über zehn Jahren in Windsheim, da war er ihm ein paar Mal begegnet. Was wollte er nun mit diesem Meier? Aber was soll´s, war vielleicht eine kleine Abwechslung während der Warterei.

Am nächsten Tag stellte der Wirt die beiden einander vor: „Meister Bartel kommt, setzt Euch hier an den Tisch. Das ist der Student Meier, er kann Euch weiterhelfen."

Widerwillig setzte sich Christoph.

Es wurde erfreulicherweise ein lustiger und unterhaltsamer Nachmittag, den man in der Sonne sitzend vor dem Wirtshaus gemeinsam verbrachte. Von dem Studenten der Philosophie und Theologie erfuhr der Schneidermeister, dass von den Abgesandten des Zaren immer noch Wissenschaftler aller Fachrichtungen und auch Handwerker zur Erkundung des großen russischen Reiches gesucht wurden. Auch Steller versuchte dort sein Glück.

„Wäre das nicht etwas für uns?", fragte Anna Maria ihren Mann, „Wir bräuchten dann nicht über das große Meer."

Im Grunde war das die größte Angst der Windsheimerin, das durfte sie sich aber nicht anmerken lassen, denn ihr Mann zeigte dafür kein Verständnis.

„Fahrt nach Leipzig, dort ist die Gesandtschaft. Zahlen sollen die auch recht gut. Viele Studenten von hier sind schon in deren Dienste getreten", riet Meier ihnen.

„Das müssen wir noch einmal in Ruhe besprechen. Habt jedenfalls vielen Dank. Sollten wir nächsten Sonntag immer noch hier sein, junger Freund, so seid Ihr gerne zum Mittagessen eingeladen", damit verabschiedete sich Christoph.

Später am Abend drängte Anna Maria ihren Mann: „Nun sag doch schon was! Was hältst du davon? Gehen wir nach Russland! Neu anfangen wolltest du doch, warum nicht im Osten statt im Westen? Seit der Zarin Katharina sprechen doch viele Russen auch deutsch."

„Ich weiß nicht. Amerika soll das Land der Freiheit sein. Dort in Russland herrscht genauso der Adel wie bei uns. Aber wenn du meinst, können wir uns ja in Leipzig bei der Gesandtschaft erkundigen."

Die Zarin Anna Iwanowna setzte die wissenschaftlichen Forschungen ihres vor drei Jahren gestorbenen Onkels, Zar Peter, fort. Sie sei als eine Freundin der Deutschen bekannt, hatten ihm Meier und seine Kommilitonen erzählt. „Vielleicht kann ich dort mein neues Glück versuchen. Forschungsreisen - so richtig vorstellen, was das ist, kann ich mir nicht", meinte Christoph zu seiner Frau, als er das Licht ausblies, „schlaf jetzt, morgen wird ein harter Tag."

Lange noch blieb Christoph in dieser Nacht wach liegen und grübelte vor sich hin. Vielleicht kam er dort, in den Weiten des russischen Reiches, zur Ruhe?

2 Tommaso   1730

Hoch über dem Tal des Fiume Ladro thronte majestätisch auf einem senkrecht aufragenden Felsvorsprung der Landsitz des Conte Paolo Alessandro de Cardinali. Das Adelsgeschlecht der Cardinali reichte zurück bis weit vor Kaiser Friedrich, der seinen Hauptwohnsitz in Palermo hatte. In den zurückliegenden Jahrhunderten hatte es die Familie zu Ruhm und Reichtum gebracht. Der Vater des jetzigen Conte hatte allerdings fast alles verspielt, sodass die Familie zwar noch einige Palazzi, Fattorie und den Hauptwohnsitz auf der Piazza di Duomo in Siracusa hatte, politische Macht und Vermögen aber waren verschwunden.

Wenn die Hitze im Sommer in der großen Stadt unerträglich wurde, entflohen sie in die vor einigen Jahren neu errichtete Villa in der Campagna. Die angeschlossene Fattoria sorgte für den nötigen Unterhalt und machte das Landleben für die Herrschaften recht angenehm.

Obwohl er schon zehn Jahre alt war, hatte Tommaso noch nicht mal seine Erstkommunion erhalten. Aber der Monsignore Alfredo, der ab und zu einmal aus Palazzolo Acreide herüberkam, übersah ihn immer, weil er so zierlich und klein war - selbst für einen Sizilianer.

„Für dich hat es nicht mehr ganz gereicht", meinte Mutter immer scherzhaft. Alle seine Geschwister waren für sizilianische Verhältnisse ziemlich groß. Er gab die Hoffnung nicht auf, dass auch er noch etwas wachsen würde. Sehnsüchtig schaut er nach oben zum Palazzo.

„Der ist bestimmt so hoch oben wie die Kirchturmspitze vom Dom in Palazzolo Acreide", vermutete seine Mutter.

Er wusste nicht, wie hoch der war, denn er war noch nie aus dem kleinen Tal herausgekommen, allerhöchstens bis zu Giovanni, dem alten Schweinehirten vorne am Berg. Von dort konnte man weit in der Ferne die Stadt schimmern sehen, zu Fuß etwa eine Tagesreise hin und zurück.

„So möchte ich auch einmal wohnen oder wenigstens da oben arbeiten", träumte Tommaso. Aber das hatte ja noch ein wenig Zeit. Er hoffte noch immer, die Schule besuchen zu dürfen. Das Wenige, das ihm bisher seine Mutter beigebracht hatte, reichte ihm nicht. Er wollte mehr wissen. Aber seine Eltern konnten es sich nicht leisten, den Jüngsten nun auch noch zur Schule zu schicken. Bei Zia Giovanna, einer Schwester seines Vaters, die in der kleinen Stadt am Ende des Tales wohnte, waren schon drei Kinder der Casserinos untergebracht. Und mehr passten in das Häuschen einfach nicht hinein. Sehnsüchtig wartete Tommaso darauf, dass am Samstagabend seine Geschwister heimkamen und ihm von der Schule berichteten.

"Bitte, bitte erzählt! Was hat der Lehrer euch erklärt?", bettelte er.

Francesco, sein ältester Bruder, meinte genervt: „Jetzt sei endlich ruhig, ich bin froh, wenn ich nichts mehr von der Schule höre. Ich freue mich schon auf den Sonntagnachmittag, wenn ich wieder in der Stadt bin, dann muss ich mir nicht mehr deine ständige Fragerei anhören."

Die Frauen der Landarbeiter, die auf ihrem Weg zu den Feldern oft bei ihnen vorbeikamen, wuschelten ihm immer durch seine tiefschwarzen Locken und küssten ihn auf beide Wangen. Dabei kreischten sie: „Ach was für ein süßer kleiner

Kerl." Er zog seine Stirn in Falten und versuchte, mit seinen schwarzen Kulleraugen so finster wie möglich drein zu schauen. Dieses Getue konnte er überhaupt nicht ausstehen. Natürlich hatte das aber auch sein Gutes, die Frauen steckten ihm immer etwas Süßes zu. Wenn er sie jedoch rechtzeitig kommen sah, suchte er schleunigst das Weite.

Die Casserinos, das heißt seine Eltern und seine zehn älteren Geschwister, wohnten in den Grotten am Fuße des hohen Schlossfelsen. Dabei hatten sie es bei Weitem noch besser als die einfachen Landarbeiter. Als Ziegenhirte war sein Vater für eine vielhundertköpfige Herde verantwortlich, seine Mutter betreute die Imkerei.
Es gab drei Höhlen hier unten, eine große für die neu geborenen und kranken Ziegen. Außerdem zwei Kleinere für die Familie des Hirten - eine Schlaf- und eine Wohnhöhle. Die Kinder jedoch schliefen, sobald sie alt genug waren und nicht mehr bei der Mutter sein mussten, meist unterm überhängenden Felsfuß im Freien. In der hinteren Schlafhöhle sollte es einen geheimen Abgang aus der Villa hoch oben geben. Aber Tommaso wusste nicht wo – der war ja schließlich geheim.

Schwer lastete die Hitze über dem Tal, besonders jetzt im außergewöhnlich heißen Sommer 1731. Kein Lüftchen wehte über die kahlen, spärlich mit vertrocknetem Gras und Flechten bedeckte Hügel und Berge aus Kalkgestein. Es war wieder einer der drückend heißen Tage im Landesinnern Siziliens. Keine Bäume, nur hin und wieder ein paar Sträucher die etwas Schatten spendeten. Tief eingeschnittene und steil abfallende Täler durchzogen die Landschaft. Des Öfteren waren die Flächen von sauber aus Bruchsteinen aufgeschichteten Mauern in Parzellen geteilt. Selbst jetzt noch am späten Nachmittag flimmerte das Sonnenlicht über den blanken, weißen Felsen. Ab und zu huschte eine Eidechse über einen Stein.

Nur unten in der tief eingegrabenen Talsohle herrschte selbst im Hochsommer eine angenehme Kühle. Einige Eukalyptusbäume, Weiden, Ulmen, etwas Ginster und sogar ein paar Feigenbäume säumten den kleinen Fluss, der sich mühsam seinen Weg über den steinigen Grund suchte.

Zur Aufgabe des aufgeweckten Jungen gehörte es, am Tag auf die Herde der Jung- und Muttertiere aufzupassen und abends die Ziegen ins Melkgatter zu treiben. Seine Mutter und seine älteren Geschwister molken dann die Tiere. Er musste hierbei aufpassen, dass nicht aus Versehen die Jungböcke mit ins Gatter gerieten. Das war ihm schon zweimal passiert und bedeutete dann jedes Mal kein Abendessen für ihn.

Aber jetzt am Tag war für ihn die schönste Zeit: Irgendwo im Schatten liegen und auf die Ziegen aufpassen. Er träumte dann immer mit offenen Augen vor sich hin. Manchmal kam seine Mutter Franca vorbei und brachte etwas Melone und einen kleinen Krug verdünnte Ziegenmilch. Wenn sie gut gelaunt war, erzählte sie ihm Geschichten.

Am häufigsten, wie sie Tommasos Vater kennengelernt hatte:

"Es war damals, vor über zwanzig Jahren auf dem Markt in Palazollo Acreide", begann Franca ihre Geschichte. *"Dein Groß-*

vater und ich, wir waren bereits vor dem Morgengrauen von unserem Zuhause, einer kleinen Hütte unterhalb der Bergspitze des Monte Cortessa, einem der höchsten Berge hier in der Gegend, heruntergekommen, um auf dem größten Markt des Jahres unseren Honig anzubieten. Das Fest des San Sebastiano war eine große Prozession und das schönste Ereignis des Jahres. Gerne hätte dein Großvater auch einmal die schwere Statue des Heiligen mit um die Piazza getragen, aber er durfte nicht. Das war nur den Meistern und Gesellen aus der Stadt erlaubt, die zu den Zünften gehörten. Man feierte damals mehrere Tage. Zum Abschluss gab es den großen Markttag, bei dem die Bauern der Umgebung und manchmal von weiterher angereiste Händler ihre Waren anboten.

Wir waren bereits mehrere Stunden unterwegs, als wir an der Hängebrücke ankamen, die in schwindelerregender Höhe über dem Fiume Anapo führte. Ich hatte jedes Mal Angst, über das schwankende Holz zu laufen. Immer wieder konnte man durch den Bretterbelag tief nach unten in den reißenden Fluss sehen. Vorsichtig auftreten, sich gut am Geländerseil festhalten und aufpassen, dass kein morsches Brett dabei ist, hatte mir mein Vater eingeschärft. Ich blickte auch immer nach allen Seiten, ob nicht gerade ein Carretto, ein zweirädriger Eselskarren, die schaukelnde Konstruktion passieren wollte. Hierbei schwankte die Brücke nämlich immer besonders heftig. Je näher wir der Stadt kamen, desto mehr drückte der Korb mit den Waren auf meinen Rücken. Die trutzige Ansammlung von stattlichen Häusern, die alle nach dem großen Erdbeben vor etwa 30 Jahren neu errichtet worden waren, ragten hoch über dem steilen Felsen auf.

Ich trug die Hauptlast, mein alter Vater hatte nicht mehr so viel Kraft, seine Beine wollten nicht mehr so wie früher. Er war ein sizilianischer Bergbauer mit wettergegerbtem Gesicht und von kleiner, schmächtiger Statur. Sommer wie Winter in der gleichen Filzjacke.

Meine Mutter war bei meiner Geburt gestorben. Und seit Zia Chiara, die Schwester meines Vaters, die mich wie ihr eigenes Kind aufgezogen hatte, bei einem Unwetter vom Blitz erschlagen worden war, lebte ich mit deinem Großvater alleine auf dem Berg.

Der wilde Ginster tauchte den Berg im Juli in ein gelbes Blütenmeer. Der Duft war im wahrsten Sinn des Wortes berauschend", Franca schnaufte durch und versuchte sich daran zu erinnern. Nach einer kleinen Weile fuhr sie fort: *"Es war die schönste Zeit im Jahr. Die Natur hatte uns unsere wichtigste Einnahmequelle geschenkt. Die von deinem Großvater gehegten und gepflegten Bienenvölker waren ausgeschwärmt und hatten reiche Ernte in die Stöcke gebracht. Dann im Herbst schleuderten wir den Honig und vermischten ihn mit verschiedenen getrockneten Blüten. Die zäh fließende Masse wurde in irdene Amphoren abgefüllt und dann mit Korken und Bienenwachs versiegelt. In diesen Krügen hielt sich der Bienenhonig frisch. Einen Teil verarbeiteten wir auch zu Wein, Likör und vor allem zu Süßigkeiten. Die Dolce de Miele erfreute sich auf jedem Markt größter Beliebtheit. So konnten wir davon recht gut leben. Gemüse und Obst bauten wir auf weiter unten am Berg liegenden Feldern an.*

Hier gab es noch aus der Zeit von Kaiser Friedrich sogenannte Freiflächen, auf denen die armen Leute ihren Bedarf anbauen durften. Gegen die wilden Ziegen - und eventuell neidischen Nachbarn - war jede Parzelle mit einer mannshohen Bruchsteinmauer umwehrt. Manchmal gab es damals auch ein wildes Kaninchen als Sonntagsbraten, das sich in einer der von deinem Großvater aufgestellten Fallen verirrt hatte.

Unsere Hütte hatte schon der Großvater meines Vaters errichtet. Sie war aus aufgeschichteten Felssteinen erbaut und unter einem Felsvorsprung angelehnt, der im Sommer Schatten spendete und im Winter vor starken Regen, manchmal auch Schnee, schützte. Jeder von uns besaß ein einfaches Kleidungsstück und eine warme Wolldecke. Viel mehr hatten wir nicht - aber brauchte man mehr? Richtige Schuhe hatte ich in meinen vierzehn Jahren noch nie besessen. Heute aber, hatte Vater mir am Abend versprochen, sollte ich ein paar Schuhe aus Leder und ein neues Kleid bekommen.

Nach dem Passieren der Hängebrücke erreichten wir zügig die alte Provinzstadt und einstige Sommerresidenz des Siracuser Adels, Palazzolo Acreide. Gleich nach dem Südtor bogen wir auf die Piazza ein und da sah ich ihn. Wir schauten uns in die Augen und ich starrte ihn an, den gut aussehenden, braungebrannten Hirten, erkennbar an seiner Tracht, mit der Mütze und dem Stab. Erst als ich stolperte, erwachte ich aus meiner Erstarrung und senkte den Blick. „Komm weiter, sonst sind die besten Standplätze weg", ermahnte mich mein Vater.

Plötzlich entstand kurz vor uns ein Tumult und Geschrei. Ein wildgewordener tonnenschwerer Stier hatte sich losgerissen und war brüllend durch die auseinanderrennende Menschenmenge die fünfundzwanzig Stufen zur neuen Chiesa di San Sebastiano hinauf gestürmt. Hier versuchten einige Männer, ihn zurückzutreiben und einzufangen. Vergebens, mit voller Kraft und Gebrüll raste er nun die Piazza hinunter, geradewegs auf uns zu. Die Menschen schrien und flüchteten in Panik. Ich war wie gelähmt, in letzter Minute wurde ich zur Seite gerissen, als das Tier angestürmt kam. Mein Vater hatte nicht so viel Glück. Der Stier hatte ihn überrannt und mehrmals mit seinen scharfen Hufen getroffen."

Franca wischte sich ein paar Tränen aus den Augen.

„Der junge Mann, den ich so angestarrt hatte, war zu meinem Retter geworden. Er kümmerte sich um uns und gemeinsam bemühten wir uns um deinen Großvater, der zusammengekrümmt und blutüberströmt im Staub des Platzes lag. Als der hinzukommende Conte de Cardinale sah, was eines seiner Tiere angerichtet hatte, befahl er seinem

Hirten Francesco, er solle sich weiter um uns kümmern und wenn nötig den Dottore holen. Aber wirklich nur, wenn es unbedingt nötig sei, dieser solle ihm die Rechnung dann zusenden.

Francesco – dein Vater - folgte damals gerne dem Befehl seines Patrone. Leider konnten wir meinem Vater nicht mehr helfen. Er starb noch auf der Piazza in meinen Armen, inmitten einer gaffenden Menschenmenge. Drei Tage später haben wir ihn beerdigt", der Blick von Tommasos Mutter schweifte in die Ferne, sie dachte an die damaligen Ereignisse. *"Der Conte erteilte Francesco sein Einverständnis, mich mit auf die Fattoria Ladro zu bringen.*

Ein letztes Mal bin ich auf den Berg gestiegen. Gemeinsam mit dem jungen Ziegenhirten. Wir haben meine paar Habseligkeiten zusammengepackt und dazu vier Kisten mit Bienenvölkern mitgenommen. Diese sind dann der Grundstock für die erfolgreiche Imkerei auf der Fattoria geworden. Wir haben alles den Berg hinuntergeschleppt und auf den Carretto geladen, auf dem Francesco vorher einige Ziegen zum Markt gefahren hatte. Ja – so war das damals.

Kurze Zeit später erhielten wir vom Patrone die Erlaubnis zu heiraten. Jetzt sind wir schon zwanzig Jahre verheiratet und haben euch elf Kinder."

Tommaso hörte seiner Mutter gerne zu, wenn sie von früher erzählte, auch wenn er die Geschichten schon alle kannte.

„Tommaso! Tommaso, wo steckst du denn wieder."

Der Junge schreckte hoch, war er doch ein bisschen eingedöst, als sein Bruder Joseph nach ihm rief.

„Hier, was ist denn", hastig stand er auf.

„Es ist spät, wir müssen die Ziegen eintreiben!"

Spät abends nach dem Melken kam Sebastiano fröhlich vor sich hin pfeifend von der Käserei. Seinen Karren zog ein Esel, dessen rechtes Ohr kerzengerade stand und dessen anderes schlaff herunterhing - lustig anzusehen.

Der Käser holte die Milch ab. Schon zwei Mal durfte Tommaso mit zurück in die Käserei fahren. Der Weg war nicht weit, aber sehr steil und führte in einem großen Bogen um den Felsen herum den Berg hinauf. Durch ein großes Tor kam man links in die Fattoria, im hintersten Eck lag die kleine Käserei des Conte. Aus der Milch der Ziegen, Schafe und Kühe, die zu dem großen Gut gehörten, wurden die verschiedensten Käsesorten hergestellt.

Bei den Städtern war der geräucherte Ricotta, ein Käse aus Ziegen- oder Schafsmilch, gewürzt mit wilden Kräutern, am Beliebtesten. Die Erzeugnisse der Fattoria wurden zweimal die Woche auf dem Markt in Siracusa feilgeboten. Die beiden Wagen fuhren bereits abends los, um rechtzeitig am Morgen an ihrem Marktstand zu sein. Dabei kutschierten die Fuhrknechte und die Begleiter, von denen einige oft mit Lampen vorauslaufen mussten, äußerst vorsichtig. Erst in Stadtnähe wurden die Wege besser.

Tommaso bekam jedes Mal große Augen, am liebsten wäre er überall herumgesprungen und hätte sich alles angeschaut. Aber Sebastiano schärfte dem Jungen eindringlich ein, bei ihm zu bleiben und nicht in der Hofanlage herumzulaufen, auf keinen Fall in die Nähe des Herrenhauses, sonst bekomme er, der Käser, Schwierigkeiten.

Letzte Woche durfte er wieder einmal mit. Sie waren gerade durchs Tor gefahren und hielten vor der Käserei, um die Milch abzuladen, als eine große, geschlossene Kutsche und mehrere hoch beladene Pferdewagen in den Hof rumpelten. Sofort eilten einige Bedienstete herbei und alle, die sich im Hof befanden, verbeugten sich vor dem Herrn, der aus der Kutsche stieg.

Bevor er sich versah, hatte Sebastiano Tommasos Kopf nach unten gedrückt: „Verbeug dich gefälligst vor dem Patrone", zischte er ihm zu.

„Aha, Sebastiano, hast deinen Jüngsten nicht richtig erzogen", meinte der Conte, ein stattlicher mittelgroßer Mann mit leichtem Bauchansatz, leutselig zu ihm.

„Nein Euer Gnaden, das ist Tommaso, der Sohn des Ziegenhirten, er hilft mir nur die Milch abzuladen", antwortete Sebastiano untertänigst mit einer noch tieferen Verbeugung, wobei er den Jungen wiederrum mit nach unten zog.

„Soso", mit seinen blitzenden dunklen Augen betrachtete der Conte den Jungen näher, dann entfernte er sich mit wehenden Rockschößen in den Palazzo.

Am nächsten Morgen, Tommasos Mutter wusch gerade die Milchtöpfe am Bach aus, kam ein Reiter den Weg heruntergaloppiert. Als er vor den Höhlen sein Pferd zügelte, rannte sie herbei und verbeugte sich vor ihrem Patrone mit einem missglückten Knicks.

„Nur keine Verrenkungen. Frau? Frau …?"

War dies das hübsche Mädchen, das er sich immer wieder hatte kommen lassen? Früher war es Brauch gewesen, dass dem Patrone die Brautnacht gehörte. Sein Vater hatte ihm damals dieses Recht abgetreten, damit er seine Erfahrung sammeln konnte, wie er lachend meinte. Damit hatte er seinen Sohn zu der jungen hübschen Braut ins Bett geschoben. Anfangs hatten sie Probleme gehabt, denn für beide war es das erste Mal gewesen. Aber als sie dann gegenseitig ihre Körper erkundeten, fanden sie aneinander Gefallen. Immer wieder befahl er sie später in sein Bett. Er war sich sicher, dass zumindest die älteste Tochter und der jüngste Sohn von ihm waren, da diese beiden völlig anders ausschauten als die anderen Kinder. Aber das war schon lange her, über zehn Jahre. Seit er seine junge Frau heimgeführt hatte, eine Adelige aus dem Hause einer reichen Familie aus Catania mit normannischen Wurzeln, waren die Zeiten der Bettgespielinnen vorbei. Und nun war diese einstige Schönheit alt und verbraucht von der Last des Alltages und den vielen Kindern.

„Casserino - Patrone", half ihm Franca verlegen weiter.

„Hm, Euer Sohn war gestern mit dem Käser im Hof …", fing der Mann an.

„Ich werde ihn gleich zur Rechenschaft …", setzte Tommasos Mutter zur Erwiderung an.

„Nein, nein. Er hat nichts angestellt. Die Contessa und ich haben überlegt, dass Euer Sohn in etwa das gleiche Alter wie unser Jüngster haben dürfte. Der Junge, wie heißt er nochmal?"

„Tommaso, Patrone!"

„Tommaso, ach ja - unser Christiano braucht jemanden zum Spielen und zur Unterhaltung, wenn wir hier sind. Schickt uns den Tommaso jeden Morgen hinauf ins Schloss. Und jetzt soll er gleich mitkommen", befahl der Conte.

„Tommaso!", rief Frau Casserino nach hinten in die Höhlen.

Sofort erschien der Junge.

„Hast schon wieder einmal gelauscht", mit einer Kopfnuss trieb ihn die Mutter vorwärts, „dann hast du ja gehört, was der Patrone gesagt hat. - Verbeug dich gefälligst!" Schon wieder hagelte es Kopfnüsse.

„Ja!", stotterte Tommaso ängstlich und verbeugte sich.

Der Herr ritt los und der Junge lief hinterher. Zum Glück ging es steil nach oben und der felsige Untergrund des Weges war so glatt, sodass das Pferd immer wieder ausrutschte und der Reiter es zügeln musste.

3   Freia   1733

Es war spät nachmittags, die Sonne stand schon sehr tief und alles tat ihr weh. An ihren nackten Füßen, Armen und Händen hatten die scharfen Schilfstoppeln ihre blutigen Spuren hinterlassen. Die fünfzehnjährige Freia half wie auch ihre fünf jüngeren Geschwister den Eltern. Jeden Tag, vom späten Herbst nach den ersten Nachtfrösten bis zum zeitigen Frühjahr, bei jedem Wetter schnitten sie das Reet. Trockene Kälte und kein Hochwasser war die beste Erntezeit. Mit dem Verkauf des Reets konnte sich die Familie gerade so versorgen. Trotzdem war Meister Schmalhans stetiger Gast bei ihnen und oft gingen die Kinder hungrig schlafen.

Das großgewachsene, hübsche Mädchen bestritt, besonders seit ihre Mutter nach der dritten Fehlgeburt melancholisch und gleichgültig geworden war, größtenteils allein den Haushalt. Kurz vor Sonnenaufgang stand sie auf, schürte das Feuer an, kochte den Haferbrei und versorgte ihre Geschwister. Ihre Mutter lag meist trübsinnig und lustlos auf ihrem Strohsack und jammerte. Der Vater brummte mürrisch, aß eilig seinen Brei und verzog sich schleunigst nach draußen. Er bereitete alles für die Tagesarbeit vor, dazugehörte auch, dass er sich hinterm Haus einen kräftigen Schluck aus der im Holzstapel versteckten Schnapsflasche genehmigte. Wenn Freia es bemerkte, funkelte sie ihn aus ihren hellblauen Augen immer nur missbilligend an, traute sich aber nicht, etwas zu sagen. Einmal, als sie es doch gewagt hatte, ihn zu tadeln, schlug er sie windelweich und schrie: „Was fällt dir ein, das geht dich einen Dreck an, ich kann tun und lassen, was ich will!"

„Zscht, zscht ...", wieder und wieder fraß sich der Reetschieber, vom Vater kraftvoll geschoben, durch die Halme. Es war ein mistkarrenähnliches Gerät, an dem sich statt eines Rades ein scharfes Messer befand. Einige der Kinder hoben jeweils einen Armvoll des abgeschnittenen Reets auf und trugen dieses auf das trockene Land. Hier verarbeitete die Mutter, die sich mittlerweile aufgerafft hatte, mit den anderen Kindern diese Schilfhalme zu einem Schoof, das waren etwa armdicke Bündel. Diese wurden so lange auf den Boden gestukt, bis das untere Ende gleichmäßig glatt war. Anschließend banden sie diese mit einem blauen Band fest zusammen. Dann stapelten sie 60 Stück davon zu einem Schock in Pyramidenform zum Trocknen auf. An guten Tagen, so wie heute, schafften sie gemeinsam acht bis zehn Schock.

Reetschneider - eigentlich kein Beruf, sondern nur eine sehr schlecht bezahlte Arbeit für arme Leute. Aber schon der Vater des Vaters und auch dessen Vater lebten hier im breiten Schilfgürtel des Peenestromes, unweit der kleinen Stadt Lassan. Ihre seit mehreren Generationen im Besitz der Familie befindliche, einfach zusammengezimmerte Bretterhütte bestand nur aus einem Raum mit einem über die Hälfte reichenden Obergeschoss.

Die Hütte stand schon immer schief, behauptete der Vater. Sie erweckte den Eindruck als wiegte sie sich mit dem Schilf im Wind. Selbst das leiseste Lüftchen brachte das alte Gebälk zum Ächzen und Stöhnen. Im Sommer sammelte die Familie auf den Feldern der umliegenden Bauern das restliche Stroh, um es mit Schlamm und Lehm vermischt in die Ritzen der Hütte zu schmieren. Dieses Abdichten sollte wenigstens etwas gegen die starken Winterwinde schützen.

Der untere Raum war, mit der offenen Feuerstelle gleich neben dem seitlichen Eingang, Küche sowie Wohn- und Arbeitsraum. Gleichzeitig diente er abends als Stall für die in einem Verschlag im hinteren Eck eingesperrten zwei Ziegen, dazu kamen noch ein paar Hühner und drei fett gemästete Kaninchen.

Auf dem Zwischenboden, der über eine Leiter erreichbar war, schlief die ganze Familie eng aneinander gekuschelt. Hier sammelte sich der beißende Rauch, besonders wenn Mutter im Winter noch einmal eine Handvoll Torf auf das Feuer warf. In die Torfglut streute sie zudem getrockneten Kampfer, das sollte das lästige Ungeziefer vertreiben. Ein übelriechender Geruch zog dann durch den Raum, leider waren die lästigen Plagegeister nicht totzukriegen, nach ein paar Tagen krabbelten und schwirrten sie wieder munter umher.

Freia hatte Glück, ihre Schlafstelle befand sich über dem Ziegenverschlag und so hatte sie es besonders im Winter etwas wärmer.

Seit dem letzten Krieg 1720 war die Stadt Lassan eine Grenzstadt und stand unter schwedischer Verwaltung. Zwei Stadttore und eine Backsteinmauer bildeten das Bollwerk zur Landseite. Von hier führten zwei Straßen, gesäumt mit schmucken ein- und zweistöckigen Häusern, zum Hafen. Nach dem Durchschreiten der Stadttore sah man auf einem kleinen Hügel die ebenfalls aus Backsteinen errichtete Kirche. Der Handel und die Handwerker litten unter der gegenwärtigen Situation. Besonders schmerzlich empfanden das die Bierbrauer und Schnapsbrenner. Deren Hauptabsatzgebiete, die Insel Usedom und die Gegend um Wolgast, lagen nun jenseits der Grenze im preußischen Land. Der Aufschwung der letzten Jahrzehnte, der besonders in den Städten Anklam und Greifswald stattgefunden hatte, war an der kleinen Fischerstadt vorübergegangen. Die Zeiten, als die Anklamer Händler ihre großen Schiffe hier im Hafen beladen hatten, waren endgültig vorbei. Noch vor dem großen Krieg im letzten Jahrhundert lief der Ostseehandel von Frankfurt und Berlin über Lassan. Der Handel wurde damals auf dem Stettiner Haff und dem Peenestrom immer umfangreicher. Von hier aus waren die Schiffe im ganzen Ostseeraum unterwegs. Die von Anklam kommende Peene war für die immer größer werdenden Segler jedoch nicht mehr passierbar und so wurden die Waren hier umgeladen. Aber jetzt, rund einhundert Jahre später, versank die Stadt Lassan in Bedeutungslosigkeit. Nur wenige Handelszüge passierten noch die beiden Stadttore. Längst hatten die alten Hansestädte Greifswald und Swinemünde, nicht zuletzt wegen steuerlicher Vorteile, diesen Handel mit übernommen. Schon seit 1729 bauten die Preußen an der Vertiefung der Swine, um einen unabhängigen Zugang von Stettin über Swinemünde zur Ostsee zu bekommen. König Friedrich Wilhelm träumte von einer Seemacht Preußen.

Von ihrer Hütte aus konnten die Reetschneider über dem Wasser einer kleinen Bucht die wenigen Häuser und die Backsteinkirche der Stadt sehen. Alle Häuser waren mit Reet gedeckt. Jedes Mal nach den Winterstürmen benötigten die

Kleinstädter wieder neues Material, um die Sturmschäden auszubessern.

„So sorgt Gott immer wieder dafür, dass wir armen Reetschneiderfamilien genügend Arbeit haben", meinte Freias Vater fast ein wenig schadenfroh, lächelnd zu seinen Kindern.

Das Mädchen hatte sich ihren einzigen warmen, wollenen Rock hochgebunden und lief barfuß in dem eiskalten, knöcheltiefen Wasser hin und her. Nur nicht stehenbleiben, dachte sie, sonst kriecht die Kälte noch weiter an mir hoch. Immer wieder strich sie sich das strohblonde Haar aus dem Gesicht. Sie hatte heute früh verschlafen und in der Eile den Zopf nicht fest genug gebunden, sodass er sich immer wieder auflöste. Es war trotzdem heute ein schöner Tag gewesen. Die letzten Mückenschwärme tanzten im untergehenden Sonnenlicht.

Vater brummte: „Heute können wir zufrieden sein, wir haben viel geschafft."

Das war gut so, denn Bürgermeister Sarren hatte eine große Wagenladung bestellt. Er wollte eines seiner kleineren Häuser neu eindecken.

„Endlich werde ich mich mal wieder richtig satt essen können", freute sich Freia über diesen Auftrag.

Sofia, die Tochter des Bürgermeisters, sollte nach ihrer Hochzeit in das neu hergerichtete Haus einziehen. Sie war vor ein paar Jahren zusammen mit Freia in die unteren Klassen der Schule gegangen. Nun wurde sie mit dem Sohn des Hafenmeisters verheiratet. Eine gute Partie, wie man so sagte, von den Eltern arrangiert und zu beider Familien Nutzen.

Es wäre schön, einen feschen jungen Burschen, noch dazu einen, der reich ist, kennenzulernen, träumte Freia. So einen Traumprinzen, der sie hier wegholen würde. Aber was hatte sie schon für Aussichten? Mit viel Glück heiratete sie vielleicht einen Bauernknecht. Aber dann müsste sie auf den Feldern oder im Stall der reichen Herrschaften von früh bis abends schuften. Oder, und das war viel wahrscheinlicher, sie wurde eine alte Jungfer und schnitt bis an ihr Lebensende Reet.

Freia schaute sich um. Eigentlich war sie sehr gerne hier draußen in der *Großen Heide*, besonders im Frühjahr, wenn die Winterstürme vorbei waren und Tausende von Vögeln, vor allem sehr viele Graugänse, hier brüteten. Das war auch eine der wenigen Zeiten, wo sie genug zum Essen hatten. Schon früh morgens, wenn die Sonne über dem Strom aufging, sammelten die Kinder Gänseeier und ab und zu brachte der Vater auch eine Gans mit nach Hause. Sehr vorsichtig musste man sich in dieser Zeit durch das Reet bewegen. Die Wildgänse waren während des Brütens sehr nervös. Ein lauter Ruf oder ein Knacken von einem zertretenen Ast und Tausende Vögel erhoben sich in die Luft. Da half nur noch, sich flach auf den Boden zu werfen. Lautes Schnattern und das Rauschen der Flügel, die eine Spannweite bis zu drei Ellen erreichen konnten, begleiteten den Start. Meist beruhigten sich die Tiere schnell und ließen sich wieder auf ihre Nester nieder.

Im Mai dann überall dieses frische Grün und Halme, die sanft im Wind schaukelten. Leichtes Rauschen vermischte sich mit dem Plätschern der Wellen und dem Vogelgezwitscher. In dieser Zeit gab es wenig Arbeit. Manchmal leichte Handarbeiten wie Binsenkörbe flechten oder ab und zu mal bei jemandem für ein geringes Entgelt aushelfen.

Auch der heiße Sommer gefiel ihr, denn da halfen sie bei einem der Bauern beim Torfstechen. Dafür bekamen sie reichlich zu Essen und einen kleinen Anteil Torf zum Heizen und Kochen.

Aber jetzt, im November, die Temperaturen bewegten sich schon auf den Gefrierpunkt zu, machte es keinen Spaß mehr, Tag für Tag im Schilf zu arbeiten. Die Wildgänse hatten sich schon lange auf ihren Flug nach Süden mit wildem Geschnatter verabschiedet. Beängstigend war das immer, wenn sich die riesigen Schwärme gleichzeitig erhoben und im Tiefflug über die Hütte rauschten.

„He Mädchen - träume nicht! Marsch, wir müssen fertig werden, bevor das Wetter kommt", herrschte sie der Vater barsch an und deutete nach Westen auf den immer schwärzer werdenden Himmel. Gewaltige Gewitterwolken ballten sich zusammen. Das sah schon beängstigend aus, wie die schwarzen Wolken immer wieder aus der dunklen Masse hervorbrodelten. Frierend und hungrig beugte sie sich wieder über ihre Arbeit. Freia fing an zu singen, das lenkte ab, sie dachte dann nicht an den knurrenden Magen und die Kälte. Auch die Arbeit ging ihr dadurch leichter von der Hand. Mit ihrer glockenhellen Stimme sang sie ein Liedchen, welches sie von den Mädchen auf der Gasse aufgeschnappt hatte:

Mädchen warum weinest du, weinest du so sehr.
Wenn andere Mädchen tanzen gehen, muss ich bei der Wiege stehn.
Darum weine ich, weine ich so sehr! ...

Das Lied hatte der Herr Pfarrer allerdings verboten, es sei unanständig, wetterte er nicht nur einmal in der Sonntagsschule. Doch es hatte eine so schöne Melodie, Freia fing wieder an zu träumen, nein so mache ich es nicht! Ich will mehr erreichen als meine Mutter. Ja keinen armen Mann heiraten. Und kein Kind, sie küsste bestimmt keinen Mann, bevor sie nicht verheiratet war. Von dem unerlaubten Rumschmusen und Küssen bekommt man ein Kind, hatte ihre Freundin Mechthild einmal unter aller Verschwiegenheit erzählt, und die hatte es von ihrer älteren Schwester erfahren.

Grollend - der Wind schwoll zum Sturm an - näherte sich das Unwetter. Blitze zuckten am Horizont. Sie banden die Garben mit den dafür bereitliegenden Stangen und Seilen eilig fest.
„Kinder, beeilt euch! Kommt her, wir müssen schleunigst heim", rief Mutter ihnen zu. Alle sammelten sich bei den drei alten Birken, zwischen denen sie das Schilfrohr festgezurrt hatten.
„Uwe! Uwe! Wo ist Uwe?", schrie ihre Mutter.
„Ich weiß nicht, gerade war er noch da. Ich gehe ihn suchen", brüllte Freia zurück, bemüht sich gegen das Brausen des Sturmes verständlich zu machen. Sie rannte Richtung offenes Wasser los, dort hatte sie den Fünfjährigen zuletzt gesehen.
Laut krachend entlud sich das Gewitter. Der Regen klatschte ihr in Strömen ins Gesicht, nahm ihr fast die Luft. Blitze zischten ins Wasser. Der Sturm peitschte hohe Wellen ins Schilf. Freia sah zurück, weit und breit war nichts mehr zu sehen, alles vom Regen verhüllt. Sie wurde fast wahnsinnig vor Angst, Tränen liefen ihr übers Gesicht. Klatschnass

kämpfte sie sich vorwärts. Sie hatte keine Kraft mehr, ihr Rufen wurde immer schwächer. Plötzlich tauchte ihr kleiner Bruder etwa einen Steinwurf von ihr entfernt auf, im nächsten Moment war er weg. Verschluckt von einer großen Welle. Diese riss auch sie Sekunden später um und schleuderte sie in das Schilfdickicht.

"Bitte, lieber Gott, hilf mir", flehte sie in ihrer Verzweiflung, aber nur das Heulen des Sturmes antwortete. Wieder und wieder erfasste sie die Flut und warf sie ins Schilf. Die Wellen schlugen über ihr zusammen und sie verlor die Orientierung. Zwischendurch tauchte sie auf, schluckte viel sandiges Wasser und schnappte nach Luft. Jetzt ist es aus, das ist das Ende!

„Ich will noch nicht sterben, Jesus hilf mir!", heulte sie. Doch es hörte nicht auf, plötzlich knallte ihr Kopf gegen etwas Hartes und sie verlor das Bewusstsein.

4   Fattoria Ladro   1731

„Cecilie! Cecilie!", rief der Conte, als sie durch das Tor kamen.

Eine kleine mollige Frau kam herbeigerannt: „Ja, Signor Conte."

„Hier nehmt diesen stinkenden Ziegenburschen unter eure Fittiche. Steckt ihn vor allem erst einmal ins Wasser und schrubbt ihn ordentlich ab. Verbrennt dieses verdreckte Zeug, was er anhat. Die Contessa wird dann etwas Frisches zum Anziehen bringen lassen und euch erklären, was mit ihm weiter geschehen soll." Eilig ging der Conte ins Haus.

„Ich bin die Cecilie, wie du ja schon gehört hast. In der Küche und im Haushalt habe ich das Kommando. Verstanden! Und du, bist du der Kleine vom Ziegenhirten?" Tommaso nickte. „Also, komm mit." Die Köchin drängte ihn in einen Nebenraum der Küche. Hier stand in einer Ecke ein großer Holzbottich.

„Zieh deine Sachen aus und steig da rein."

Tommaso zögerte.

„Ich meine alles!", befahl sie ihm und zog die Wanne in die Mitte des Raumes.

Unten am Bach spielten sie auch immer nackt und ihm machte es da überhaupt nichts aus, wenn jemand vorbeikam. Aber hier in einem Raum, vor ganz fremden Leuten? Scheu schaute er sich um, es war ihm schon etwas unangenehm. Aber zu widersprechen traute er sich nicht.

„Nun mach schon, wir haben nicht den ganzen Tag Zeit!", schnauzte Cecilie den Jungen an. „Maria, Anna, bringt Wasser, auch zwei Eimer Heißes!", rief sie in die Küche.

Hurtig kamen die zwei Küchenmädchen und schütteten mehrere Eimer Wasser in die Wanne. Er stand nackt und zitternd darinnen und hielt seine Hände vor seinen kleinen Pimmel. Die Mädchen, nur ein wenig älter als er, kicherten albern, wenn sie einen weiteren Eimer eingossen. Tommaso badete das erste Mal in seinem Leben in einer Wanne mit warmen Wasser. Zu Hause wuschen sie sich jeden Tag einmal am Bach. Im Winter war der sehr kalt, da musste eine Katzenwäsche genügen. Im Laufe des Sommers wurde dann aus dem Bach ein schmutzig trübes Rinnsal und das Wasser reichte nicht mehr für eine richtige Wäsche.

Ihm war ganz unwohl, als die resolute Frau ihm mit einer harten Wurzelbürste und einem Stück weißem Stein zu Leibe rückte. Nachdem er ungläubig auf den Stein und dann auf den Schaum an seinem Körper schaute, fing sie an zu lachen:

„Was, du kennst keine Seife? Das hier ist nur ein billiges selbstgekochtes Stück Knochenseife. Da solltest du erst einmal die der Contessa Albertino sehen, die riecht sogar nach Rosen." Lachend schrubbte sie ihn weiter.

„Schau nur! Der Kerl wird ja richtig hell. Wie lange hast du dich schon nicht mehr gewaschen?" Tommaso gab keine Antwort, schnaufend wusch Cecilie ihn weiter. Als sie auch vor seinem kleinen Penis nicht haltmachte, den sogar ergriff und die Vorhaut zurückschob, bekam er einen feuerroten Kopf, da sein kleiner Kerl sich selbstständig machte und aufstand.

„Na, na, willst du schon ein kleiner Mann werden?", dabei grinste sie ihn schelmisch an und schob die Vorhaut noch mehrmals zurück. „Hier musst du dich besonders gut waschen, da setzen sich sonst viele Krankheiten ab."

Sie und die beiden Küchenmädchen amüsierten sich köstlich. Tommaso wollte sich am liebsten verkriechen und war froh, als man ihm ein großes Tuch in die Hand drückte und befahl, er solle sich damit trocken rubbeln.

In der Zwischenzeit hatte die Contessa einige abgetragene Kleidungstücke herübergeschickt, die Cecilie ihm nun zum Anziehen gab.
„Die neuen Kleider ziehst du jedes Mal an, wenn du früh morgens kommst. Deine alten Sachen lasse ich dir waschen und draußen in die Ölmühle legen, die ziehst du abends an, wenn du gehst."
Schnell schlüpfte er in die etwas zu großen Kleidungsstücke.
„Gut, so kannst du zur Contessa gehen", meinte Cecilie, nachdem sie ihn nochmals von allen Seiten betrachtet hatte, „Vergiss nicht, verbeuge dich, wenn du rein kommst. Sprich die Patrona immer mit Signora Contessa an. Rede nur, wenn du gefragt wirst, und antworte nur mit: ja, Signora Contessa oder nein, Signora Contessa. – Kapiert!
„Sisi. Nur ja Signora Contessa oder nein Signora Contessa", antwortete der frisch gewaschene Junge.

Cecilie führte ihn durch einen langen Gang in ein leuchtend grün gestrichenes Zimmer, größer als alle Höhlen zusammen, in der die Casserinos wohnten. Die schweren Vorhänge waren wegen der drückenden Hitze zugezogen und nur eine kleine Öllampe erhellte den Raum. Es war angenehm kühl hier drinnen.
Beide verbeugten sich.

„Signora Contessa, ich bringe den Tommaso", damit schob Cecilie den Jungen vor eine in einem großen Sessel sitzende junge Frau. So eine hübsche und elegant gekleidete Dame hatte Tommaso bisher nur einmal von Weitem gesehen.

Ihr hellblondes Haar war kunstvoll hochgesteckt. Sie strahlte die Anmut einer angeborenen Aristokratie aus, bewusst, dass sie durch ihr normannisches Blut zur Elite des Landes zählte.

„Komm näher, lass dich ansehen", sagte die Patrona mit leiser Stimme, „zieh den Vorhang auf, damit ich dich besser sehe."

„Si Signora Contessa", hilflos sah sich Tommaso um und wusste nicht, was sie meinte.

„Nun mach schon, dort den grünen Stoff, zieh ihn einfach zur Seite!"

„Si Signora Contessa", flink tat er, wie ihm befohlen wurde. Beim Blick aus dem Fenster erschrak er fürchterlich, ihm wurde schwindelig und er sprang zurück.

„Nur keine Angst", lachte die Contessa mit ihren leuchtenden hellblauen Augen, „da ist ein Geländer dran, da kannst du nicht hinunterfallen."

Ängstlich schielte der Junge hinaus, weit unter sich sah er das Tal mit dem kleinen Bach, irgendwo da war sein Zuhause.

„So, genug geschaut, komm jetzt her", meinte die Herrin schmunzelnd mit weicher Stimme.

„Soso - du heißt also Tommaso."

„Si Signora Contessa."

„Gehst du schon zur Schule?"

„No Signora Contessa."

„Warst du schon zur Erstkommunion?"

„No Signora Contessa."

„Warst du schon einmal hier im Haus?"

„No Signora Contessa."

„Dann soll dir der Hausdiener Michele alles zeigen und du wirst befolgen, was er dir sagt. Ist das klar?"

„Si Signora Contessa."

„Kannst du auch noch etwas anderes sagen, als si oder no Signora Contessa?"

Was sollte er darauf sagen? Tommaso stockte.

„Si Signora Contessa."

„Nun erzähle mir von deiner Familie", befahl sie.

Er zögerte, was gab es da zu erzählen?

„Na los, mach schon!"

„Also", stotterte er, „wir sind Vater, Mutter und elf Kinder und wir hüten und melken eure Ziegen, Signora Contessa."

„Mamamia, der Kerl spricht ja noch sizilianisch. Kannst du denn kein richtiges Italienisch?"

„No Signora Contessa. Ich spreche immer so."

„Emilio! Emilio!", sie zog an einem Seil, das von der Decke hing und sofort erschien ein kleines verhutzeltes Männchen, „Emilio, schau das ist Euer neuer Schüler, der Tommaso, Ihr werdet ihn ab morgen mit unterrichten. Vor allem bringt ihm zuerst einmal ein anständiges Italienisch bei."

„Aber Signora …"

„Kein aber!", unterbrach ihn die Herrin. „Keine Widerrede! Ihr könnt Euch entfernen und schickt mir den Michele herein!"

Der primo Domestico, der erste Hausdiener, kam in einer vornehmen Livree herein, verbeugte sich und fragte: „Ihr wünscht Signora Contessa?"

„Nehmt diesen Burschen, zeigt ihm den Palazzo und die Fattoria. Macht ihn mit den Gepflogenheiten hier im Hause bekannt und bringt ihn dann zu Emilio. Er heißt Tommaso, kommt jeden Morgen hier herauf und wird der Spielkamerad von Christiano. Außerdem wird er auch am Unterricht teilnehmen."

„Sehr wohl Signora Contessa!" Mit einem Wink entließ sie die Patronin.

„Tommaso? Der Kleine vom Ziegenhirten?", fragte ihn der Diener. Der Junge nickte. „Also für dich gilt: Nichts anfassen, Mund halten und keine Fragen stellen. Die Zimmer nur betreten, wenn dich jemand hereinruft. - Kapiert!"

„Si, Michele."

„Si, Signor Michele heißt das für dich. Sprich gefälligst italienisch und nicht sizilianisch!", belehrte ihn der Hausdiener und verabreichte ihm eine Kopfnuss.

So begann für Tommaso eine neue Zeit in seinem Leben. Hoffentlich konnte er sich das alles merken. Michele zeigte ihm den kleinen Palazzo, einen Neubau. Nach dem verheerenden Erdbeben vor etwa 30 Jahren wurde er aus weißen Kalksteinen erbaut und verputzt. Ganz im neuzeitlich vornehmen Barockstil mit vielen Verzierungen. In den herrschaftlichen Räumen mit Stuckschmuck an den Decken und Wänden. Alles in kräftigen Farben gestrichen. Die Böden bestanden aus feinsten Mosaikfliesen. Diese wurden aus dem Bergstädtchen Caltagirone geliefert, einer berühmten Keramik- und Terrakottamanufaktur, etwa zwei Tagesreisen weiter ins Gebirge hinein.

Neben der Küche gab es noch drei Wirtschaftsräume. Dahinter das Zimmer der Contessa, das er ja schon kannte. Anschließend befanden sich ein großer und ein kleiner Salon, welche auch reich mit Stuckfries und Wandvertäfelung verziert waren. So feine und vornehme Räume hatte er noch nie gesehen. Vor allem, hier war alles blitzblank. Er traute sich fast nicht aufzutreten. Aber Gott sei Dank, seine Füße waren ja frisch gewaschen. Mutter kehrte auch ab und zu den Staub vom Lehmboden – aber das hier, kein Vergleich.

Über den großen Gang erreichten sie das Gartenzimmer. In einem Sessel saß der Conte und las in einem Buch. Tommaso staunte, der hatte Zeit, jetzt, mitten am Tage zu lesen. Bei ihnen zu Hause gab es nur ein Gebetbuch aus dem der Herr Monsignore ihnen manchmal abends, wenn er vorbeikam, etwas vorlas.

„Entschuldigung Signor Conte, ich will nicht stören. Ich soll im Auftrag der Signora Contessa dem Tommaso alles zeigen", Michele verbeugte sich tief.

„Ist gut, mach Er weiter!"

An der Wand gab es ein Regal, auf dem viele bunte Bücher standen. Was machte man damit? Wer sollte das alles lesen? Naja, vielleicht der Conte, der brauchte ja nicht zu arbeiten. Oder? Was machte ein Conte überhaupt? Vielleicht wusste ja der Lehrer eine Antwort.

Michele führte ihn weiter auf die Terrasse. Mit weißen an Stangen aufgespannten luftigen Tüchern wurde die, mit hellblauen Keramikfliesen belegte Fläche, gegen die Sonne schattiert. Auf zwei Seiten wurde sie von den hohen Mauern des Palazzos begrenzt. Überall standen große Steintöpfe mit herrlich blühendem Oleander. Wieder etwas, was er nicht verstand. Warum pflanzte man Blumen in Töpfe, wenn im ganzen Tal doch große Büsche Oleander wuchsen?

Eine leichte Brise wehte von Westen. Zögernd trat der Junge an die Steinbrüstung. Weit unten am Bach konnte er seine Mutter sehen, wie sie die Milchkannen auswusch. Fantastisch, dachte er, wie klein die Menschen waren, wenn man sie von hier oben betrachtete. Sie traten von der angenehm kühlen Terrasse durch ein kleines schweres Holztor in den sonnendurchfluteten Innenhof und dort traf ihn die Hitze wie ein Schlag.

„Signorino Christiano darf ich Euch Euern neuen Spielkameraden vorstellen?", der Diener deutete auf den Kleinen, „das ist Tommaso."

„Meine Mutter hat mir schon Bescheid gesagt. Ich werde jetzt die Führung übernehmen. Ihr könnt Euch entfernen!", damit gab der semmelblonde braun gebrannte Junge Michele einen Wink.

„Sehr wohl Signorino Christiano."

Die hellblauen Augen des Principe sprühten vor Begeisterung. Christiano überragte Tommaso bestimmt um zwei Köpfe.

„Endlich jemand zum Spielen. Du darfst Chistiano zu mir sagen", bot der schlaksige Junge ihm mit herablassender

Miene gönnerhaft an, „wenn du alles tust, was ich sage, können wir vielleicht Freunde werden. Den Palazzo hast du ja schon gesehen. Ich zeige dir nun die Fattoria, das macht viel mehr Spaß." Schon flitzte er nach links durch eine große Tür. Tommaso sauste hinterher.

Als sich seine Augen an die Dunkelheit gewöhnt hatten, sah er einen Esel, der an einer Stange im Kreis lief. Mit der Stange wurde ein großer runder Stein bewegt, der über einen noch viel Größeren gedreht wurde. Eifrig schütteten Arbeiter in der Mitte Oliven auf die immer wieder frei werdende Steinfläche.

„Das ist unsere Ölmühle. Schau hier tropft das Olivenöl heraus." Der quirlige Junge deutete auf ein Rohr, aus dem das Öl in ein Fass lief.

Jetzt erst bemerkte Tommaso, dass der untere Stein mit Rillen versehen war, in denen sich der herausgequetschte Saft der Früchte sammelte und träge in eine Rinne floss.

Christiano nahm die Hand seines neuen Spielkameraden und hielt sie unter das Tropfrohr.

„Nun schleck schon ab! Das schmeckt gut!", befahl er.

Sie leckten beide das Öl aus ihren Handflächen.

Dann rannten sie weiter, durch verschiedene Geräte- und Lagerräume, links und rechts vom Torturm. Ein Wächter hielt im Turmzimmer Tag und Nacht Wache, er überschaute von dort oben alle Zufahrtswege, sodass kein Unbefugter sich unbemerkt der Anlage nähern konnte.

Über die Tenne kamen sie dann in die Käserei.

„He Sebastiano! Wir wollen Panna Dolce", forderte Christiano von dem an einem großen Trog mit einem Holzlöffel rührenden Käser.

„Ja gleich Signorino, sofort!" Geschwind verschwand er hinter einem Bottich und kam mit zwei Bechern wieder. Die beiden Jungen tranken genussvoll die süße Sahne bis auf den letzten Tropfen aus und sprangen wieder davon zur hinteren Tür hinaus in den Garten.

Tommaso kannte ja den Garten seiner Familie und auch den von ein paar Landarbeitern, aber so etwas hatte er noch nicht gesehen. Schnurgerade Wege, mit frischem Kies, ohne ein Hälmchen Unkraut dazwischen. Alle Beete eingefasst von geschnittenen kleinen Büschen. Auf den Beeten Blumen, viele verschiedene Blüten so weit das Auge reichte. Wozu waren denn die gut? Die konnte man doch nicht essen!

„Aber Christiano, wo ist das Gemüse?", fragte er seinen Begleiter.

„Wieso Gemüse? Das kommt doch von den Feldern außerhalb der Fattoria. Wir wollen hier doch nur spazieren gehen. Aber weiter hinten, da gibt es ein paar süße Früchte." Und schon wieder preschte er davon, zu einem Mann, der hinten im Garten beschäftigt war.

„Giovanni hast du etwas Gutes für uns?"

„Ja Signorino Christiano, die Erdbeeren sind reif." Der Mann, der Gärtner, wie Tommaso später erfuhr, bückte sich und zupfte einige leuchtend rote Beeren ab.

„Hier lasst sie Euch schmecken, dieses Jahr werden sie besonders süß."

„Oh, ja, Erdbeeren wie herrlich" sofort schob sich Christiano ein paar davon in den Mund. Tommaso zögerte.

„Nun iss schon, die schmecken gut", stupste ihn der Principe an.

So viel neue Eindrücke, so viele Sachen, die er nicht kannte. Tommaso wurde es ganz schwindelig. Wo war er da hingeraten, sah so das Paradies aus, gab es das wirklich?

„Nun hab ich dir genug gezeigt, ich habe Hunger. Komm beeil dich, wir gehen zu Cecilie und lassen uns was zu essen geben."

Tommaso hatte Mühe mitzuhalten, gewöhnlich war er denn halben Tag lang irgendwo im Schatten bei den Ziegen gelegen. Aber Christiano schien nicht normal laufen zu können, immer musste er rennen.

In der Mitte der Küche stand ein runder gemauerter Herd mit acht einzelnen Feuerstellen. Auf allen konnte gleichzeitig gekocht werden. Der Rauch zog über ein von der Decke hängendes Rohr nach außen ab. In der hinteren Küchenecke war ein Brunnen mit einer Winde, hier konnte das frische Wasser direkt von weit unten hochgezogen werden.

Mehrere Bedienstete bereiteten gerade das Mittagsessen vor.

„Cecilie, liebste Cecilie, wir haben Hunger", säuselte Christiano der Köchin ins Ohr.

„Aber Signorino Christiano, Ihr wisst doch, Eure Mutter hat mich angewiesen, Euch nichts außerhalb der Mahlzeiten zu geben."

„Bitte, bitte nur eine Kleinigkeit", bettelte Christiano mit treuherzigen Augen - die Frau konnte nicht widerstehen.

„Also gut, aber nichts der Contessa verraten. Jeder eine kleine Arancine, mehr gibt es nicht."

Auf einem Holzteller brachte sie jedem ein kleines, noch sehr heißes Reisbällchen.

„Wenn Ihr das gegessen habt, geht Ihr bitte auf Euer Zimmer Signorino und macht Euch zum Essen fertig. Du, Tommaso, bleibst so lange hier, bis es Zeit für den Unterricht ist."

Der Junge half in der Küche mit. Cecilie erklärte ihm, was er tun sollte. Nachdem die Diener bei der Herrschaft abgeräumt hatten, konnte das Küchenpersonal endlich selbst essen.

„Uns geht es sehr gut hier, wir dürfen uns auch die Reste nehmen. Unser Conte ist sehr großzügig. Manch anderer der Grundbesitzer lässt nicht zu, dass die Dienerschaft die Reste bekommt", klärte Michele Tommaso auf.

Alle setzten sich an den großen Tisch im hinteren Küchenbereich und die Küchenmädchen trugen das Mahl auf. Heute gab es eine große dampfende Schüssel Pasta al Olio, Nudeln mit gewürztem Olivenöl, mit geriebenem Käse darüber und danach noch ein paar der übriggebliebenen Arancini. Die Männer bekamen dazu ein paar Fleischreste, klein geschnitten und nochmals angebraten mit Brot. Alle langten kräftig zu, nur Tommaso wollte es nicht so recht schmecken, er kannte solche Speisen nicht. Zu sehr waren ihm auch die Naschereien und die vielen neuen Eindrücke auf den Magen geschlagen. Zum Abschluss gab es dann noch Cannoli, mit süßer Creme aus Ricotta di Pecorino gefüllte Röllchen, die von der Tafel der Herrschaften fast unberührt zurückgekommen waren.

Nachmittags nach der Siesta kam Emilio, der Hauslehrer, und holte Tommaso ab. Er nahm ihn mit ins Studierzimmer. Hinter einer Bank saß bereits Christiano auf einem Hocker. Tommaso nahm daneben Platz.

„So, nun pass mal auf, du Ragazzo stupido, hier wird gemacht, was ich sage. Wenn du nicht folgst, gibt es was mit dem Stock", er schwang eine armlange Gerte pfeifend durch die Luft, „Zuerst werden wir dir ein richtiges Italienisch beibringen. Für Euch Signorino Christiano ist es eine schöne Wiederholung."

Damit begann für den jungen Ziegenhirten eine ungewöhnliche Ausbildung. Normalerweise, wenn er Glück gehabt hätte, wäre er vielleicht für zwei oder drei Klassen nach Palazzolo gekommen. Das hätte bedeutet, jeden Montagmorgen sehr früh aufzustehen, erst die Ziegen mit hinauszutreiben und dann hurtig den etwa zweistündigen Weg zur Schule zulaufen. Aber nun eröffneten sich für ihn ganz andere Möglichkeiten, die er im Moment noch nicht überblicken konnte. Endlich durfte er lernen, bekam vielleicht Antworten auf die vielen Fragen, die er hatte. Wenn er später daran zurückdachte, war ihm bewusst, wie dankbar er dem Conte für diese Chance sein musste.

Nach etwas mehr als einer Woche meinte die Köchin zum Conte, es wäre besser, den Jungen hier oben im Schloss zu behalten, denn morgens, wenn er von unten heraufkam, stank er wie ein alter Ziegenbock. So ergab es sich, dass Tommaso bei den beiden Küchenmädchen gleich hinter der Speisekammer einquartiert wurde. Hier stand ein riesiges altes Familienbett mit frischem Stroh, welches sie sich teilen mussten. Zu Hause hatten sie nur altes Stroh auf dem Boden der Schlafhöhle ausgebreitet und jeder suchte sich ein Eck zum Schlafen.

Zu seiner Aufgabe gehörte es nun aufzupassen, dass niemand sich unbefugt in die Vorratskammer schlich, auch keine Ratten oder sonstiges Getier.

Anfangs hatte er Probleme, wenn die beiden Küchenmädchen, Maria und Anna, sich spät abends nackt zu ihm legten und ihn am ganzen Körper streichelten. Zum Glück konnten sie in der Dunkelheit ja nicht sehen, wie seine Männlichkeit wuchs und sein Gesicht feuerrot erglühte. Ein paar Jahre später dann genoss er es, wenn die beiden sich darum stritten, welche er zuerst beglücken durfte. Das bescherte ihm so manche schlaflose Nacht, sodass er im Unterricht einnickte. Doch Emilio weckte ihn dann mit ein paar gezielten Rutenschlägen.

Nicht nur vom Hauslehrer, auch vom Käser, vom Gärtner und sogar von der Köchin lernte er viel. In der Küche wollte er anfangs nicht so recht mithelfen, doch Cecilie ließ nicht locker. Sie bestand darauf, dass es auch als Mann nichts schade, wenn man kochen könne. Nach und nach führte sie ihn sorgfältig in die Feinheiten der sizilianischen Küche ein. Ob eine einfache Mahlzeit, wie bei den Bauern oder ein mehrere Gänge Menü für die Herrschaften, immer servierte sie ein vorzügliches Essen. Sie war eine begnadete Köchin, die Tommaso dazu brachte, später selbst mit Freude zu kochen und oft etwas Neues auszuprobieren.

„Du wirst noch einmal ein großer Koch, der für einen Duce oder Conte kochen darf", meinte sie oft scherzhaft.

Er genoss den täglichen Unterricht beim Lehrer Emilio - ganz gleich, ob sie endlos die verschiedenen Formen der Verben aufsagen mussten oder das Einmaleins rauf und runter auswendig lernten. Immer war Tommaso mit Begeisterung dabei. Dem Signorino machte diese ganze Lernerei nicht so viel Spaß. Der Hauslehrer äußerte, er solle sich ein Beispiel an Tommaso nehmen. Christiano reagierte darauf sauer und ließ ihn seine Wut beim Spielen im Hof spüren.

Sein ausgesprochenes Lieblingsfach war Geschichte. Sehr anschaulich erzählte Lehrer Emilio den beiden Buben aus der Vergangenheit. Tommaso konnte stundenlang zuhören und sich so richtig in die vergangenen Zeiten hineinversetzen. Dabei hörte er das erste Mal, dass Sizilien eine große Insel ist. Er kannte nur die kleine Insel im Flussbett, auf der er sich manchmal in den drei Büschen, die dort wuchsen, versteckt hatte, wenn seine Brüder in gesucht hatten.

Der Lehrer führte sie Tausende Jahre zurück zur ersten Besiedelung durch die Sikaner oder Sikeler. Er berichtete davon, wie die Griechen das Land später kolonisiert und unter anderem die große Stadt Siracusa sowie im Gebirge die kleine Stadt Acrei, das spätere Palazollo Acreide, gegründet hatten. In Siracusa soll man sogar noch Überreste aus dieser Zeit sehen können.

Die beiden erfuhren, dass später die Griechen von den Römern vertrieben wurden. Seitdem sprechen die Menschen hier auch eine Art von Latein, das sich zum Italienischen veränderte. „Das sizilianische Bauernvolk spricht noch immer ein Kauderwelsch, eine Mischung aus lateinisch, italienisch und griechisch, ebenso wie Tommaso, als er hier angekommen ist", scherzte Emilio.

Aber auch die Römer wurden besiegt. Immer wieder kamen fremde Soldaten und Siedler. Byzantiner, Ostgoten, Mauren, Normannen, bis dann, etwa vor 600 Jahren der letzte Normannenkönig Wilhelm kinderlos starb und die Herrschaft über die Insel an den Staufer Heinrich, dem Sohn und Erben von Kaiser Friedrich Barbarossa, ging. In diese Zeit reichten auch die Wurzeln der Familie di Cardinali zurück. Das interessierte nun sogar Christiano.

Am Hofe des Königs Konrad von Sizilien, der ein Enkelsohn von Kaiser Heinrich war, diente als Ritter ein Roger von Portoballo. Er wurde für seine Verdienste zum Barone ernannt, sein Sohn erhielt dann später unter König Manfred den Titel eines Conte und wurde mit umfangreichen Ländereien im Inland von der Ostküste Siziliens belehnt. Die Familie der Conte di Cardinali hatte es verstanden, sich selbst in schweren Zeiten immer auf die richtige Seite zu stellen. So wurde ihr Einfluss und ihre Macht immer größer. Nur einmal wäre das alles fast schief gelaufen. Der Conte von Anjou Karl, ein Bruder des französischen Königs, beutete die Menschen aus, seine Unterdrückungsherrschaft wurde unerträglich. Ausgehend von den Bürgern Palermos erhoben sich die Sizilianer und vertrieben den ungeliebten Grafen. Den Aufstand nannte man später die Sizilianische Vesper. Hierbei wurde auch ein junger Mann, Barthelomeus aus der Linie der Cardinali, als Spion enthauptet. Angeblich zu Unrecht, wie man in der alten Familienchronik nachlesen konnte. Christiano entrüstete sich, horchte aber weiter gespannt zu.

Der sizilianische Adel hatte sich zu Peter, König von Aragon, geflüchtet. Dieser war mit der Tochter von König Manfred verheiratet. Nach der Vertreibung des Anjou kam nun die Macht für über 150 Jahre an die Spanier. Sizilien wurde Vizekönigreich Aragoniens. Peter ernannte sich später zum König von Sizilien und auch zum König von Neapel. Vor nun etwa 18 Jahren fiel das Land aufgrund des Spanischen Erbfolgekrieges an Savoyen.

„Vor zehn Jahren etwa um die Zeit, als du, Tommaso, geboren wurdest, tauschten die es dann mit den Österreichern. Und im Moment wird in der großen weiten Welt wieder um Sizilien gekämpft." Der Lehrer wusste so viel, Tommaso hing bei den Erzählungen aus der Geschichte gespannt an den Lippen des betagten Mannes.

Allerdings spielten sich die Politik und die große weite Welt nicht hier im unzugänglichen Innern der Insel ab. Alle wichtigen Städte lagen an den Küsten. Man konnte von Glück sagen, wenn sie hier erfuhren, wer gerade über Sizilien herrschte.

„Was geht uns das alles an, das ist alles schon so lange her und die Politik, die versteht sowieso keiner", machte Christiano seinem Unmut Luft.

Er konnte sich mit dem ganzen Geschichtsgefasel nicht anfreunden. Hauptsache, er würde einmal der nächste Conte de Cardinali.

Neidisch blickte Tommaso zu seinem Freund auf: Der weiß wenigstens, was später einmal aus ihm wird – und aus mir?

Tommaso war etwa zwölf Jahre alt, als noch ein zusätzliches Pult in die Studierstube gestellt wurde. Die inzwischen neunjährige Principessa Alessandra sollte nun mit den beiden Jungen gemeinsam unterrichtet werden. Christiano fand das eine Verschwendung, wozu brauchten Mädchen eine Bildung, die sollten doch nur gut verheiratet werden. Es reichte, wenn sie einem Haushalt vorstehen konnten. Hochmütig verbesserte er seine Schwester und lachte sie demütigend aus, wenn sie etwas nachfragte. Darum wandte sich das Mädchen an Tommaso und der erklärte ihr gerne geduldig so manches, was sie nicht gleich verstanden hatte. Die hübsche Alessandra war im Gegensatz zu ihrem Bruder klein und schwarzhaarig wie ihr Vater. Oft bat sie Tommaso um Hilfe, wenn mal wieder eine Puppe oder Ähnliches kaputt gegangen war. Sie himmelte ihn an, er war für sie wie ein großer Bruder, der sie beschützte und dem sie auch ihren Kummer anvertrauen konnte.

Man schrieb das Jahr 1735, die Zeit war wie im Flug vergangen, Sizilien war nun wieder einmal spanisch. König Ferdinand vereinigte wie im Mittelalter, Unteritalien mit Sizilien, Residenzstadt war diesmal allerdings Neapel.
Vier Jahre lernten die beiden Knaben nun schon gemeinsam, Christiano quälte sich so durch, Tommaso war mit Begeisterung dabei. Ihm fiel das Lernen leicht, einmal gehört, behielt er das Gesagte in seinem Gedächtnis.

Nur seine Körpergröße bereitete ihm Probleme. Seit Jahren wuchs er nur geringfügig. Der gleichaltrige Christiano dagegen war ein schlaksiger Jugendlicher geworden, dem er gerade bis zur Brust reichte.

Eines Tages rief der Conte den Jungen zu sich ins Arbeitszimmer.

„Tommaso, der Lehrer ist voll des Lobes über deine Leistungen. Es war gut, dass ich mich damals deiner angenommen habe. Du hast die gleiche Ausbildung wie Christiano genossen, das heißt die Erziehung eines Conte. Ich hoffe, du weißt das zu schätzen. - Ja, ja, ist schon gut", winkte er Tommaso ab, als der etwas erwidern wollte. „Mein Sohn hat dir bestimmt erzählt, dass er nach dem Sommer auf die Militärakademie nach Palermo gehen wird."

„Ja, Signor Conte."

„Für dich ist dann die Zeit hier auch zu Ende. Ich werde dich zum Kaufmann Matteo Francoforte nach Siracusa schicken. Du wirst dort die Geschäfte eines Kaufmanns erlernen und kannst mir später bei meinen Handelsgeschäften dienlich sein. Lerne fleißig und vergiss nicht, wo du ohne meine Unterstützung wärst. Das Lehrgeld lege ich für dich aus und du zahlst es mir später zurück."

Soviel hatte der Conte noch nie in einem Stück mit ihm gesprochen. Freudig erregt bedankte sich Tommaso für die große Gunst, die ihm der Patrone weiterhin erwies.

Nur einmal war er mit Christiano in Siracusa gewesen. Damals, als der Conte nach dem Sommer beschlossen hatte, dass die beiden Knaben in der Fattoria gemeinsam unterrichtet werden sollten. Hier auf dem Land gebe es wenig Ablenkung, meinte die Contessa damals. Und so fuhr die Familie in die große Stadt. Tommaso durfte mit, um einen Teil der Sachen von Christiano zu holen.

Eine riesengroße Stadt, Tausende von Menschen wohnten da, behauptete Christiano. Sie fuhren gerade die Via Eurialo in der kleinen Ortschaft Beleverdere entlang, als der Kutscher Mario plötzlich die Pferde zügelte.

„Steigt doch einmal aus und geht mit mir dort hinauf."

Er zeigte auf die gewaltigen Ruinen einer Befestigungsanlage.

„Das sind Reste vom Castello Eurialo, welches die Griechen zum Schutz der Stadt errichtet hatten."

Gemeinsam kletterten sie hinauf.

„Von hier oben hat man einen herrlichen Blick über die ganze Stadt Siracusa, rechts weit hinten seht ihr den Hafen vor der Insel Ortigia. Und wenn ihr nun hier links nach Norden schaut, dann seht ihr über dem Golf von Augusta den Ätna. Als die Römer wieder einmal Siracusa belagerten, haben selbst die besten Kriegsmaschinen des Maestro Archimedes – ein berühmter Erfinder und Mathematiker in Siracusa - nichts mehr geholfen. Die Feinde schafften es, unaufhaltsam in die Stadt vorzudringen. Archimedes soll einer Legende nach mit einem von ihm konstruierten großen Brennspiegel von hier oben die Segel der römischen Flotte, die weit unten in der Bucht von Augusta lag, in Brand gesetzt haben. Daraufhin traten die Römer eilig den Rückzug an. Später kamen sie aber mit großer Verstärkung wieder und besetzten die Küste Siziliens." Fasziniert lauschten die beiden Jungen den Erklärungen Marios.

„Ganz da hinten rechts seht Ihr die Festung auf der kleinen Insel Ortigia, davor den Hafen. Schaut, dort ist der Dom, das ist die große Kirche, die wie ein Tempel aussieht, unterhalb davon, das ist der Palazzo der Cardinali."

Mit ausgestrecktem Arm deutete Mario in die Richtung.

„Und weiter links, da vorne bei den großen Pinien, das sind die Reste vom Teatro Greco. Hier in der Stadt gibt es noch viele Überreste der alten Griechen und Römer zu sehen. Blickt mal weiter nach hinten, dort seht Ihr die Ruinen der Chiesa San Giovanni de Evangelista."

Voll Begeisterung wies der Mann auf diese besonderen Bauwerke seiner Heimatstadt.

„Sagt, woher weiß Er das alles. Er ist doch nur ein einfacher Kutscher", fragte ihn der Contrino.

„Ich war einmal ein bekannter Gelehrter in der Stadt. Allerdings äußerte ich einiges, was den Stadtoberen nicht gefiel, und so wurde mir meine Lehrtätigkeit verboten. Nun als Kutscher bin ich ein freier Mensch und kann sagen, was ich will, denn angeblich bin ich ja zu dumm und verstehe sowieso nichts", lachte er.

Alle drei sputeten sich, um wieder in den Wagen zu kommen. Bald hatten sie die anderen schwer beladenen Gespanne eingeholt und gemeinsam zogen sie durch das untere Hafentor in die Stadt. Vorbei am Dom holperten die Wagen über das Pflaster. Die Kirche war eine riesige Baustelle. Die Fassade war bei dem großen Erdbeben von 1693 stark beschädigt worden und wurde jetzt mit einer Barockfassade neu aufgebaut. Endlich, gleich rechts vor einem großen Tor, kam der ganze Tross zum Stehen. Nachdem sich der Conte lautstark bemerkbar gemacht hatte, indem er brüllend Einlass forderte, sodass Tommaso meinte, ganz Siracusa würde zusammenlaufen, öffnete ein verschlafener Diener das Tor. Offensichtlich hatte die Dienerschaft noch nicht mit der Ankunft der Herrschaften gerechnet.

Die Rückreise war für die kommende Woche geplant, Zeit genug für eine ausgedehnte Besichtigungstour. Mit Erlaubnis des Conte durchstreiften die beiden Buben gemeinsam mit ihrem gebildeten Kutscher die alte Stadt. Er zeigte ihnen nun die beeindruckenden Bauwerke der Antike. Vor allem das von den Griechen vor fast zweitausend Jahren errichtete Theater, in dem mehr als 10.000 Besucher Platz gefunden haben sollen, imponierte den Jungen. Die Sitzplätze waren alle aus dem Tuffstein herausgemeißelt worden. Weiter hinten dann - bei den Zitronenhainen - das sogenannte Ohr des Dyonisos, hier soll der despotische Herrscher seine Gefangenen eingesperrt und abgehört haben. Daneben viele Steinbrüche, aus denen das Material für die Stadt gebrochen wurde. Besonders faszinierend fand Tommaso beim weiteren Stadtrundgang die Katakomben unter der Chiesa San Giovanni di Evangelista mit den vielen Gräbern. Als die Kerzen flackerten, gruselte es ihm, sodass es ihm eiskalt über den Rücken lief. In einer Nische waren frische Blumen dekoriert, hier hatte der Apostel Paulus gepredigt, nachdem er auf seiner Romreise an der Küste Siziliens gestrandet war.

Er wünschte sich damals, dass er einmal in dieser Stadt leben dürfte und nun, einige Jahre später, sollte sein Traum in Erfüllung gehen. Ende der Woche gab es dann zum Abschied im Palazzo ein Festessen, zu dem auch Tommaso eingeladen war. Neue Kleider hatte er bekommen, abgelegte

Sachen, aus denen Christiano schon vor Jahren herausgewachsen war.

„Du siehst richtig vornehm aus", meinte Cecilie zu ihm, „wie ein richtiger Mafioso."

Fragend schaute er sie an.

„Na du weißt schon, ein Mann, der die Fliege nicht auf seiner Nase herumtanzen lässt und jederzeit bereit ist, seine Ehre zu verteidigen."

Leider war er viel zu nervös und konnte das ausgezeichnete Festessen nicht so richtig genießen. Denn die Tischmanieren, die von ihm erwartet wurden, bereiteten ihm immer noch Probleme. Trotzdem blieb ihm der Nachtisch Granita con Fragole lange in Erinnerung. Im Unterricht hatte er zwar gehört, dass auf dem höchsten Berg der Insel, dem Ätna, auch im Sommer noch Reste von Schnee und Eis lagen, konnte sich das aber nicht vorstellen. Die Köstlichkeiten, die aus diesem Eis hergestellt wurden, schmolzen erfrischend auf der Zunge dahin. Nie wieder würde er diesen wunderbaren Geschmack und den heimlichen Abschiedskuss von Alessandra vergessen.

Nun begann ein neues Kapitel im Leben Tommasos. Auf der einen Seite hatte er Angst vor der neuen Herausforderung, andererseits freute er sich auf das Leben in der großen Stadt, die ihm von seinem Besuch vor einigen Jahren schon ein wenig vertraut vorkam. Am nächsten Morgen war es nun soweit, Zeit zum Abschiednehmen. Tommaso verabschiedete sich von seinen Eltern und Geschwistern, wenn alles gut ging, so kam er vielleicht zu Weihnachten nach Hause.

5   Lassan   1734

Als sie wieder zu sich kam, bemerkte Freia, wie kräftige Männerarme sie in einen Kahn zogen, der mit Wucht ans Ufer getrieben wurde. Zwei Fischer, ein älterer bärtiger Mann und ein jüngerer mit roter Mütze hatten sie aus den Fluten gerettet.

„So Mädchen, kriech mit unter die Plane, wir warten bis zum Morgen. Jetzt geht hier nichts mehr", rief ihr der Ältere im Heulen des Sturmes zu.

Die Dämmerung legte sich über das Land, hüllte alles in Dunkelheit. Zitternd lag sie da und weinte still vor sich hin. Stundenlang ging es auf und ab, das kleine Boot war ein Spielball der Wellen. Plötzlich schlug der Kahn mit einem lauten Krachen gegen Holzteile und verhakte sich so, dass das Schaukeln etwas aufhörte. Alle drei blieben unter der Persenning liegen und warteten. Langsam ließ der Sturm nach, das Unwetter zog weiter ins Stettiner Haff.

Am nächsten Morgen lugte Freia patschnass und am ganzen Körper zitternd unter der Abdeckung hervor. Die beiden Männer sprangen aus dem Boot ins brusttiefe Wasser. Vom Fischerkahn war zum Glück noch die hintere Hälfte übrig geblieben, in der alle drei die letzten Stunden verbracht hatten. Sie kämpften sich durch abgebrochene Äste und aufgetürmtes Reet - ein einziges Durcheinander - Richtung trockenes Land. Jedoch erschwerte das abfließende Wasser ihr Vorhaben.

Ein herrlicher Sonnenaufgang, rot glühend schob sich die Himmelsscheibe über den Horizont, als hätte es kein Unwetter gegeben. Der eiskalte Wind blies zwar immer noch kräftig, aber dieses Mal aus Osten, sodass das Wasser zurück in den Strom getrieben wurde. Sie hatten sich auf eine kleine Erhebung im Schilfgürtel gerettet. Hier lagen überall Trümmer.

„Vater! Mutter!", laut schreiend rannte Freia zu den Holzteilen, als ihr bewusst wurde, dass dies die Reste ihres Zuhauses waren. Der Fischerbursche Petrus sauste hinter ihr her und packte sie am Arm, als er sah, dass da jemand unter den Trümmern lag.

„Halt Mädchen - bleib da", schrie er. Aber Freia riss sich los. Verzweifelt versuchte sie, die Balken wegzuräumen, unter denen sie ihre Mutter liegen sah.

„So hilf mir doch, ich schaffe es nicht alleine!", flehte sie. Petrus hob den schweren Balken an und Freia zog ihre Mutter an den Füßen hervor.

„Beeil dich Freia, da liegen noch zwei Kinder!", ächzte er. Freia zerrte mit letzter Kraft ihre beiden Geschwister unter dem Holz hervor. Erleichtert ließ Petrus die schwere Last fallen. Krachend landete sie auf der Erde.

Gemeinsam hoben sie die leblosen Körper auf und legten sie neben die Mutter. Freia wollte es nicht wahrhaben, dass alle drei tot waren. Immer wieder schüttelte sie ihre Mutter und bettelte schluchzend: „Mama, wach auf – bitte, Mama, bitte, mach die Augen auf!"

Petrus konnte es nicht mehr mitansehen und zog Freia hoch, da brach sie ohnmächtig in seinen Armen zusammen.

„Was ist bei dir los?", rief Fischer Johann seinem Sohn zu.

„Wir haben drei Tote unter der eingestürzten Hütte hervorgezogen. Vermutlich die Familie von der Kleinen. Komm her und hilf mir."

Erst als sie später mit mehreren Männern aus Lassan zurückkamen, erkannten sie die ganze Tragik des Unglücks. Der Sturm hatte die Wassermassen weit ins Inland getrieben. Dabei war, bis auf das Mädchen, die gesamte Familie Reetschneider ums Leben gekommen. Man fand später noch die Leiche von Freias jüngster Schwester, aber ihr Vater und ihr kleiner Bruder Uwe blieben spurlos verschwunden - vom Wasser verschluckt.

Freia hatte Glück im Unglück gehabt. Auch einige Nachbarn hatte das Schicksal arg gebeutelt. Insgesamt waren dreizehn Menschen bei dem Unwetter ums Leben gekommen und viele Häuser waren zerstört. Aber dies waren die Menschen hier an der See gewohnt, immer wieder richteten Winterstürme schwere Schäden an. Doch so eine Wucht und Geschwindigkeit, mit der diese Sturmflut über sie hereingebrochen war, hatten bisher nur wenige erlebt.

„Das Mädchen kann solange, bis sich noch irgendwelche Verwandten melden, bei uns bleiben. Jetzt, nachdem Petrus erwachsen ist, ist meine Frau bestimmt froh, wenn wieder jemand da ist, um den sie sich kümmern kann", meinte Johann Singer zum Bürgermeister.

Der Fischer Johann Singer hatte erst recht spät geheiratet und seine Frau Margarete war damals auch nicht mehr die Jüngste gewesen. Lange hatten sie sparen müssen, um sich die Hochzeit leisten zu können. Am Anfang wohnten sie über dem Bootsschuppen von Johanns Vater. Als jüngster

Sohn war das Erbe nicht groß, das er zu erwarten hatte. Erst als Margarete unverhofft eine kleine Erbschaft von einer Großtante erhielt, konnten sie sich das kleine Anwesen am Hafen kaufen. Es stand schon lange leer und verfiel immer mehr zur Ruine, trotzdem verlangte der Müller noch eine ansehnliche Summe dafür. Sie bauten sich hier eine kleine Existenz auf, von der sie recht gut leben konnten.

Das Hauptnahrungsmittel der Lassaner Bewohner bestand aus Fisch. Die Fischereirechte verpachtete der Magistrat. Zehn Fischer erhielten für zwölf Taler jährlich das Recht, im Peenestrom vor der Stadt zu fischen.

Auch die Singers hatten das Glück und konnten ein Fangrecht erwerben. Johann fing Aale, Zander, Hecht, Barsche und manchmal auch Heringe, viele Fischarten, die es - Gott sei Dank - immer noch reichlich im Strom gab.

Einen Teil der Fische räucherte er dann gemeinsam mit seiner Frau. Margarete fuhr einmal in der Woche mit dem Bauern Schlegel zum Markttag nach Anklam, der nächsten größeren Stadt. Die Städter kauften gerne ihren leckeren Räucherfisch, sodass sie fast immer ruckzuck ausverkauft war. Danach half sie noch dem Bauern an dessen Stand, sein Gemüse und Obst zu verkaufen. Dafür durfte sie umsonst mit in die Stadt fahren. An guten Tagen bekam sie manchmal ein kleines Trinkgeld und vom Schlegel die Reste der nicht verkauften Waren.

Nach einigen Jahren erfüllte sich dann endlich der lang ersehnte Kinderwunsch. Sie ließen ihren Sohn auf den Namen Petrus taufen, weil der Herr Pfarrer in der Kirche schon viel von dem Fischer Petrus erzählt hatte, der mit Jesus gewandert war. Die beiden Singers verhätschelten ihren Knaben nach Strich und Faden.

Freia zog nun in Singers Fischerkate, gleich neben dem Hafen der Stadt.

Starr vor Schreck lag sie auf ihrem Strohsack. Es war noch stockdunkel. Sie spürte, wie etwas ganz langsam an ihrem rechten Bein heraufkroch. Immer weiter, immer höher. Vor Angst traten ihr Schweißperlen auf die Stirn. Eine Wanze, eine Maus, eine Ratte oder gar noch etwas Größeres? Freia lief ein eiskalter Schauer über den Rücken. Sie konnte sich nicht mehr bewegen, wie erstarrt lag sie da. Neben ihr atmete die alte Fischerin ruhig und gleichmäßig.

Das Tier kroch sachte weiter, schlüpfte unter ihr Nachthemd, strich krabbelnd über den Schamhügel, spielte mit dem aufkeimenden zart gekräuselten Flaum. Freia stockte der Atem, sie wollte entsetzt aufschreien - das war kein Tier. Doch da drückte ihr eine nach Fisch riechende Hand den Mund zu.

„Pssst, keinen Laut, sonst ...", flüsterte der alte Johann schwer atmend. Sie wand sich verzweifelt und versuchte die Hand wegzuschieben.

Weiter suchten die Finger, spielten in ihrem Schoß, versuchten in sie einzudringen, da schrie sie laut auf. Sofort verschwanden die Hände.

„Was ist?", rief Margarete aus dem Schlaf aufgeschreckt.

„Ach, nichts, ich – ich hab nur schlecht geträumt", stotterte Freia erleichtert.

„Komm her", sanft nahm Margarete das Mädchen in die Arme, „ist alles wieder gut - schlaf weiter."

Ängstlich schaute Freia am Morgen zum alten Johann hinüber. Der grinste sie nur hämisch an.

„Stell dich nicht so an. Einmal musst du ja in die Liebe eingeführt werden. Aber wenn du ein Wort sagst, jage ich dich ins Wasser", raunte er ihr später drohend zu, als seine Frau außer Haus war.

Damit begann für Freia eine angstvolle Zeit. Sie traute sich nicht mehr, richtig zu schlafen. Nur wenn der Fischer nachts auf dem Strom unterwegs war oder wenn sie sich an Margarete kuscheln konnte, hatte sie Ruhe vor seinen Nachstellungen.

Eines Tages, als sie vom Pilzesuchen zurückkam, hörte sie schon von Weitem die alte Fischerin mit ihrem Mann schreien: „Meinst du, ich merke nicht, dass du immer an der Kleinen rumfingerst? Lass das Mädchen in Ruhe! Ich gehe sonst zum Pfarrer und zum Bürgermeister und erzähle denen, was für ein Kerl du bist."

Der Fischer schlug ihr rechts und links auf die Wangen und beendete damit das Geschrei.

„Untersteh dich, ich schlage dich eher tot", drohte er ihr, rannte hinaus und ins Wirtshaus.

Aber von da an hatte Freia ihre Ruhe. Ein paar Wochen später bekam sie eine kleine Kammer unterm Dach mit einem schweren Riegel an der Tür. Margarete hatte ihren Sohn Petrus davon überzeugt, dass ein fast erwachsenes Mädchen einen eigenen Raum benötige, und so hatte dieser ihn in seiner wenigen freien Zeit hergerichtet.

Der Fischer starrte sie immer noch durchdringend an, als ob er durch die Kleidung schauen könnte. Sie fühlte sich dann nackt und bloßgestellt und versuchte so schnell wie möglich zu entfliehen.

„Seit die Peene der Grenzfluss zwischen Preußen und Schweden ist, gehen unsere Geschäfte immer schlechter. Wie du weißt Freia, kann ich auch nicht mehr in Anklam meine geräucherten Fische verkaufen. Und hier bei uns gibt es viel zu viel Konkurrenz. Wir - die armen Leute leiden am meisten unter der Willkür der Reichen und Mächtigen", meinte die Singerin eines Morgens, „wir müssen etwas ändern."

„Mm", nickte Freia unsicher.

„Der Diakon Michael Hartwig sucht jemanden für die Küche, da die alte Hedwig letzte Woche gestorben ist", fuhr sie fort, „Ich meine, das wäre etwas für dich. Du bist jetzt alt genug, um in einen Dienst zu treten. Ich habe schon mit ihm gesprochen, morgen früh sollst du vorbeikommen und dich vorstellen."

Ängstlich wollte Freia protestieren, aber Margarete duldete keinen Widerspruch, und so fügte sich die 15-Jährige. Sie hatte ja keine Wahl.

Der Diakon war ein sehr feiner und gebildeter Mann, auch seine Frau war von ruhiger Art. Man wurde sich einig und bereits am nächsten Tag zog Freia in das Haus der Hartwigs um. Unterm Dach bekam sie ein eigenes kleines Zimmer mit einem Tischchen, einem Hocker und einem Bett. Aus dem winzigen Fenster konnte sie über die Stadt bis zum Hafen blicken - eine herrliche Aussicht.

Anfangs hatte sie noch etwas Probleme mit den drei kleinen Kindern des Diakons, aber sehr bald fassten sie Vertrauen.

In ihrer knapp bemessenen Freizeit durfte sie in der umfangreichen Hausbibliothek lesen. Jederzeit konnte sie Frau Hartwig fragen, wenn sie etwas nicht verstand, sie hatte ja nur ein paar Jahre die Grundschule besucht. So begann die schönste Zeit ihres bisherigen Lebens.

Der Diakon legte besonders viel Wert auf ein gepflegtes Aussehen, auch bei seinen Dienstboten. Sie legte die Trauerkleidung ab und bekam dafür einen feinen schwarzen Rock, ein schwarzes bunt besticktes Mieder, eine weiße Bluse, weiße Schürze und Jungfernhaube.

Einmal im Monat wurde ein Hausmusikabend in der guten Stube veranstaltet, bei dem Freia servieren musste. Der Hausherr hatte sich einen Holzkasten gekauft, auf dem man Musik machen konnte. Dem Mädchen wurde erklärt, das sei ein Clavichord von einem gewissen Herrn Silbermann, ein Musikinstrument mit Tasten, bei deren Herunterdrücken die im Kasten befindlichen Saiten angeschlagen wurden. Immer wieder ließ sich Freia die Technik zeigen. Was es nicht alles gab, einfach wundervoll, meinte sie staunend. Bestimmt sehr teuer, dachte sie, woher haben die denn so viel Geld? Von einer Nachbarin erfuhr das Mädchen, dass die Frau des Diakons aus besserem Hause stammte und eine kleine Erbschaft die finanzielle Lage des Paares erheblich verbessert hatte.

Das Bedienen an den Musikabenden gehörte immer zu den Höhepunkten im Monat. So viele interessante Menschen, wie einige der Bürgermeister, Ratsherren sowie der Lehrer und Kantor nahmen regelmäßig daran teil. Manchmal folgten auch betuchte Meister und Händler der Einladung in das stets überfüllte Wohnzimmer der Hartwigs. Gerne unterhielt sich Freia nach der Musik mit dem Lehrer Michael Mähl.

Sie konnte sich noch gut an den 3. November 1732 erinnern, an dem er als Kantor und Schulmeister eingeführt worden war, da an diesem Tag ihr Bruder Uwe zur Welt kam. Sie durfte im Schulchor zur Begrüßung mitsingen. *Wachet auf, mein Herz und singe* und *Es wollt uns Gott gnädig sein* hatte Pastor Willers mit ihnen einstudiert. Dem Kantor war ein neuer Rohrstock zur Züchtigung der Jugend überreicht worden. Pastor Willers ermahnte die anwesende Schuljugend besonders zum Gehorsam gegenüber dem noch jungen, neuen Lehrer. Mähl wusste so viel von der weiten Welt zu erzählen.

Freia träumte davon, eines Tages die Enge der kleinen Stadt zu verlassen. Eisern sparte sie Groschen um Groschen, die sie von ihrem mageren Lohn entbehren konnte.

6   Leipzig   1736

Gemeinsam mit einer kleinen Gruppe böhmischer Händler brachen die Bartels am nächsten Tag nach Leipzig auf. Kurz vor der großen Stadt warteten sie wieder einmal sehr lange am Schlagbaum, bis die sächsischen Soldaten, Untertanen des Kurfürsten Friedrich August, alles kontrolliert hatten. Arm konnte man werden beim Reisen zu dieser Zeit. An jeder Landesgrenze, jeder Stadtgrenze und jedem Kirchenbezirk wurde Maut verlangt. Dabei hatten sie noch Glück, denn sie führten keine Handelswaren mit sich. Diese kosteten noch erheblichen Zoll für die Einfuhr und manchmal auch wieder für die Ausfuhr. Das aber wiederum machte sie verdächtig. Weshalb reiste jemand nur so durch die Lande? Waren das vielleicht Spione? Es waren schon verrückte und unruhige Zeiten. Ständig flammte seit 1730 der Krieg um die Erbfolge in Polen wieder auf. Gerade auch durch Sachsen marschierten die verbündeten Truppen der Österreicher und Russen, um gegen die Franzosen und die Preußen zu ziehen.

Nach Entrichtung des Gastzolles fuhren sie in die Messestadt Leipzig ein. Hier in einer der großen Metropolen pulsierte das Leben. Inmitten der Stadt fanden sie ein billiges und gutes Quartier in einer kleinen, etwas älteren Pension in der Grimmaischen Straße.

Christoph meldete sich bei der russischen Gesandtschaft an, welche nur einige Straßen weiter residierte. Endlich nach dreimaligem Versuch gelang es ihm mithilfe eines Golddukaten, beim Gesandten vorgelassen zu werden. Seine

Exzellenz Fürst Andrewitsch von Nowgorod fertigte ihn anmaßend zwischen Tür und Angel ab.

„Ja sicher, Schneider können wir gebrauchen. Lass *Er* sich von meinem Adjutanten ein Schreiben geben und dann finde *Er* sich innerhalb des nächsten halben Jahres in Sankt Petersburg an der Akademie der Wissenschaften ein."

Dieses Empfehlungsschreiben, das natürlich einige Gulden kostete, hatte den Vorteil, dass die Grenzen bis Russland leichter zu passieren wären, erzählte ein mit ihm wartender Zimmerermeister. In Ländern, wie Sachsen, Polen und Russland brauchte man dann keine Maut zu bezahlen.

Mit Christoph wurden noch fünf weitere Handwerker angenommen. Der ihm schon bekannte Zimmerermeister, dessen Geselle, ein Wagnermeister, ein Steinmetz- und ein Bäckergeselle. Die zwei Zimmerer wurden ebenfalls von ihren Frauen begleitet. Allesamt ganz besondere Menschen, die es, jeden auf seine Weise, in die Welt hinauszog. Einige hatten genauso wie er durch ihre offenen politischen Meinungsäußerungen in ihrer Heimat Schwierigkeiten bekommen und diese verlassen müssen.

Man kam überein, zusammen zu reisen. Allerdings gab es da noch ein Problem: Nur der Wagnermeister Melchior Hochreuther, auch ein Franke, hatte einen Wagen mit Pferden. Gemeinsam schafften sie sich daher noch ein Gespann an und verteilten Gepäck und Leute so, dass alle einen Platz hatten. Der schwäbische Zimmerermeister aus Ulm, Gottfried Bruckschlegel mit Frau, übernahm den dritten Wagen. Gemeinsam wollten sie sich einer größeren Reisegruppe anschließen, die in fünf Tagen nach Berlin aufbrechen wollte. Dies war die Residenzstadt König Friedrich Wilhelms von Preußen, einem autoritären Herrscher, dem seine Soldaten über alles gingen.

In der Zwischenzeit erkundete der Windsheimer die Stadt Leipzig. Dem Meister imponierte die Straßenbeleuchtung. Solche Lichter gäbe es nur noch in der Weltstadt Paris, erzählten ihm voller Stolz einige Leipziger. Über 750 Öllampen hingen in der Stadt verteilt, entweder an einem Seil über der Gasse oder sie waren auf einem kunstvoll verzierten Metallarm an Hauswänden befestigt. Alle wichtigen Plätze und Gassen besonders im Stadtzentrum und im Messeviertel wurden so beleuchtet und das nun schon seit 30 Jahren. Vorbei war die Zeit, in der man sich einen Heimleuchter mieten musste, wenn man spät abends eine der zahlreichen Tavernen oder Gasthäuser verließ.

Natürlich gab es auch Stimmen, die noch immer dagegen wetterten. Besonders aus theologischen Gründen sei eine Straßenbeleuchtung verwerflich. Sie sei ein Eingriff in die göttliche Ordnung, predigte so mancher Pfarrer von der Kanzel: *Die Macht der Finsternis ist extra eingesetzt und darf nur zu gewissen Zeiten vom Mondlicht unterbrochen werden. Man solle den göttlichen Weltenplan nicht „hofmeistern", die Nacht nicht in Tag verkehren wollen.*

Manche, durchaus auch gebildete und aufgeklärte Leute, sahen gesundheitliche Schäden voraus:

Die Ölausdünstung wirkt sich besonders auf die Gesundheit schwachleibiger oder zartherziger Personen aus. Deshalb sollte man Frauen den Ausgang bei eingeschalteter Beleuchtung verbieten. Auch blieben die Leute nächtens länger auf der Straße und seien umso anfälliger für Schnupfen, Husten und Erkältungen.

Andere, besonders aus den Reihen der Obrigkeit, sorgten sich um den Verfall der Sittlichkeit. Sie behaupteten:

Die künstliche Helle verscheuche in den Gemütern das Grauen vor der Finsternis, das die Schwachen von mancher Sünde abhält. Das Licht mache den Trinker sicher, dass er in den Zechstuben bis in die Nacht hinein schwelge; es verkuppelt die verliebten Paare; es mache Pferde scheu und Diebe kühn.

Solche und andere Gründe konnten aber den Siegeszug der Straßenlaternen nicht aufhalten.

Christoph fand diese Erfindung einfach schön, konnte er doch so bis spät in den Abend durch die Gassen schlendern.

„Schau mal Anna Maria, wenn das Öl fast ausgegangen ist, flackert das Licht, als würden Glühwürmchen vorbeiziehen", versuchte der Meister auch seine Frau davon zu begeistern.

„Naja, da braucht man schon viel Fantasie", Anna Maria schüttelte den Kopf. Aber trotzdem ging auch sie gerne abends an den Schaufenstern vorbei, in denen die Händler ihre Waren anpriesen.

Auch Gast-und Wirtshäuser luden mit hellen Lampen die Gäste und Zecher ein. Eine besonders schöne Beleuchtung hatte das Opernhaus und das Kaffeehaus *Zum Arabischen Coffe-Baum*. Allerdings waren dies beides Örtlichkeiten, in die sich der Schneidermeister nicht wagte, zu vornehm waren die Gäste, die dort verkehrten. Obwohl, er hätte gerne auch einmal so einen Kaffee geschlürft.

Die Stadt war eine der mächtigsten Messe- und Handelszentren im deutschen Raum. Überall sah er neue, teilweise sogar mehr als fünf Stockwerke hohe Häuser. Am *Naschmarkt* war vor etwa 50 Jahren eine der ersten europäischen Handelsbörsen eröffnet worden. Allerdings war Leipzig keine Freie Reichs- oder Hansestadt, sondern eine Stadt, die seit über 250 Jahren zum Kurfürstentum Sachsen gehörte.

Eines Tages kam Anna Maria von einem Stadtrundgang ganz aufgeregt in die Pension gelaufen. Ihre Kleidung schmutzig und blutverschmiert, das Gesicht und die Arme aufgeschürft.

„Was ist denn mit Dir passiert?"

Besorgt sprang ihr Mann von seinem Stuhl am Fenster auf.

„Ach nichts weiter, nur ein paar Hautabschürfungen", Anna Maria schnaufte durch und setzte sich neben Christoph, „ich wollte mit Elisabeth gerade den *Brühl* überqueren, als plötzlich eine Kutsche anfuhr. Die Pferde haben mich an der Schulter erfasst und zu Seite geschleudert. Eine vornehme Dame kam erschrocken aus dem Haus geeilt, vor dem ich lag, und half mir auf. Stell Dir vor, sie entschuldigte sich bei mir. Es sei ihr Wagen und die Pferde seien vor irgendetwas gescheut, meinte sie. Frau von Ziegler, so stellte sie sich mir vor, bat mich sogar ins Haus. Ich solle mich ein wenig von dem Schreck ausruhen. Sie müsse leider sehr dringend weg, aber eine ihrer Bediensteten werde uns gerne helfen und etwas zur Stärkung anbieten. Ich solle auch noch meine Adresse hinterlassen."

„Aber du siehst schlimm aus - ist wirklich alles in Ordnung mit dir?"

„Ja, ja - mir geht es gut. Die paar kleinen Wunden heilen und die Kleidung werde ich schon wieder sauber kriegen."

Anna Maria, von Haus aus immer neugierig, hatte sich natürlich beim Personal nach der Frau erkundigt. Die Küchenmamsell, die sich am großen Küchentisch zu ihnen gesetzt hatte, erzählte bereitwillig, froh endlich einmal jemanden gefunden zu haben, der sich für ihren Tratsch interessierte.

Anna Maria war ganz aus dem Häuschen und berichtete ihrem Mann: „Stellt dir vor, Frau Christiana Mariana von Ziegler, so heißt sie mit vollem Namen, ist eine bekannte Dichterin. Sie ist die Tochter des ehemaligen Leipziger Bürgermeisters Romanus, der jetzt wegen Betrugs im Gefängnis sitzt. Die Mamsell hat erzählt, die Ziegler war noch ganz jung, als sie geheiratet und ein Kind bekommen hat, gleich darauf starb aber ihr Mann. Dann hat sie sich erneut vermählt und hat nochmals ein Kind bekommen. Schon nach sieben Ehejahren starben wieder ihr Mann und noch dazu ihre zwei Kinder an einer Seuche. Nun lebt sie hier in ihrem Elternhaus mit ihrer Mutter und unterhält einen literarisch-musikalischen Salon. Und bei dieser Frau verkehrt der von dir so verehrte Philosoph Gottsched. Auch ein bekannter Musiker namens Bach und andere berühmte Gelehrte und Künstler gehen dort ein und aus."

Ein paar Tage später brachte ein Diener eine Einladung zu einem der Abende bei Frau von Ziegler. Als Entschädigung quasi, wie die Dichterin schrieb. Das Ehepaar Bartel fühlte sich geehrt und freute sich darauf. Sie zogen an dem Abend ihre besten Sachen an. Christoph war gespannt, den berühmten Professor kennenzulernen und vielleicht einmal über die Aufklärung mit ihm zu diskutieren.

Als sie jedoch die Katharinenstraße vorgingen und am Eckhaus standen, einem großen Stadtpalais ganz im neuen Baustil errichtet, verließ sie der Mut. Eine vornehme Kutsche nach der anderen hielt vor dem Eingang. Livrierte Diener öffneten die Verschläge. Sie sahen die parfümierte, aufgeputzte Gesellschaft Leipzigs aussteigen und im Haus verschwinden.

Christoph schaute an sich runter und dann seine Frau an: „Ich glaube, da passen wir nicht dazu."

„Du hast recht, lass uns gehen." Damit wandten sich die Bartels ab und gingen in eines der vielen Gasthäuser, hier war ihre Kleidung angemessen, hier gehörten sie dazu.

Christoph kaufte sich täglich die *Leipziger Zeitungen*. Anna Maria jammerte: „So viel Geld für so etwas Unnützes."

„Na, dann schau mal her", er zeigte auf eine Seite, „hier steht ein Gedicht von deiner Frau von Ziegler." Er las in seiner rauen, behäbigen Art laut vor:

„Ich liebe Kunst und Wissenschaft,
In welche sich mein Geist vergafft:
Frägst Du, wie hält es um das Herze?
So wisse, dass ich hier nicht scherze,
Es ist so tapfer, als ein Mann,
Man sieht ihm gar nichts Weibliches an.
Die Hand bemüht sich mit der Feder,
Zum Munde hab'ich gutes Leder;
Ein Andrer wird das dichten satt,
Musik und Reim macht mich nicht matt."

„Also ich weiß nicht, damit kann ich nichts anfangen", meinte Anna Maria nachdenklich.

Christoph nickte: „Mir geht es genauso."

Neugierig ging Meister Bartel eines Tages in *Auerbachs Keller*, so hieß eine Kneipe im Herzen der Stadt. Hier verkehrten hauptsächlich die Gelehrten und Kaufleute. Wie er gehört hatte, hielt der Aufklärer und Philosoph Gottsched hier seine Reden und Gesprächskreise ab. Von dessen Wochenzeitschrift *Der Biedermann* hatte Christoph schon viele Ausgaben gelesen.

Er staunte über den großen, imposanten Weinkeller, den der Arzt und Universitätsprofessor Heinrich Stromer von Auerbach vor über 200 Jahren errichtet hatte. Auf mehreren Stockwerken befanden sich unter dem Auerbacher Hof verschiedene Keller mit Tonnen- und Kreuzgewölben. Der Wirt erzählte Christoph die Geschichte dieser alten Schankwirtschaft vom Stromer.

„Jetzt schaut Euch mal meine Kundschaft an, die vielen jungen Burschen, jeder von denen trinkt immer mehrere *Nösel*", erzählte der Wirt Christoph weiter, „denn Wein soll ein vorzügliches Prophylaktikum gegen vielerlei Gebrechen sein, wenn man ihn richtig anwendet, soll damals schon Stromer seinen Studenten erklärt haben. Das lassen sich die Burschen natürlich nicht zweimal sagen. Wein tranken sie schon immer gerne und nun erst recht, wenn er noch dazu gut für die Gesundheit sein soll. Bessere Gründe zum Trinken findet man nicht so leicht. So hat der Stromer damals ein gutes Geschäft entdeckt. Der Weinbedarf ist seit dieser Zeit enorm gestiegen. Unser Weinkeller mit seinem Ausschank ist die beste Adresse in Leipzig. Ein Spruch der Händler und Kaufleute lautet:

Wer nach Leipzig zur Messe gereist, ohne in Auerbachs Keller zu gehen, der schweige still, denn das beweist, er hat Leipzig nicht gesehen."

Offensichtlich stört niemanden der modrige Kellergeruch, der einem entgegenschlägt, wenn man die steilen Stufen hinuntersteigt, dachte sich Christoph.

Eines Abends nach einer feurigen Rede Gottscheds über Gleichheit und Brüderlichkeit meldete sich der Schneidermeister zu Wort, aber er wurde abgekanzelt.

„Was will Er als einfacher Handwerker. Nicht einmal studiert hat Er! Was versteht Er schon von solchen Dingen", ereiferten sich einige Studenten sowie der Professor und hinderten ihn daran, seine Fragen zu stellen. Ernüchtert über die Art und Weise, wie man über Gleichheit und Brüderlichkeit auf der einen Seite redete und schrieb und auf der anderen das Gegenteil praktizierte, zweifelte Christoph an der Ehrlichkeit der Thesen des Philosophen. Hatte er wegen so etwas seine Existenz, ja sogar sein Leben und das seiner Frau aufs Spiel gesetzt? Nein! Die Thesen waren richtig! Die Menschen machten die Fehler. Er beschloss für sich, wieder einmal, öffentliche Äußerungen über diese Themen in Zukunft zu vermeiden, oder wenigstens zu überdenken.

„Macht Euch nichts draus, die Herren sind immer so. Die tun so, als setzten sie sich für unsere Rechte und Freiheiten ein, aber erkämpfen müssen wir uns diese selbst", meinte der Kellerwirt Johann Jacob Key, „es redet sich leicht, wenn man auf einem gepolsterten Stuhl sitzt wie etwa der Professor oder einer der landadligen Studenten."

Er zeigte Christoph einen Platz am Stammtisch gleich rechts vor dem Tresen: „Setzt Euch und trinkt eine Kanne vom feinsten Rotwein, dann schaut die Welt gleich viel besser aus."

Sein Tischnachbar, eine schief sitzende Perücke auf dem Kopf, schaute kurz auf, dann fuhr er fort, mit den Fingern leise auf die Tischplatte zu klopfen. Das sah fast aus, als würde er musizieren.

„Was treibt der da?", fragte Christoph leise den Wirt, als dieser ihm den Wein servierte.

„Ach, beachtet ihn nicht. Das ist unser Organist und Kantor, Meister Johann Sebastian Bach aus der Thomaskirche. Der sitzt jeden Abend hier und komponiert auf einer nicht vorhandenen Claviatur."

Der Wirt beugte sich zu Christoph und flüsterte hinter vorgehaltener Hand: „Keiner hätte vor etwa vierzehn Jahren gedacht, dass aus dem einmal was werden würde. Eigentlich wollten die Leipziger Ratsherrn für die verwaiste Thomaskantorei damals den bekannten Kantor und Komponisten Georg Philipp Telemann gewinnen. Der hochbegabte Musiker war schon einmal bei uns in Leipzig als Musikdirektor und Organist. Allerdings hat er dann 1721 nach Hamburg gewechselt. Ein Jahr später wollte man ihn erneut nach Leipzig holen, aber er lehnte ab, und so bekam der unbekannte Bach, sozusagen als Lückenbüßer, das Amt des Kantors. Besser als gar keiner, dachte man. Nun ja, Ihr seht ja, etwas verrückt wie alle Künstler, aber ein großes Genie, wie sich herausgestellt hat. Es gibt schon einige berühmte Stücke von ihm. Vielleicht habt Ihr schon mal eins gehört? Das *Bist du bei mir* aus einer Passion oder wie das sonst heißt. Auch das bekannte Lied: *Jesus bleibet meine Freude,* welches wir oft im Gottesdienst singen."

Christoph kannte noch keines dieser Lieder. Er nahm sich fest vor, einmal in die Thomaskirche zu gehen, um dem Meister Bach zuzuhören.

Ein paar Tage später saß er wieder in *Auerbachs Keller* an dem Tisch neben der Theke und hatte gerade ein *Nösel* Roten und ein *Leipziger Allerlei* bestellt, als Meister Bach wutschnaubend hereinstürmte. Hinter ihm her ein kleiner Mann, der aufgeregt mit beiden Händen herumfuchtelte. Beide setzten sich an den Tisch, ohne Christoph zu beachten.

„Ich sage Euch dies nun zum letzten Mal, Meister Silbermann, Ihr habt nicht recht!", schnauzte Bach.

„Ich bin wohl ein rechter Hitzkopf und die Höflichkeit läuft mir nicht nach wie ein Pudelhund. Auch habe ich nicht immer recht, aber dieses Mal irrt Ihr Euch, Meister Bach. Ich habe schon genug Instrumente gebaut und repariert, um zu wissen, um was es geht. Ihr - spielt doch nur darauf", schrie der erhitzte und empörte, etwa fünfzigjährige Mann zurück.

Christoph erfuhr später, dass Johann Gottfried Silbermann ursprünglich ein Zimmermann aus der Nähe von Dresden war, der später in Straßburg das Orgelbauen erlernte. Nun war er ein berühmter Orgel- und Clavierbauer, der es zu hohem Ansehen und Wohlstand gebracht hatte.

Die beiden hätten unterschiedlicher nicht sein können. Der eine, ein reicher ausgefuchster Geschäftsmann, protzig gekleidet. Der andere zwar ebenfalls berühmt, aber dennoch ein armer Organist und Kantor, in einen schlichten schwarzen Talar gehüllt, der auch schon bessere Tage gesehen hatte.

Silbermann galt als eine Kapazität auf seinem Gebiet und wurde oft als Sachverständiger bei Streitigkeiten zurate gezogen. Allerdings hatte er auch Kritiker wie den Bach, der eine erweiterte, flexiblere Stimmung bei den Orgeln, Cembali und Clavichorden forderte. Silbermann beharrte jedoch auf dem mitteltönigen Stimmsystem.

Die beiden stritten noch eine ganze Weile und versuchten, sogar Christoph ihren Standpunkt zu erklären. Aber vergebens, dieser hatte keine Ahnung, wovon sie sprachen. Genervt verließ der Schneidermeister fluchtartig das Wirtshaus.

Doch am darauffolgenden Tag besuchte er das Gasthaus erneut, verkroch sich dieses Mal aber an den letzten freien Tisch im hintersten Eck der Gaststube.

Key begrüßte ihn wie einen Stammgast und brachte ihm den gewohnten Rotwein.

„So, reicht es Euch, wollt Ihr heute nichts über Orgeln hören?", fragte er schmunzelnd.

Noch bevor der Meister antworten konnte, setzten sich zwei gut gekleidete Herren zu ihm an den Tisch und grüßten freundlich.

„Was darf es sein, werte Herrschaften?", eilig kümmerte sich Jacob Key um seine neuen Gäste.

Gleich entstand ein Gespräch. Bartel erfuhr, dass die beiden aus Hamburg kamen, ein Professor der Rechte und ein Maurermeister. Man unterhielt sich vorzüglich über die kleinen und großen Ereignisse in der Gesellschaft und Weltpolitik. Bereits nach kurzer Zeit verstanden die Herren sich so prächtig, dass man meinen konnte, sie wären bereits seit frühester Jugend miteinander bekannt und beste Freunde.

Spät abends, der Wirt wollte endlich schließen, verabredeten sie sich für den kommenden Tag.

Als sie am nächsten Abend wieder zusammensaßen, erzählten die beiden Fremden Christoph von ihrer Mission.

„Wir sind Mitglieder eines Bundes, Freimaurer genannt. Freie Menschen mit der Ansicht, dass die Grundideale von Freiheit, Gleichheit, Brüderlichkeit, Toleranz und Humanität die wichtigsten Merkmale im täglichen Leben sind. Unser Bund ist ein Zusammenschluss von Menschen, die diesen Idealen zustimmen", erklärte der Professor Christoph, „dabei spielt für die Mitglieder weder der Stand und der Beruf noch die Religion eine Rolle. Unsere Überzeugung, dass ständige Arbeit an sich selbst zu einem menschlicheren Verhalten führt, wollen wir durch praktische Arbeit im Alltag leben. Nach unserem Selbstverständnis vereinen sich Menschen aller sozialen Schichten, Bildungsgrade und Glaubensvorstellungen in den Logen, so nennen wir die einzelnen Bruderschaften. Bisher gibt es sie nur in England, da allerdings schon seit 1723, und in Hamburg."

Der Maurermeister Jan Vetterson fügte noch ergänzend hinzu: „Natürlich muss das alles im Geheimen erfolgen. Christoph, Ihr wisst ja selbst, was mit Menschen passiert, die sich zu sehr für die Gleichheit der Menschen einsetzen."

„Ja, ich verstehe, aber wie kann ich Euch von Nutzen sein?", fragte der Schneidermeister.

„Wir dachten, Ihr könntet uns in Leipzig einführen, aber leider seid Ihr ja selbst ein Fremder hier."

„Vielleicht kann Euch der Wirt weiterhelfen. Ich werde darüber natürlich schweigen, vielleicht bietet sich einmal die Gelegenheit, Eurem Bund beizutreten. Danke jedenfalls für Euer Vertrauen. Gebt mir Eure Adresse, so können wir zumindest in Briefkontakt bleiben."

„Ach noch eins, Ihr seid zwar kein Mitglied einer Loge, aber solltet Ihr einmal ein Zeichen aus Winkel und Zirkel sehen, so wisst, dass es sich hier um Freimaurer handelt. Die Bruderschaft hat sich in den letzten Jahrhunderten aus den Bauhütten der Steinbildhauer und Baumeister entwickelt und das waren deren Zunftzeichen. Wendet Euch getrost an diese Menschen." Damit verabschiedeten sich die beiden von Christoph.

Am Morgen, bevor die Bartels aufbrechen wollten, erreichte sie ein Brief von Tochter Lena aus Windsheim. Dieser war schon mehrere Wochen unterwegs gewesen und die Antwort auf ein Schreiben, welches Anna Maria in Bamberg abgeschickt hatte.

Windsheim, April Anno 1736
Lieber Herr Vater, liebste Frau Mutter!

Ich habe mich gefreut von Euch zu hören, dass Ihr gut in Bamberg angekommen seid. Entsetzt war ich über Eure Berichte, besonders über den Überfall. Gott sei Dank, ist ja alles noch einmal gut ausgegangen. Ich kann es immer noch nicht fassen, dass Ihr nun so weit weg seid. Euer Enkel, ich hoffe doch, dass es einer wird, strampelte schon mehrmals heftig in meinem Bauch. Das Sitzen fällt mir immer schwerer.

Meine Schwiegermutter ist mir nun eine große Hilfe. Magdalena kommt immer rüber und befehligt den Haushalt, wenn es mir nicht so gut geht.

Sebastian gewinnt immer mehr an Einfluss und Ansehen, sowohl in der Kanzlei als auch in den Ämtern, die ihm die Ratsherren übertragen haben. Mich würde es nicht wundern, wenn er eines Tages nicht nur Erster Bürgermeister, sondern Oberrichter sein wird. Ich bin sehr stolz auf ihn. Viele der Herren, auch von Euren sogenannten guten Freunden, sind glaube ich froh, dass Ihr aus Windsheim weggegangen seid. Einige grüßen wieder, manche scharwenzeln um mich herum. Sie glauben, ich könnte meinen Einfluss auf Sebastian zu ihrem Nutzen geltend machen. Scheinheilige Heuchler sind einige der alteingesessenen Windsheimer, aber die lasse ich mit Vergnügen abblitzen.

Bitte liebe Mutter schreibt mir bald wieder. Vor allem Euer nächstes Reiseziel, so kann ich die Antwort bereits dorthinsenden.

Der Jude Samuel Großmann wird mir wieder dabei behilflich sein. Die jüdischen Händler und Kuriere sind doch am schnellsten."

Anna Maria schmunzelte, benutzte ihre Tochter wieder mal die Linke zum Schreiben.

Viele, viele Tränen hatte es gekostet, ihr das Linksschreiben abzugewöhnen. Zu Hause mit gutem Zureden, in der Schule und besonders im Religionsunterricht am Sonntag mit Stockschlägen auf die Finger. Nicht nur einmal kam sie heulend mit blutenden Händen nach Hause.

„Wer links schreibt und rote Haare hat, ist mit dem Bösen oder gar mit dem Teufel im Bunde, und man muss es ihr mit Gewalt austreiben." Die Lehrer übten hierbei keine Nachsicht.

Lena schrieb weiter:

„Ach übrigens, der Georg Wilhelm Dietz ist der neue Rektor vom Gymnasium geworden und hat das Haus vom Krauß am Kornmarkt gekauft. Die beiden Alten wohnen schon seit einiger Zeit bei ihrem Sohn Michael am Holzmarkt gleich neben dem Bauhof und so stand das Haus zum Verkauf.

Möge Gott Euch auf Eurem weiteren Weg reichlich segnen und in der Hoffnung, dass wir uns vielleicht einmal wiedersehen,

verbleibe ich,
Eure Euch immer liebende Tochter Lena.

Anna Maria freute sich zu hören, dass es ihrer Tochter so gut ging. Freilich wäre sie gerne bei der Geburt von Lenas erstem Kind dabei gewesen.

7   Lars   1736

Mit Pauken und Trompeten zogen die Schweden vorbei. Die kleine Garnison, bestehend aus einer Handvoll Soldaten und einem Unteroffizier, war hier seit 1732 stationiert. Damals hatten preußische Werber den Fischer Glassen mit Gewalt entführt und ihn erst nach langer Zeit auf Ersuchen der schwedischen Regierung wieder freigelassen. Um solche und sonstige Grenzzwischenfälle zu verhindern, hatte man eine kleine Militärabteilung nach Lassan verlegt. Die Soldaten waren gerne hier.

„Wir schieben hier eine ruhige Kugel", verkündeten sie immer lachend.

Auch die Bevölkerung hatte sich an die stets freundlichen Infanteristen gewöhnt. Einige Jahre war der Konflikt nun schon vorbei und es herrschte Ruhe im Land. Freilich sah es im Moment so aus, als ob der Krieg wieder aufflammen würde. Preußen, Russland und Schweden waren sich immer noch nicht einig, wer die Königskrone von Polen erben sollte. Auch Kaiser Karl zog wieder einmal seine Truppen zusammen und setzte sie gegen Preußen in Marsch. Die ersten Gefechte gab es am Rhein. Gott sei Dank weit weg. Hoffentlich kam der Krieg nicht wieder hierher in den Norden.

Freia stand in der Tür des Hartwiganwesens und winkte zaghaft dem Unteroffizier zu, einem großen sehnigen Mann mit blonden Haaren. Der Soldat grüßte erfreut zurück. Er war noch sehr jung und unverheiratet, hatte sie erfahren, als sie sich diskret erkundigte. Mit ihren sechzehn Jahren wurde es Zeit, dass sie sich einen guten Mann aussuchte, und der wäre genau der richtige. Er war groß und stark und hatte himmlisch blaue Augen, ein Mann wie in ihren Träumen. In gewisser Weise waren die Männer ja frei und ungebunden. Sie hatten sich nur für eine bestimmte Zeit verpflichtet und bekamen dafür ihren Sold. Als Soldatenfrau wäre sie frei und nur ihrem Mann Gehorsam schuldig. Der Sold eines Unteroffiziers reichte aus, um eine kleine Familie zu ernähren. All dies hatte sie von Inga, der Frau des schwedischen Trompeters erfahren.

Sie winkte noch einmal hinterher, als die Abteilung um die nächste Hausecke bog.

Am Erntedankfest trödelte Freia absichtlich herum, sodass sie verspätet zur Kirche aufbrach. Sie wusste, dass dann das kleine Gotteshaus bis zum letzten Platz gefüllt war. Viele der ärmeren Leute setzten sich auf den Hang vor der Friedhofsmauer und verfolgten so den Gottesdienst durchs geöffnete Kirchenportal. Auch die Schweden saßen immer hier und so suchte sie sich einen Platz weit hinten an der Mauer. Ihr auserwählter Unteroffizier grinste, breitete seine Jacke am Boden aus und forderte sie mit einer galanten Handbewegung auf, darauf Platz zu nehmen.

„Här är min vackra Frau, bittä schön Frau."

Freia schoss das Blut in den Kopf, sie knickste, nahm seine dargebotene Hand und setzte sich. Immer wieder lächelten sie sich an und waren beide verwundert, als ein lautes Amen ertönte, die Gemeinde sich erhob und die Kirche verließ. Mit hochrotem Kopf, er hielt immer noch ihre Hand, riss sie sich von ihm los und rannte nach Hause.

Drei Tage später bat sie der Diakon Hartwig in sein Arbeitszimmer. Nachdem sie sich vor dem Schreibtisch auf den Besucherstuhl gesetzt hatte, begann Hartwig umständlich: „Also Freia, es ist so, bei uns - das heißt bei mir - hat der Schwede, der Unteroffizier Lars Asmundson, der hiesige Kommandant der schwedischen Besatzung - also der Schwede hat bei mir vorgesprochen und um deine Hand angehalten. Ich weiß zwar nicht, wie er dazu kommt. Hast du ihm etwa schöne Augen gemacht? Aber das ist jetzt gleich, ich habe ihm jedenfalls gesagt, dass du das selbst entscheiden musst. Doch bedenke, bei aller Freundschaft mit den Schweden, sie sind Fremde, sie sind unsere Besatzungsmacht. Du begibst dich damit an den Rand der Gesellschaft."

Es folgten noch lange Belehrungen und Ermahnungen über den heiligen christlichen Stand der Ehe. Sie blickte ihn mit großen Augen an und nickte ab und zu beifällig.

„Nun sag schon was Mädchen! Schau nicht so erstaunt", forderte schmunzelnd der Diakon am Ende seiner Rede.

„Ich weiß nicht, Herr, es kommt alles so plötzlich. Was soll ich dazu sagen. Bitte lassen Sie mir etwas Bedenkzeit."

„Das habe ich deinem Bewerber auch geantwortet. Aber bis zum ersten Advent musst du dich entscheiden. Ich muss wissen, wie ich dran bin, wegen einer neuen Dienstmagd. Das verstehst du doch?"

„Ja Herr Diakon, ich gebe euch bald Bescheid."

Geschwind verließ sie das Zimmer und traf beim Hinauseilen Frau Hartwig mit dem Türknauf am Kopf. Die Frau des Diakons hatte wieder einmal durchs Schlüsselloch gelugt und hinter der Tür gelauscht.

„Oh, verzeiht!"

„Pscht", hauchte Frau Hartwig und legte den Finger auf den Mund. Sie scheuchte das Mädchen in die Küche und flüsterte: „Wenn mein Mann und der Kantor in der Kirche die Lieder für den Sonntagsgottesdienst proben, dann unterhalten wir uns."

Als Hartwig zusammen mit Mähl abends in der Kirche war, rief Frau Hartwig Freia zu sich. Diese konnte sich ein aufsteigendes Kichern nicht verkneifen, als sie die Herrin sah. Eine riesengroße rotleuchtende Beule glühte mitten auf deren Stirn. Selbst das kalte Messer, das Frau Hartwig immer wieder darauf drückte, half nichts. Beide Frauen sahen sich an – und prusteten lauthals los.

An diesem Abend wurden für Freia die Weichen für eine hoffentlich glücklichere Zukunft gestellt. Irmgard Hartwig riet ihr, den Schweden zu heiraten.

„Gerade für dich als Waisenkind und Dienstmagd bietet sich hier eine Chance aufzusteigen. Als Frau eines Soldaten, der dazu noch jung und stattlich ist, steht dir ein besseres Leben bevor. Du wirst dadurch eine freie Frau und bist niemandem untertan außer deinem Gatten", schmunzelnd setzte die Frau des Diakons hinzu, „wenn man es geschickt anstellt, kann man den eigenen Mann um den kleinen Finger wickeln und ihn so beeinflussen, dass er zwar meint, er sei der Herr im Haus und entscheide alles, doch in Wahrheit hat man schon alles im Voraus eingefädelt und gelenkt."

Noch lange besprachen sich die beiden Frauen und hielten die Zeit nach den österlichen Fastenwochen für einen guten Hochzeitstermin.

Am ersten Weihnachtsfeiertag kam der Kieper Lübke zum Nachmittagstee vorbei. Als er von der bevorstehenden Hochzeit der Dienstmagd hörte, meinte er zu Hartwigs: „Der Schwede ist keine schlechte Partie. Der hat doch mehr als 50 schwedische Carolin, das sind immerhin über 500 Taler, auf dem Konto. Ob das alles rechtmäßig erworben wurde, bezweifle ich, aber nachweisen kann man ihm nichts. Na ja, der Sold beträgt ja immerhin auch 80 Taler im Jahr. Das weiß ich noch aus meiner Zeit als Kämmerer."

Der Lübke war ein seltsamer Vogel. Er war als ehemaliger Kämmerer und Kieper der Stadt Lassan gut versorgt. Den Herzögen standen die Herrenfische: Lachs, Stör, Karpfen und Wels sowie vom restlichen Fang der vierte Teil zu. Es gehörte zur Aufgabe des Kiepers, dass die Abgaben dafür ordnungsgemäß entrichtet wurden. Hierbei kam er selbst bestimmt nicht zu kurz. Nach Streitigkeiten mit dem Magistrat hatte er dann im Herbst 1734 sein Kämmereramt niedergelegt. Nun war er nur noch Kieper und das stimmte ihn sehr verdrießlich. Immer noch stritt er sich mit der Obrigkeit um die Einnahmen aus den Fischreußen.

Frau Hartwig erzählte Freia von dem Gehörten und beglückwünschte sie zu der guten Partie.

Lange zog sich der harte Winter hin. Immer wieder türmte der eisige Wind Schneewehen in den Straßen auf. Die Stadt war von der Außenwelt fast völlig abgeschnitten. Nur noch eine schmale Fahrrinne auf der Peene blieb eisfrei. Endlich, Ende März setzte der Eisgang auf dem Strom ein. Die Schollen schichteten sich meterhoch auf. Nachts war das Krachen und Knirschen des Eises weithin zu hören. Mitte

April brannte dafür bereits die Sonne erbarmungslos auf die Sümpfe und sorgte für eine explosionsartige Vermehrung der Stechmücken. Die Menschen banden sich Tücher vors Gesicht und hielten alle Fenster geschlossen. Die Zimmer wurden mit Kampfer, den man aufs offene Feuer streute, ausgeräuchert. Einige rieben sich mit frischen Nussbaumblättern ein. Der sehr starke unangenehme Geruch vertrieb die lästigen Mücken, aber auch so manchen Zeitgenossen.

Der Diakon und seine Frau hatten Lars Asmundson mehrmals eingeladen, damit sich Freia und ihr Zukünftiger besser kennenlernen konnten. Beide mussten sich dann jedes Mal Belehrungen über die gute und gottgefällige Ehe anhören. Frau Hartwig verstand es ausgezeichnet, den Schweden auszufragen. So erfuhr sie manches über seine Familie. Sein Vater war ein Fischer südlich von Stockholm, seine Mutter starb bei der Geburt seiner vierten Schwester. Trotzdem hatte er eine behütete Kindheit. Lars war ein schweigsamer Mann und es erforderte viel Geschick, ihm Details zu entlocken. Sein Deutsch war zwar etwas holprig, aber durchaus verständlich. Wenigstens haben wir keine Sprachprobleme, dachte Freia. Frau Hartwig achtete mit Argusaugen streng darauf, dass die beiden Brautleute nicht alleine waren.

Auch klärte sie Freia über die Pflichten einer gehorsamen Ehefrau auf und endete jedes Mal mit den Worten: „Wenn dein Mann die Schlafzimmertür schließt, so musst du dich ihm willig hingeben." Was das aber bedeutete, sagte sie nie. Freia war schon sehr gespannt, was sie da erwarten würde.

Neben der kleinen Garnison am Rande der Stadt hatte Lars ein leerstehendes Häuschen erworben, welches allerdings schon sehr baufällig war. Nun richtete er es gemeinsam mit seinen Kameraden her.

Sie kalkten auf Freias Wunsch das Haus außen schneeweiß und die Holzumrahmungen der Türen und Fenster leuchtend blau. Diese Farbe wird aus zu Essig gewordenem Weintrester, der mit kupferhaltigen Materialien reagiert, gewonnen. Wenn die essigsaure Kupferlösung dann mit Sumpfkalk neutralisiert wird, entstehen himmelblaue Kristalle von besonders prächtiger Leuchtkraft. Verrührt mit ein wenig Asche sollte dieser Anstrich gegen Pilze im Holz schützen sowie lästiges Ungeziefer abhalten.

Auch kaufte der Unteroffizier auf den Namen seiner zukünftigen Frau zu je 100 Taler zwei Hufe eines Streitackers, den die Stadt in einem Vergleich mit dem Obristen Weißenstein im Jahr 1705 bekommen hatte. Sicher ist sicher, meinte er, als Soldat weiß man ja nie, wie lange man lebt.

Vierzehn Tage nach Ostern 1736 feierten Freia und Lars Hochzeit. Der Diakon selbst führte die Braut zum Altar und hielt die Predigt. Es war ein ungewöhnlicher Gottesdienst. Neben ein paar Neugierigen, die sowieso immer kamen, waren nur die Soldaten in ihren prachtvollen Sonntagsuniformen anwesend. Erstmalig waren die Männerbänke voller als die der Frauen. Nach der Kirche zog die gesamte Hochzeitsgesellschaft in Reih´und Glied, singend zum neuen Haus des glücklichen Paares. Stolz fuhren die beiden Eheleute in einer offenen, reich geschmückten Kutsche voreweg. Seltsam dachte Freia, wo waren die vielen Händler und ihre Frauen, die sonst bei jeder Gelegenheit vor ihren Geschäften standen? Nur wenige sahen dem Zug zu, Vereinzelte grüßten.

In der vergangenen Woche war es für die Jahreszeit extrem warm geworden. Deshalb hatte sich das Brautpaar entschlossen, die Hochzeitsfeier vor ihrem kleinen Haus abzuhalten. So mussten sie nicht ins Gasthaus gehen und konnten viel Geld sparen. Von den Nachbarn und aus der Kaserne borgten sie sich Tische sowie Stühle und stellten diese zu einer langen Tafel auf. Einige wohlgesinnte Nachbarinnen und die Soldatenfrauen hatten die ganze Woche zusammengeholfen um ein üppiges Hochzeitsmahl vorzubereiten.

Nach dem Begrüßungstrunk wurde eine Sauerkrautsuppe mit Speck und Sahne serviert, einfach köstlich, was da die Frau eines Fischers gezaubert hatte. Als Hauptgang gab es am Spieß gegrilltes Spanferkel und gebratenen Aal. Damit den Gästen diese fetten Delikatessen auch wohl bekämen, wurden dazu reichlich Bier und Schnaps ausgeschenkt. Als Nachtisch servierten die Frauen der schwedischen Soldaten etwas ganz Besonderes - Bubbert. Eine nordische Köstlichkeit, verfeinert mit der sehr teuren Vanilleschote, dazu kalte Schwedenfrüchte. Zu vorgerückter Stunde trugen die Fischerfrauen noch eine heiße Krebssuppe mit geröstetem Schwarzbrot auf. Hier langten die Gäste allerdings nicht mehr so kräftig zu, viele lagen zu dieser Zeit schon stark betrunken herum.

Am Morgen des nächsten Tages wachten die Meisten erst sehr spät und mit fürchterlichen Kopfschmerzen auf. Überall, unterm Tisch, im Garten, vorm Haus auf der Gasse und im Hof lagen die Bierleichen herum. Jeder hatte sich einfach einen Platz zum Schlafen gesucht. Mit einem kräftigen Frühstück sollte der Hochzeitstag seinen Abschluss finden.

Freia hatte auf ihren Bräutigam vergeblich gewartet und verbrachte wohl oder übel ihre Hochzeitsnacht alleine. Das wird er mir büßen, schwor sie sich.

Als sie ihn nach längerem Suchen endlich fand, lag er selig schlafend auf dem Misthaufen hinter dem Stall. Erst das aufgeregte Gackern der Hühner hatte sie auf den Gedanken gebracht, dort einmal nachzuschauen.

Er stank einfach fürchterlich, seine weiße Hose war grün von der Hühnerkacke. Sie rief ein paar seiner wieder nüchternen Kameraden zu Hilfe und gemeinsam schleiften sie ihn zu einem großen Waschzuber.

„En, tva, tre ….", schwungvoll und mit besonderem Vergnügen warfen die Soldaten ihren Unteroffizier in das eiskalte Wasser.

Schlagartig war der wach, schnellte zitternd hoch und wollte aus dem Wasser springen.

„Halt mien Herre, so nicht! Du stinkst fürchterlich. Zieh deine Uniform aus und wasch dich erst ab", kommandierte Freia ihren frisch Angetrauten. Einige Frauen brachten Eimer mit heißem Wasser herbei. Dieses Ereignis wollten sie sich nicht entgehen lassen. Überall schallendes und schadenfrohes Gelächter, als Freia ihren Mann mit dem Schrubber abbürstete.

„Mit der Hochzeitsnacht wird's wohl heute Abend wieder nichts. Du musst dich wahrscheinlich bis Morgen gedulden, wenn der Herr Gemahl wieder helle und mannskräftig genug ist", neckte eine Nachbarin.

Heute, obwohl erst Mitte April, war wieder so ein heißer, drückender Tag, einer jener Tage, an denen man sich am besten im Schatten ausruhen sollte, alles lief träge von der Hand. Gerne ging Freia an solchen Tagen zum Kaufmann, hier konnte sie dann immer ein kleines Schwätzchen mit dem Verkäufer oder mit der Nachbarin halten. Aber was war heute los?

„Ich habe keine Zeit", brummte der Kaufmann und die Nachbarrin entschuldigte sich: „Ich muss schnell heim, die Kinder warten schon!"

Seltsam dachte Freia, die Kinder sind doch in der Schule. Nun merkte sie, dass sie sich mit der Heirat eines Fremden, noch dazu eines schwedischen Besatzungsoffiziers, endgültig zur Außenseiterin gestempelt hatte. Zu stark waren die Einschnitte, die besonders die Händler durch die Abtrennung des südlichen Hinterlandes spürten. Die Zölle zwischen den preußischen und schwedischen Landesteilen behinderten nicht nur den Handel.

Toleranz war eben nicht gerade die Stärke der Lassaner. Da änderte auch eine gemeinsam ausgiebig gefeierte Hochzeit nichts daran.

8   Musikanten   1736

Rauch waberte schwer über der Stadt. Frisch war es, viel zu frisch für einen Tag Ende Mai 1736. Die Dienstboten hatten schon in aller Frühe angeschürt. Es qualmte aus allen Schornsteinen.

Der Lampenmann ging von Laterne zu Laterne und löschte die rußenden Öllichter. Leipzig erwachte im Morgendunst. Allerdings konnte man nur ahnen, wo die Sonne aufgehen sollte. Hohe Häuser versperrten jede Sicht zum Horizont.

"So eine große Stadt ist nichts für mich", meinte Anna Maria gähnend, „hier kräht ja morgens nicht einmal ein Hahn."

Gestern hatten sie bereits die Wagen beladen und heute in aller Frühe sollte die Reise weitergehen. Sankt Petersburg, die große moderne Zarenstadt im fernen Russland, war ihr Ziel. Aber der Weg war gefährlich und weit. Wann und wie würden sie das Ziel erreichen? Was würde die Reise Neues bringen? Mit bangem Blick sah Anna Maria in die Zukunft. Sie konnte den Optimismus und die Anflüge von Abenteuerlust ihres Mannes einfach nicht teilen.

Zum Osttor ging es hinaus, dem frischen Morgen entgegen. Endlich wieder frische Luft atmen. Sie wollten erst Richtung Osten und dann gen Norden nach Frankfurt an der Oder reisen und hatten sich deshalb einem kleinen Kaufmannszug aus Lübben angeschlossen. Bereits nach einer guten Stunde tauchte das Städtchen Taucha auf.

Der Lübbener Treckführer, ein kleiner, untersetzter, etwa 40-jähriger Kaufmann, erzählte ihnen unterwegs die

Geschichte der beiden Messestädte Leipzig und Taucha, über die Rivalität, und die daraus erfolgte Abneigung. (siehe Anlage)

Nur schwer kamen die Fuhrwerke auf den tief aufgeweichten Sandwegen vorwärts. Die Reisenden wollten im Gasthof *Roter Hirsch* in Eilenburg unterkommen. Kaufmann Hitzow erklärte ihnen, hier sei 1632 der schwedische König Gustav Adolf, nachdem er in der Schlacht bei Lützen gefallen war, aufgebahrt worden. Und alles, was damals Rang und Namen hatte, zumindest auf protestantischer Seite, sei an den Sarg gepilgert und habe dem großen Mann dieser Zeit die letzte Ehre erwiesen. Heutzutage spielte die Stadt allerdings keine große Rolle mehr.

„Bekannt ist euch vielleicht das Lied: *Nun danket alle Gott*. Der damals hier ansässige Pfarrer und Poet Martin Rinchart hat das Lied in dieser schwerer Zeit geschrieben. Ihm soll es auch zu verdanken sein, dass 1639 die Stadt nicht vollends durch die schwedischen Truppen zerstört wurde. So, nun aber genug gequatscht, wir sind gleich da! Schaut, da vorne erhebt sich schon die mächtige Anlage der Eilenburg", beendete Hitzow seinen Redefluss.

Später erzählte er ihnen noch, dass Martin Luther mehrmals in der kleinen Ackerbürgerstadt gewesen sei.

Gerade noch rechtzeitig vor Einbruch der Dunkelheit quälte sich der Wagenzug an sein Etappenziel, die kleine Stadt Eilenburg am Fuße des Burgberges.

Hier trafen sie überraschend in der Schenke auf die Musikanten der Bruderschaft der *Menestreuns de la Lorraine*. Diesen wilden Haufen aus Lothringen kannten Christoph und Anna Maria bereits aus ihrer Zeit in Windsheim. Damals schon hatte Christoph ihre Lieder mitgesungen und gemeinsam hatten sie so manchen Becher geleert. Auf der Hochzeit ihrer Tochter Lena mit dem Bürgermeister Knörr hatten die Musikanten drei Tage lang zum Tanze aufgespielt.

Der Vorsänger Alphonse Tournier begrüßte sie wie alte Freunde und so feierten sie das unerwartete Wiedersehen in einer feuchtfröhlichen Runde. Sie leerten gemeinsam ein Fässchen vom schweren roten Lothringer Wein, einen Vorrat, den der Prinzipal der Truppe, Geraldino von Brück, stets in seinem Wagen für solch besondere Anlässe mitführte. Dazu wurde gesungen und getanzt, bis alle erschöpft und weinselig am Boden lagen.

Besonders Meister Bartel fiel durch seine Fröhlichkeit und Ausdauer auf, er ließ keinen Tanz aus. Wenn Anna Maria nach Luft schnappend auf die Bank sank, griff er sich die nächstbeste Frau und hopste lustig weiter.

Endlich ist mein Mann wieder einmal der Alte, früher konnte er auch nicht die Füße ruhig halten, hat oft gelacht und viel gesungen, dachte Anna Maria und feuerte die Tanzenden klatschend an.

Mit einem fürchterlichen Brummschädel erwachte Christoph vom Geschrei der Grete Bruchschlegel, der Frau des Ulmer Zimmermeisters, dem der dritte Wagen gehörte.

Ihr Lärmen hatte auch einige andere Gäste der Schenke geweckt. Viele hatten sich einfach unter den Tischen und Bänken zum Schlafen verkrochen.

„Komm beeil dich, es ist was Schreckliches passiert", rief Anna Maria ihrem Mann zu und rannte schon wieder hinaus.

So schnell er konnte rappelte sich Christoph auf und zur Tür hinaus. Draußen meinte er im ersten Moment, ihm habe jemand mit dem Hammer auf die Stirn geschlagen. Erbarmungslos blendete die Morgensonne seine Augen.

„Nun komm schon! Mach die Augen auf! Hier, das macht dich munter!", damit kippte ihm seine Frau einen Eimer Wasser über den Kopf.

„He - spinnst du. Das Wasser ist eiskalt."

Prustend schüttelte sich der Schneidermeister.

„So bist du jetzt wieder hell? Ihr mit eurer Sauferei! Nichts gescheit´s kommt dabei heraus", zeterte seine Frau weiter.

„Jetzt sag schon, was ist denn überhaupt los?", brummte Christoph wieder einigermaßen nüchtern.

„Die Bruckschlegelin hat mich in aller Frühe geweckt, ihr Mann ist weg. Weit und breit keine Spur von ihm. Der Wagen mit allem Hab und Gut wurde gestohlen. *Das waren die Musikanten! Mein Mann ist von dem fahrenden Gesindel erschlagen und in den Fluss geworfen worden. Fangt sie wieder ein*, hat die Grete immer wieder gekreischt. Und tatsächlich sind die Musikanten schon sehr früh am Morgen, als alle noch schliefen aufgebrochen", berichtete Anna Maria ihrem Mann.

Sie zeigte ihm auch die Blutspuren im Gras in der Nähe des Platzes, an dem der Wagen der Bruckschlegels gestanden hatte.

Langsam und stockend setzte bei Christoph das Denken wieder ein: „Ja aber, wo war denn die Grete Bruckschlegel? - Die schläft doch immer auf ihren Wagen."

„Mir war´s zu kalt, ich war dort im Stall", stotterte mit hochrotem Kopf Grete, die die Frage gehört hatte und deutete auf die Stalltüre. Just in dem Moment ging diese knarrend auf und der Zimmerergeselle Jacob torkelte nur mit einem Hemd bekleidet heraus und rief lautstark nach seiner liebsten Grete.

„Ach so ist das! Ihr vergnügt euch im Stall und behauptet dreist, die Musikanten hätten alles gestohlen und euch den Mann erschlagen", polterte Meister Bartel.

In dem Augenblick trafen die, von wem auch immer, herbeigerufenen Stadtsoldaten ein.

„Macht Platz! Der Herr Stadthauptmann wird sich jetzt der Sache annehmen." Damit scheuchten die Schergen die Leute zur Seite.

Sie untersuchten den Platz, stellten Fragen und waren sich über die Täter einig. Einige der Soldaten wurden den Musikanten hinterher gehetzt.

Leider wurde heute aus der Weiterfahrt der Auswanderer nichts mehr. Sie müssten hier warten, bis die Sache geklärt wäre, verkündete ihnen einer der Stadtbüttel.

Am Nachmittag kamen die Soldaten mit der in Ketten gelegten Musikantenbruderschaft zurück. Allerdings hatten sie weder den gestohlenen Wagen, noch sonstiges Diebesgut gefunden.

Kurz und bündig war die Befragung des Gerichts, die der von der Burg herabgesandte Blutrichter der Wettiner Grafen übernahm. Frau Bruckschlegel schwor bei allem, was ihr heilig war, sie habe gesehen, wie die Musiker mit ihrem Wagen davon gefahren seien und wie sich der Vorsänger Alphonso das Blut vom Arm abgewischt habe.

Die Musikanten beteuerten ihre Unschuld. Sie wüssten nichts von einem Wagen, und Alphonse habe sich die Hand beim Einspannen des eigenen Karrens an der Deichsel verletzt. Das Wort einer unbescholtenen und anständigen Meistersfrau galt mehr, als das der verruchten Musikanten. Als noch der Zimmerer- und der Steinmetzgeselle als Zeugen gegen die Spielleute aussagten, war deren Schicksal besiegelt. Auch zaghafte Einsprüche von Christoph halfen nichts, fiel er doch als Zeuge aus, weil er zur fraglichen Zeit betrunken unterm Tisch gelegen hatte.

Man machte kurzen Prozess und das Urteil sollte auch gleich an Ort und Stelle vollzogen werden. Alphonse wollten sie als dem Hauptschuldigen beide Hände wegen Diebstahls abhacken, die restliche Truppe sollte mit Peitschenhieben aus der Stadt getrieben werden.

Dabei hätten sie ja noch Glück, verkündete ihnen der Stadthauptmann, denn den Mord konnte man ihnen nicht beweisen. Es war keine Leiche gefunden worden und so wurde nur der Diebstahl als Vergehen geahndet. Ein sehr mildes Urteil fanden viele der Zuschauer.

Machtlos und niedergeschlagen saß Christoph auf seinem Wagen. Nichts, aber auch gar nichts konnte er unternehmen. Er war sich sicher, dass keiner aus der Bruderschaft etwas damit zu schaffen gehabt hatte. Nur beweisen konnte er es nicht.

Plötzlich kam seine Frau in Tränen aufgelöst angerannt und schrie ihm schon vom Weiten zu: „Der Alphonse hat sich erhängt, bevor man ihm die Hände abhauen konnte." Anna Maria schnaufte kurz durch und berichtete weiter: „Er ist seinen Bewachern entwischt und auf die fast fünfzehn Fuß hohe Balustrade der Kirche hinaufgeklettert. Ich will nicht als Krüppel durch die Welt laufen, lieber erhänge ich mich, hat er den fassungslos umstehenden Menschen noch zugerufen. Dann hat er sich laut *Vivat e Musica* rufend hinuntergestürzt. Die Wucht aus dieser Höhe war so groß, dass das Seil den Kopf abgerissen hat. Das Blut ist in hohem Bogen auf die Schaulustigen gespritzt. Es war zu grausig!" Schluchzend brach sie in des Meisters Armen zusammen.

„Vielleicht ist es besser so", tröstete er sie und streichelte über ihre schon grau werdenden Haare.

Wie der Musikant zu dem Seil gelangt war und wie er so flink da hinaufklettern konnte, das wusste keiner so richtig zu beantworten. Erst später sollte sich Christoph daran erinnern, dass seine Frau nicht mehr ihre lange schwarze Kordel getragen hatte. Dieses Seil hatte sie auf Reisen immer mehrfach um die Taille gewickelt und daran hingen meist einige ihrer Habseligkeiten.

Die Bartels brachen am nächsten Morgen zusammen mit dem Wagnermeister auf. Die Anderen sollten schauen, wie sie weiterkamen. Sie wollten mit diesen Leuten nichts mehr zu tun haben. Niemand hatte einen Blick für die herrlich blühende Landschaft, die sie durchfuhren. Nur weg hier, das Erlebte vergessen. Grübelnd saß Christoph auf dem Kutschbock und hing seinen Gedanken nach.

Wo war hier die Gerechtigkeit? Die einfachen Leute hatten keine Rechte – oder? Sie hatten keine Chancen sich zu verteidigen. Es lässt sich schon leicht von Gleichheit und

Brüderlichkeit schreiben und auch darüber reden, wenn man im warmen Nest sitzt und nicht betroffen ist.

Manchmal machte er sich schwere Vorwürfe, dass er für eine scheinbar aussichtslose Sache seinen Kopf hingehalten hatte. Unnötig hatte er sich und seine Frau ins Elend gestürzt. Das schlechte Gewissen nagte an ihm – aber nur kurz. Er las bei dem ruhigen Dahinfahren viel in der Bibel. Hier schöpfte er wieder neuen Mut. Es war doch richtig, wofür er sich eingesetzt hatte. Stand in dem Buch der Bücher doch schwarz auf weiß zu lesen, dass alle Menschen Brüder seien und man vor allem seinen Nächsten lieben sollte. Wie er es auch drehte und wendete, er kam immer wieder zum gleichen Schluss, die Gedanken der Aufklärung waren richtig, doch die Umsetzung war fehlerhaft. Der Egoismus des Menschen war der größte Feind der Freiheit.

Anna Maria schaute ihren Mann von der Seite an. Sie spürte, dass er schwere Gedanken wälzte, dass er sich quälte. Wenn er doch mit mir reden würde. Vielleicht konnte man das Erlebte gemeinsam verarbeiten. Aber das war nicht seine Art. Er teilte seiner Frau vielleicht einmal das Ergebnis seiner Überlegungen mit, aber nicht seine Gedanken. Trotz aller Aufklärungsgedanken - er war immer noch ein Mann.

Der Wagen polterte über eine Holzbrücke und beide schreckten aus ihren Gedanken auf und bemerkten nun die herrliche Landschaft. Weite Wiesen, Sümpfe und leuchtend rotblühende Mohnfelder.

Ohne größere Probleme erreichten sie am späten Abend Torgau. Die einst mächtige sächsische Residenzstadt an der Elbe war nach dem großen Krieg im letzten Jahrhundert einem Großteil seiner Bewohner beraubt und zur kleinen Provinzstadt herabgesunken. Der einst für den erfolgreichen Handel so wichtige Flussübergang war zerstört worden. Zu schwerwiegend waren die Verwüstungen, sodass die Kurfürsten ihre Residenz nach Dresden verlegt hatten.

Lange Zeit hatte die Stadt öde und verkommen hinter den mächtigen Mauern gelegen und auf den Prinzen gewartet der sie wieder wachküssen würde.

Langsam setzte seit den zwanziger Jahren wieder der Aufschwung ein. Nachdem die wichtige Elbbrücke notdürftig repariert worden war, konnte der Fährbetrieb eingestellt werden.

Im Gasthaus *Zum einäugigen Fährmann*, eine auf den ersten Blick doch etwas zwielichtige Schenke nahe der Brücke, konnten sie ihre zwei Wagen im Hof abstellen und versorgten die Pferde.

Andreas Christoph Bartel kam mit Melchior Hochreuther überein, dass immer einer von ihnen bei den Wagen wachen sollte. Hochreuther wollte heute zusammen mit Bartels Magd Elisabeth die erste Wache übernehmen.

Später gingen die Bartels in den Gastraum, hier wurden sie gut und billig versorgt. Der Wirt verstand sein Handwerk, selbst die einfache Mehlsuppe schmeckte vorzüglich.

Der Schneidermeister kam mit dem Wirt und ein paar am Tisch sitzenden Männern ins Gespräch.

Mein Mann hat schon eine seltene Gabe, dachte sich Anna Maria, kaum sind wir in einer fremden Stadt angekommen, so findet er immer wieder jemanden, der bereitwillig Geschichten und Kurioses aus der Stadt oder dem

Leben ihrer Bewohner zu erzählen weiß. Dieses Mal war es der einäugige Wirt, der frühere Fährmann.

"Luther, Melanchthon und andere Gelehrte, die die Grundzüge der protestantischen Visitationsordnung und das Augsburger Bekenntnis entworfen haben, waren einmal bei uns in der Stadt. Aber das brachte uns weder Ruhm noch Geld", erzählte der Wirt.

„Luthers Witwe, Katharina, ist vor der Pest in Wittenberg nach Torgau geflohen und stürzte hier unglücklich aus der Kutsche. Sie verletzte sich zwar nicht lebensgefährlich, starb dann aber drei Monate später an einer Lungenentzündung", fügte ein weiterer Tischnachbar hinzu.

„Wenn Ihr Zeit habt, Meister Bartel, so schaut Euch im Ort einmal um. Neben dem Gasthaus *Bärenschenke* gibt es einen Bärengraben mit drei wilden Braunbären, die sich unser Kurfürst dort hält. Oder Ihr schaut einmal beim Kaufmann Walser vorbei, der hat einen Spielzeugladen, so etwas gibt es nur hier bei uns", riet ihnen stolz der gesprächige Wirt, „so was habt Ihr noch nicht gesehen."

„Wieso Spielzeugladen?", fragte Anna Maria.

„Spielzeug für die Kinder, was sonst."

„Ja aber, wer gibt denn für Kinderspielzeug Geld aus?", ungläubig schaute die Windsheimerin den Wirt an.

„Unsere Fürsten und Grafen und die übrigen reichen Leute kaufen da ein. Die Idee macht sich bezahlt. Ist ein gutes Geschäft."

So etwas hatten die Windsheimer noch nicht gehört, extra ein Laden für die Kinder! Was es nicht alles auf der Welt gab.

Als der Wirt auch noch von dem Baumeister, der die erste evangelische Kirche gebaut hatte, und einem Maler namens Lucas Cranach anfing, reichte es ihr. Immer wieder diese alten Geschichten und das auch noch spät abends. Schnell verließ sie unter dem Vorwand, sie sei müde, die Schenke und richtete das Nachtlager her. Kurz darauf kam ihr Mann und sie legten sich in ihrem Wagen zur Ruhe.

Nachts schreckte Christoph aus dem Schlaf auf. Was war das für ein Geräusch, da machte sich doch jemand an der Plane zu schaffen? Hastig warf er sich seinen Umhang über und schlüpfte in die Stiefel.

Er bemerkte, wie eine weiße Hand gerade die vordere Wagenabdeckung hochschob. Christoph griff geschwind fest zu. Eine Frauenstimme schrie laut auf, erschrocken ließ Bartel kurz etwas locker, die Hand entrutschte ihm und die Frau lief davon. Mit einem Satz schwang sich der Meister vom Wagen und spurtete hinterher.

„He Weib, was sucht ihr in unserem Wagen?", schrie Christoph der fliehenden Frau nach.

Im hellen Mondlicht erfasste er noch, wie die Frau in der Tür zum Stall verschwand. Er schlich hinterher, horchte an der Tür, riss sie auf und prallte mit einer hochschreckenden Gestalt zusammen. Schemenhaft sah Christoph, dass der Mann nackt war und seine Hände schützend vor seine Blöße hielt. Unmäßiger Zorn stieg in dem Schneidermeister auf, als er den verdatterten Zimmermeister Bruckschlegel erkannte und er trat ihm reflexartig mit seinem schweren Stiefel in die Männlichkeit. Der Bruckschlegel konnte nicht einmal mehr schreien, er schnappte nur noch nach Luft, ging zu Boden und krümmte sich vor Schmerzen.

„Ihr elendiger Schurke, wegen euch und eurer Hure hier", er deutete auf die sich ängstlich ins Eck drückende Schankmagd, „wegen euch kam ein Mensch zu Tode und sieben weitere wurden ihrer Habe beraubt und mit Schimpf und Schande aus der Stadt gepeitscht", brüllte ihn Christoph aufgebracht an.

„Wieso tot? Ich weiß davon nichts", stotterte der Mann schmerzverzerrt. „Ich bin nur meiner Frau, der alten Hexe, auf und davon gelaufen."

„Halt dein elendes Maul", wütete Christoph, „was hat deine Hure in unserem Wagen gesucht?"

„Ich wollte doch nur schauen, ob die Bruckschlegerin bei euch im Wagen ist."

„Schnauze, du dreckige Hure!", mit der flachen Hand schlug Bartel der Frau ins Gesicht, die wimmerte entsetzt auf und kroch zu den sich immer noch am Boden krümmenden Bruckschlegel.

Mittlerweile waren der Wagnermeister und einige Wirtshausgäste von dem Geschrei angelockt worden. Bartel, noch immer außer sich, klärte sie auf.

„Dieser Schurke mit seiner Schlampe hier hat seine Frau allein in Eilenburg sitzen lassen. Deswegen ist nun ein Unschuldiger tot und die anderen sind ins Unglück gestürzt worden."

Nun griffen sich einige Männer Reisigbesen, die an der Außenwand der Scheune lehnten, und jagten die beiden aus dem Gasthofstall zum nahegelegenen Fluss hinunter.

„Bitte glaubt mir! Ich habe das nicht gewollt. Ich kann doch nichts dafür", jammerte der Zimmerermeister, während er flüchtete.

Aber keiner hörte mehr auf ihn. Wild schlugen sie weiter auf die beiden ein, bewarfen sie mit Schweinemist.

„Schlagt sie tot!", hetzten einige Stimmen.

Der Frau rissen sie die Kleider herunter. Der Mob tobte, hatte Blut geleckt und wollte die beiden lynchen. Da ging es nicht mehr um Recht oder Unrecht.

Nackt und blutend sprang der verzweifelte Bruckschlegel in seiner Heidenangst und Ausweglosigkeit in die Elbe.

Die starken Regenschauer der letzten Woche hatten den Fluss gewaltig anschwellen lassen. Gurgelnd rauschte die braune Brühe flussabwärts. Bis Christoph bewusst wurde, was geschehen war, ragte nur noch zweimal kurz ein Arm aus dem Wasser und schon hatten die reißenden Strudel und die Dunkelheit den Mann verschluckt. Wütend hielt die rasende Menge inne, hatte sich der Mann doch seiner Bestrafung entzogen.

Die vor Angst fast wahnsinnig gewordene Nackte drehte sich um und kreischte: „Mörder, ihr Mörder, verdammt sollt ihr sein."

„He, Meister Bartel, was sollen wir mit der Frau machen," fragte einer der Torgauer den immer noch ungläubig ins Wasser Starrenden.

„Lasst sie laufen, die ist gestraft genug. Jetzt hat sie keinen reichen Meister mehr", beschämt wandte sich der Schneidermeister ab und ging mit hängendem Kopf zu seinen Wagen.

Eine Frau aus der Menge erbarmte sich und legte der verzweifelten Schankmagd ihren Umhang über und führte sie weg.

Christoph konnte lange nicht einschlafen. Ihn plagte das schlechte Gewissen. Was hatten sie getan? Der Mann konnte doch wirklich nichts dafür, oder? Er hatte seine Frau sitzen lassen, aber war das Grund genug, um ihn heute Nacht in den Fluss zu jagen? Er war auch über seine eigene Brutalität erschrocken, er, der doch sonst immer friedlich war und für die Rechte der Anderen eintrat. Und nun hatte er Menschen brutal getreten und geschlagen.

Als ihn seine Frau am Morgen weckte und er ihr seine Nöte erzählte, gab sie ihm recht. Sie hatten unrecht gehandelt, es hätte nicht so weit kommen dürfen.

Melchior Hochreuther, mit dem er dann beim Frühstück darüber sprach, meinte nur: „Eine anständige Tracht Prügel hatte der schon verdient. Aber wer konnte schon ahnen, dass der gleich in den Fluss springt. Am Besten du vergisst das Ganze."

Als sie am Morgen aufbrachen, hatte Elisabeth, die Magd der Bartels, erklärt, dass sie Melchior Gesellschaft leisten wollte. Ab heute saß sie, wie selbstverständlich mit dem wesentlich jüngeren Wagnermeister auf dessen Fuhrwerk.

Anna Maria schmunzelte nur, als ihr Mann sich darüber wunderte. Sie hatte, wie immer alles viel schneller mitbekommen. Frauen haben eben für Verliebte ein Gespür.

Langsam rumpelten die Wagen über die Behelfsbrücke. Meister Bartel spähte immer wieder in den reißenden Fluss hinunter, vielleicht tauchte der Zimmerer doch noch irgendwo auf.

Plötzlich ein lautes Knallen, wie ein Schuss aus einer Büchse. Die Deichsel eines ihnen entgegenkommenden Bauernkarren war gebrochen. Vor lauter Schreck raste der kräftige Gaul mitsamt dem Karren den Abhang hinunter und der kippte krachend um. Die Riemen rissen und das Pferd galoppierte in das Schilf der Elbauen. Mit einem ohrenbetäubenden Geschnatter erhoben sich Hunderte von Wildgänsen. Nur allmählich kamen die schweren Vögel auf Flughöhe und hatten Mühe, dem Wagen der Windsheimer auszuweichen. Ein paar der Graugänse krachten gegen die Plane. Christoph und Anna Maria zogen erschrocken die Köpfe ein. Das Ganze dauerte nur ein paar Sekunden, dann war der Spuk vorüber.

„Was war das denn jetzt", erstaunt schaute die Frau ihren Mann an.

Immer noch flatterte es unter ihrem Fuhrwerk. Der Meister sprang vom Bock und bekam zwei der Gänse an den Füßen zu fassen und warf sie, ihnen geschwind den Hals umdrehend, in ihren Wagen. „Das gibt für die nächsten Tage einen schönen Braten", lachte er, „Die flogen uns ja fast wie im Schlaraffenland ins Maul."

Seine Fröhlichkeit dauerte nicht lange an. Wieder versank Christoph auf seinem Kutschbock ins Grübeln und ließ die letzten Tage noch einmal an sich vorüberziehen. So viel Leid wegen einer Lüge. Unfassbar! Der Tod von Alphonse - so völlig sinnlos. Er musste das aus seinem Gedächtnis verbannen, sonst würde er noch verrückt.

Selbst die aufmunternden Gesänge seiner Frau halfen nichts. Niemand konnte ihn aus seiner Trübsinnigkeit befreien. Ganze fünf Tage dauerte es, bis er einigermaßen der Alte war und wieder klar denken konnte. Mittlerweile hatten sie fast den Rand des sumpfigen Spreewaldes erreicht.

Kurz nach Luckau hatten sich die Bartels von ihren Reisegefährten getrennt. Die Händler, denen sie sich in Herzberg angeschlossen hatten, mussten nach Cottbus weiter. Die Windsheimer nahmen den kürzesten Weg nach Lübbenau, wie es ihnen der Kaufmann Friedhelm Kowalski empfohlen hatte.

Irgendwann hatten sie sich verfahren, statt in Lübbenau kamen sie in der weit auseinandergezogenen neuen Siedlung, Burg Kauper, an. Bei einem Bauern, einem ehemaligen Soldaten des Preußenkönigs Friedrich Wilhelm konnten sie Quartier nehmen. Der lud sie sogar ein, sich von den Reisestrapazen zu erholen und ein paar Tage zu bleiben. Er wunderte sich sowieso, dass sie bis hierhergekommen waren. Durch das sumpfige Gelände gab es nur wenige für Pferde und Wagen passierbare Wege. Seine Frau Fredericke und Anna Maria verstanden sich auf Anhieb.

Der Bauer Wilhelm Gottig erzählte den beiden Meistern, dass hier eine Siedlung von ehemaligen Soldaten des Preußenkönigs entstünde. Alle bekamen ausreichend Land, mussten dafür aber die Sümpfe trocken legen und das Land urbar machen. Ihre Anwesen errichteten sie auf den kleinen hochwasserfreien Anhöhen, Kaupen genannt. Die Häuser bauten die Siedler aus Holzbohlen und deckten die Dächer mit dem hier wachsenden Ried. In dem nahen Dorf Burg, eine Sorbengründung des polnischen Königs Boleslaw Chrobry vor über tausend Jahren, bekamen sie alles Lebensnotwendige zu kaufen.

Als Haupttransportmittel benutzte man hier im Spreewald langgezogene flache Kähne, die mit einem sogenannten Rudel, einer langen Stange gestakt wurden. Es war ein hartes Leben, aber sie waren freie Männer. Die Obrigkeit war weit weg.

„Wir haben ein schönes Stück Land erhalten", Bauer Gottig zeigte mit ausgestreckter Hand nach Westen. „Seht dort, nach dem Damm beginnt ein Hochwald. Der Boden ist sandig und trocken, hier wachsen vor allem Kiefern und Föhren. So haben wir genügend Bauholz und für den Winter ausreichend Brennstoff."

Nach einer Woche teilte ihnen Melchior Hochreuther mit, dass er zusammen mit Elisabeth hier bleiben wolle.

„Mithilfe von Wilhelm versuche ich, eine Genehmigung zum Siedeln zu erhalten. Von der Landwirtschaft verstehe ich zwar nichts, aber Elisabeth ist auf einem Bauernhof groß geworden. Außerdem - Wagnermeister sind immer gefragt. Wäre das nicht auch eine Möglichkeit für euch?"

„Ich weiß nicht, ich bin kein Bauer und es gibt hier zu wenig wohlhabende Leute, die sich einen Schneider leisten können." Bartel schüttelte den Kopf. Aber wieso und warum er nicht wollte, war ihm selbst nicht so richtig klar.

Anna Maria bedrängte ihren Mann hier zu bleiben, um eventuell eine neue Heimat zu finden, doch der Schneidermeister wollte weiterziehen.

Zehn Tage später machten sich die Bartels erneut auf den Weg. Dieses Mal jedoch auf Anraten der Gottigs mit einem Kahn, gelenkt von einem erfahrenen Bootsführer. Auf Vermittlung des Bauern trafen sie einen Mann, der Waren von Burg nach Berlin liefern wollte. Nun mussten sie allerdings auf ihren Wagen und die Pferde verzichten. Wilhelm Gottig zahlte den Bartels einen angemessenen Preis dafür. Christoph erwarb in Burg Dorf eine große Holztruhe mit einschiebbaren Tragehölzern, in der sie einen Großteil ihrer Habe unterbringen konnten.

Fast auf der Höhe von Frankfurt kam die Spree sehr nahe an die Oderstadt heran, lediglich noch eine Tagesreise entfernt mit dem Wagen. Schon der Markgraf Wilhelm hatte einmal Pläne geschmiedet, hier einen Verbindungskanal zwischen den beiden Flüssen graben zu lassen. Leider wurde nichts daraus, denn dann wäre das Reisen nach Frankfurt leichter gewesen.

Am Namenstag der Heiligen Johanna von Orléans, dem 30. Mai 1736 stakten sie die Spree abwärts. Der junge Maurergeselle Gerhard Mörtel mit seiner Verlobten, Susanna Geberlein, hatte sich ihnen angeschlossen. Auch sie wollten ihr Glück im fernen Russland suchen. Anfangs hatte Christoph Bedenken, weil die beiden ja noch nicht verheiratet waren. Das schickte sich nicht.

„Aber du bist doch immer der Meinung, dass die Menschen gleich und frei sind. Warum bist du auf einmal so engstirnig? In der Bibel steht nichts davon, dass junge Leute, die sich lieben, nicht gemeinsam wegfahren dürfen", erinnerte ihn Anna Maria, „und außerdem geht dich das gar nichts an."

Träge lag der Fluss - oder sollte man lieber sagen die vielen Flüsse - in seinem Bett. Die Spreewaldlandschaft war durchdrungen von unzähligen Wasserläufen, Fliese genannt. Wer sich hier nicht auskannte, war verloren und verfuhr sich unweigerlich. Ein fast stehendes Gewässer, sodass man nicht einmal wahrnahm, wohin das Wasser floss.

Spät am Morgen lichteten sich die aufsteigenden Nebel. Es war unheimlich, wie Geistwesen tauchten die einzelnen Bäume aus den über dem Wasser schwebenden Nebelschwaden auf. Absolute Stille, nur das leichte Plätschern der Rudel. Starker Modergeruch stieg in die Nase.

Plötzlich brach die Sonne durch und brannte regelrecht herunter. Das Morgenspektakel der Vögel setzte beim Durchblitzen der ersten Sonnenstrahlen ein, als ob sie auf die Sonne gewartet hätten. Der Kahn kam sehr schnell vorwärts und sie erreichten bereits mittags Lübben. Ab hier wurde die Spree etwas breiter, nun als Fluss erkennbar, und wand sich in unzähligen Bögen nordwärts.

Eine halbe Tagesreise nach Beeskow legten sie in einem kleinen Dorf an.

„So Meister Bartel, nun müsst ihr mit dem Wagen weiter. Die Spree fließt ab hier wieder in Richtung Westen. Ich werde beim Schesinger ein gutes Wort für euch einlegen, das ist der große Hof da vorne, denn der hat einen großen Wagen und fährt oft nach Frankfurt. Mit ihm werdet ihr euch sicher einig."

Als sie am nächsten Tag weiterfahren wollten, zog ein fürchterliches Gewitter auf. Es schüttete den ganzen Tag wie aus Kübeln. Der Bauer wollte erst nach dem Unwetter aufbrechen. Nach zwei Tagen endlich konnte es losgehen.

Zäh klebte der Schlamm an den Rädern, alles war aufgeweicht. Trotzdem erreichten sie in einer Tagesreise Frankfurt. Schesinger setzte sie bei seinem Freund, dem Gastwirt Schmalheiner, mit dem Hinweis ab, dass man hier gut essen und trinken könne.

Öde zog sich die Zeit dahin, es kamen weder Kähne an noch legten welche ab. Die Gewitter der letzten Tage hatten die Oder zu einem reißenden Strom werden lassen und es wagte sich keiner der Flussschiffer auf das offene Wasser hinaus.

Untätig und gereizt saß Bartel oft unten im Schankraum. Er trank an dem blank gescheuerten einfachen Holztisch vor lauter Frust ein schales Bier nach dem anderen. Anna Maria schimpfte jedes Mal, wenn er wieder ins Zimmer kam.

„Was soll das? Warum versäufst du unser Reisegeld. So bist du doch sonst nicht."

Nach einigen Tagen, es war noch sehr früh am Morgen, betrat ein vornehm gekleideter Herr die einfache Schenke, er setzte sich zu Christoph an den Tisch, dem einzigen freien Platz.

„Guten Morgen, mein Name ist Roland Attinghausen, ich bin Händler und suche eine Mitfahrgelegenheit nach Leipzig, könnt ihr mir da weiterhelfen?"

Der Schneidermeister brummte, eigentlich wollte er seine Ruhe haben. Aber je länger die beiden Männer zusammensaßen, umso lebhafter wurde die Unterhaltung.

Es stellte sich heraus, dass beide Freidenker waren. Aber als der Händler dann noch seine Ziele, Freiheit, Gleichheit, Brüderlichkeit, Toleranz und Humanität verkündete, wusste Meister Bartel endgültig, dass er es hier mit einem Freimaurer zu tun hatte.

„Ihr seid ein Freimaurer?", fragte Christoph den Mann direkt.

„Woher kennt ihr die Bruderschaft?", erwiderte Attinghausen überrascht.

Im folgenden Gespräch stellte sich dann heraus, das beide die Herren kannten, die Christoph in Leipzig als Logenmitglieder kennengelernt hatte.

Nun wurde die Zeit des Wartens kurzweiliger. Mehrmals ließ sich Andreas Christoph Bartel die Regeln der Freimaurer erklären. Besonders imponierte ihm, dass in den Zusammenschlüssen der Mitglieder, den sogenannten Logen, jeder Mensch willkommen sei, ohne Ansehen der Kultur, der Religion, der Stellung. Einzig allein ein untadeliger Leumund sei ausschlaggebend. Man müsse nur die Gesetze und Eigenheiten des jeweilgen Landes respektieren und das Gute im Menschen fördern.

Das wäre etwas für mich, dachte Christoph, damit muss ich mich einmal näher befassen.

Bereits für den nächsten Morgen hatte Attinghausen eine Mitreisegelegenheit und verabschiedete sich.

9 Franziskus 1730 - 1736

Das Kloster Sankt Annaberg in Oberschlesien war noch sehr jung. Knapp eine Tagesreise südlich von der großen Stadt Oppeln entfernt waren 1655 hier auf dem Hügel die ersten Gebäude errichtet worden. Der alte Graf Gaschin hatte mit dem Bau des Wallfahrtsortes begonnen.

Einer Legende nach soll dessen Mutter bei der Geburt gestorben und er dann mit Löwenmilch genährt worden sein, sodass er unermesslich stark wurde. Der Bau der Anlage überstieg allerdings seine Geldmittel und aus lauter Verzweiflung starb er. Schon in der ersten Nacht nach seinem Tode soll er seinem Sohn erschienen sein. Ganz in Schwarz gekleidet mit einem schwarzen Tuch vor dem Mund überreichte er ihm einen Brief, in dem geschrieben stand, der Sohn möge den Bau vollenden, sonst werde der Vater der ewigen Seligkeit nicht wahrhaftig, da der Graf an der Gnade Gottes gezweifelt habe. Erst wenn die Klosteranlage vollendet sei, werde er um der Gebete willen, die dort gesprochen würden, erlöst.

Das Kloster und die Wallfahrtsbasilika mit Kalvarienberg wurden aus Holz errichtet. Die kleine, ungefähr zwei Ellen hohe, aus Lindenholz geschnitzte Figurengruppe stellte eine *Anna selbdritt* dar.

Klein Franziskus, ein ungewöhnlicher Name für den hellblonden Riesen mit seinen wie zwei hellblaue Saphire blitzenden Augen und dem immer lachenden Mund. Gerade trug er mit einer Leichtigkeit zwei große Säcke Kartoffeln gleichzeitig die steile Treppe aus dem Keller nach oben in die Klosterküche und sang dabei kräftig sein „Halleluja". Bruder

Barnabas, der aus Merseburg stammte, war für die Küche zuständig. Er reichte dem Riesen gerade einmal bis zur Brust. Voller Stolz schaute er ihm zu. Ich muss Bruder Egidius bitten, in die Kutte von Franziskus wieder einmal einen Flicken am Rücken einzusetzen, dachte er. Der etwa vierzehnjährige Junge trug zwar den braunen Habit der Franziskanerbrüder, einer streng nach den Regeln des Ordensgründers Franziskus von Assisi lebenden Gemeinschaft, hatte aber nie die Gelübde abgelegt.

Niemand hatte gedacht, dass einmal ein so großer und kräftiger Kerl aus ihm werden würde, damals, am 4. Oktober, dem Namenstag des Heiligen Franziskus, als der Küchenmönch den Säugling vor der Gartentür des Klosters fand. Er war erst wenige Tage alt und in feine weiche Tücher eingewickelt. Groß war die Aufregung unter den Klosterbrüdern, was sollten sie mit so einem zarten Menschlein anfangen? Der rundliche Küchenbruder Barnabas nahm sich dann seiner an. Gemeinsam mit den täglich aus dem Dorf kommenden Küchenmädchen zog er ihn auf. Die Köchin vermittelte ein junges Mädchen, Elisabeth Studtrucker, die eine Tochter unehelich geboren hatte, welche leider bereits einige Tage nach der Geburt starb, als Amme. Der Abt war zuerst nicht einverstanden. Eine Sünderin, hier in ihrem Kloster! Noch dazu ein sehr hübsches junges Mädchen, mit Rundungen, die für jeden Klosterbruder eine Versuchung darstellen konnten. Niemals! Aber sie hatten keine andere Wahl, der Kleine brauchte Milch. Weggeben konnten sie den Säugling nicht. Ein Brief in feinster verschnörkelter Schrift befand sich zwischen den Tüchern, in die der Knabe gewickelt war. In dem Schreiben wurde dem Kloster eine ansehnliche Summe versprochen, falls sie den Jungen großziehen würden. Jedes Jahr zu Weihnachten werde eine Börse mit dem Geld im Opferstock liegen. Allerdings sollten sie keine Nachforschungen anstellen, sonst würden die Zahlungen dieser durchaus größeren Summen eingestellt werden.

So hatten sie das Mädchen Elisabeth in eine Nonnenkutte gesteckt und nun schon seit Jahren, zuerst als Amme und dann in der Klosterküche beschäftigt. Nachdem der Konvent immer bekannter wurde und sich die Wunderheilungen der *Heiligen Anna* herumgesprochen hatten, nahmen die Wallfahrer und Pilgerreisenden immer mehr zu. Der Studtrucker wurde das Regiment für deren Verköstigung übertragen.

Als Franziskus klein war, wollte er immer wieder von Bruder Barnabas das Holzbild erklärt haben.

„Schau, das ist die heilige Anna, die Eldermutter und die heilige Maria, die Mutter von Jesus, und das dazwischen auf dem Schoß, ist der kleine Jesus. Die drei lieben kleine Jungen wie dich."

Kurz nach ihrem Entstehen wurden den Figuren Wunderkräfte zugesagt. So mancher von Krankheiten geplagte Pilger, der auf den Berg wallfahrte, verließ die Kirche geheilt und spendete aus Dankbarkeit meist großzügig. Immer mehr Menschen wallfahrteten zu dem Heiligenbild, sodass sich die Brüder entschlossen, ein neues schöneres Kloster mit Kirche zu errichten. Seit 1733 war der Berg eine einzige Baustelle. Nur an hohen Festtagen wichen die Handwerker den Pilgern.

„Sie spenden reichlich das Geld, das wir dringend zum Weiterbau benötigen", flüsterte Bruder Barnabas Klein Franziskus zu. Das Findelkind war auf den Namen des Heiligen Franziskus getauft worden, aber die Mönche setzten, um Verwechslungen zu vermeiden, noch ein „Klein" davor. Obwohl er nun alle Brüder um mindestens einen Kopf überragte, war ihm dieser Name geblieben.

Schnell war der Junge herangewachsen. Bereits mit zwei Jahren konnte er das *Ave Maria* lateinisch aufsagen. Überhaupt fielen ihm die Gebete, besonders die lateinischen leicht. Mit seiner weichen hellen Stimme sang er die gregorianischen Messgesänge in einer Lautstärke, dass man meinte, er wolle seine Stimme bis in den Himmel erklingen lassen. Allerdings konnte er auch stundenlang stumm vor der Annastatue sitzen.

Manchmal benahm er sich schon etwas seltsam. Zum Beispiel fing er einmal einen Schmetterling und strich ihm über die schönen Zeichnungen der Flügel. Lange fuhr er die Konturen mit dem Finger immer wieder nach. Später wunderte er sich dann, warum der Schmetterling nicht mehr wegfliegen wollte.

„Flieg! Flieg!", schrie er ihn an und zerstampfte dann wutentbrannt den kleinen Falter mit seinen Füßen bis zur Unkenntlichkeit.

Oder beim Gemüseputzen, einer Arbeit, die er sehr gerne verrichtete, legte er die Möhren immer nach der Größe sortiert auf den Küchentisch. Wehe irgendjemand kam ihm da dazwischen. Am Anfang nahm Barnabas oder eine der Köchinnen immer die Möhren und warfen sie in den bereitstehenden Topf. Dann rastete Franziskus jedes Mal wütend aus und tobte durchs Kloster.

Eines Nachts sortierte er die gelagerten Steine der Klosterbaustelle in einem Muster auf dem Weg und der Wiese. Man hatte ihn zwar nicht dabei beobachtet, aber es war für alle klar, dass dies nur der Junge gewesen sein konnte.

Natürlich rügte und bestrafte man ihn dafür, meist mit Fasten und Zellenarrest.

„Eldermutter Anna, Mutter Maria und Klein Jesus lieben Klein Franziskus", murmelte er dann ununterbrochen vor sich hin.

Dann ließ er sich nur von Bruder Barnabas und Elisabeth beruhigen. Bei den anderen lief er schreiend davon, besonders, wenn diese ihm zu nahe kamen oder gar anfassten. Meist fanden sie ihn dann in der Muttergotteskapelle auf dem Kalvarienberg. Klein Franziskus lernte nicht richtig sprechen, mit Ausnahme der lateinischen Gebete und Gesänge konnte er sich nur durch Gebrabbel und Zeichen verständlich machen. Oft gab er wirres Zeug von sich, sagte Zahlen auf oder starrte auf die sich sanft im Wind wiegenden Zweige der alten Ulmen vorm Küchenfenster, als ob die raschelnden Blätter ihm Geschichten erzählen würden. Nie wusste man bei ihm, wie er reagieren würde.

Sehr gerne nahm er an den regelmäßigen Gebetszeiten teil. Die Gottesdienste liefen ja immer nach dem gleichen Schema ab. Das kannte er, offensichtlich flößte ihm das auch keine Angst ein. Allerdings konnte er dabei nicht ruhig sitzen, sondern lief im Kirchenraum immer im Kreis umher. Mit der Zeit hatten sich die Mönche daran gewöhnt.

Einmal hatte Abt Benedikt an einem hohen Feiertag, viele Wallfahrer besuchten die Messe, darüber gesprochen, wie Jesus die Geldwechsler aus dem Tempel getrieben hatte. Nach dem Einsammeln der Kollekte packte Klein Franziskus den Bruder mit dem Klingelbeutel und schubste ihn zur Kirchentür hinaus. Die Kirchenbesucher empörten sich und brüllten ihn an - Franziskus lief davon und versteckte sich.

Abends endlich entdeckte Bruder Barnabas den Jungen im Kartoffelkeller und eilte mit ihm, wie befohlen, zum Abt. Der Küchenbruder konnte über das Vorgefallene nur schmunzeln und versuchte auch jetzt ihn zu verteidigen.

„Bruder Abt, Ihr habt doch bemerkt, dass er alles versteht. Ihr selbst habt die Geschichte erzählt, wie Jesus die Geldwechsler aus dem Haus Gottes geworfen hat. Klein Franziskus hat nur das ausgeführt, was Ihr gepredigt habt."

„Das ist doch wohl etwas Anderes", wetterte der Abt mit dem Bruder, „Ihr seid genauso einfältig wie euer Zögling. Ich überlege schon, ob wir ihm nicht verbieten sollten, an Festtagen der Messe beizuwohnen. Er vertreibt uns nur die Wallfahrer und Ihr wisst, dass wir auf die Einnahmen an solchen hohen Festtagen angewiesen sind."

„Aber schon Jesus sagt, selig sind die, die geistig arm sind, ihnen gehört das Himmelreich", rechtfertigte sich Barnabas.

„Das ist unerhört! Was fällt dir ein, hier mit Bibelzitaten um dich zu werfen und mich belehren zu wollen. Das geziemt sich nicht für einen einfachen Klosterbruder! Geh in deine Küche und nimm den Jungen mit. Ihr werdet heute und morgen beide fasten!" Er scheuchte sie aus dem Raum.

„Nur keine Sorge, wir werden schon anständig fasten. Ich bin nicht umsonst der Küchenbruder", flüsterte Barnabas Klein Franziskus spitzbübisch ins Ohr.

Die wöchentlichen Markttage in Oppeln waren jedes Mal ein besonderes Ereignis. Franziskus durfte zusammen mit Bruder Barnabas früh morgens auf den Markt fahren. Viele Bürger schätzten das gute und frische Gemüse aus dem Klostergarten. Während der Mönch die Ware verkaufte, kümmerte sich der Junge um die Pferde oder lag unter dem Wagen. Wenn Barnabas ihn ab und zu aufforderte, einen Sack Kartoffeln oder Kraut einem Kunden heimzutragen, befolgte er dies nur widerwillig. Er trottete mit seiner Last immer mit großem Abstand dem Käufer hinterher. Doch man hatte sich daran gewöhnt und ließ ihn in Ruhe, man war der Ansicht: Der spinnt ein wenig.

Ende Mai, am Tag des Heiligen Germanus, waren die beiden zeitig aufgebrochen. Obwohl noch sehr früh am Tag schwitzte Barnabas bereits beträchtlich.

„Die Morgensonne brennt schon gewaltig herunter", er wischte sich mit seinem langen Kuttenärmel über die Stirn.

Sonst sangen sie auf der Fahrt immer Gebete, aber heute war ihm nicht danach. Daher stimmte Franziskus selbst ein Lied an: *Es waren zwei Königskinder.*

Woher er das nur kannte? Das hatte ihm bestimmt wieder eines der nutzlosen Mädchen aus der Küche beigebracht. Wie er sich nur die vielen Verse merken konnte. Endlich auf dem Markt angekommen hörte er auf zu singen, Barnabas hatte es aufgegeben mitzuzählen, wie oft er das ganze Lied wiederholt hatte.

Schneller als sonst hatten sie ihr Gemüse verkauft. Eins der großen Wirtshäuser hatte ihnen für einen Hochzeitsschmaus gleich die halbe Wagenladung abgenommen. Bruder Barnabas ließ den Jungen allein und kehrte, wie jedes Mal, in die nächstgelegene Schenke ein. Er trank recht gerne einen Krug dunkles Bier. Leider hatten sie auf ihrem Berg kein geeignetes Wasser zum Bierbrauen, es war viel zu kalkhaltig, sonst hätte er bestimmt schon mal ein Bier selbst gebraut.

„Klein Franziskus, komm!", rief der Wirtsknecht aus der gegenüberliegenden Gasse, „Bruder Barnabas ist umgekippt."

Zögernd, und erst nachdem der Knecht ihm mehrmals erklärt hatte, dass es dem Küchenbruder schlecht gehe, verließ er Wagen und Pferd. Im Wirtshaus lag der Mönch reglos auf dem Tisch.

Der herbeigerufene Doktor schüttelte bedauernd mit dem Kopf: „Bruder Barnabas ist tot! Tot! Verstehst du das?" Der Doktor legte dem Verstorbenen die Arme über die Brust und schloss die toten Hände zum Gebet.

Franziskus verstand, dass etwas Schlimmes passiert sein musste, und rannte schreiend davon.

„Eldermutter Anna, Mutter Maria ...", immer wieder dasselbe.

Später berichteten einige Bürger, sie hätten gesehen, wie der riesige Mönch schluchzend kreuz und quer durch die Stadt gerannt sei. Unten im Hafenbereich an der Oder hatte man ihn zuletzt gesehen. Tagelang suchten die Mönche nach ihm. Der Junge wurde jedoch nicht gefunden. Nach der Beerdigung von Bruder Barnabas hielten sie zwar immer noch

Ausschau nach dem Vermissten, aber vergebens. Jetzt erst wurde einigen bewusst, dass Klein Franzikus zu ihnen gehört hatte, dass jetzt etwas fehlte. Selbst der Abt ließ extra eine Messe für den Jungen lesen. Man weiß ja nie, vielleicht ist er in die Oder gefallen und ertrunken. Nach einigen Wochen kehrte wieder der Klosteralltag zurück.

Am schlimmsten hatte es jedoch Elisabeth getroffen, sie hatte ihr „zweites" Kind verloren. Über Nacht war die immer noch hübsche junge Frau ergraut. Mutlos verließ sie das Kloster und zog zu ihrer Schwester und ihrem Schwager in die Ortschaft Annaberg, dort half sie in deren Wirtsstube mit.

10   Siracusa   1735 - 1736

Der Kaufmann und Reeder Matteo Francoforte war ein alter mürrischer Mann. Das Schicksal hatte es nicht gut mit ihm gemeint. Er haderte mit Gott und mit dem Leben, ihm konnte man nichts recht machen. Seine Frau war ihm bei der Geburt der jüngsten Tochter Maura vor über 20 Jahren gestorben.

Sein Sohn Giorgio und die ältere Tochter Teresa waren bei stürmischer See in der Straße von Messina - zwischen Italien und Sizilien - bei einem Schiffsunglück vor etwa 10 Jahren ertrunken.

Mit dem gemieteten Schiff eines Genuesers sollten wertvolle Waren nach Neapel geliefert werden. Weil Francoforte dem Kapitän nicht vertraute, hatte Giorgio den Transport begleitet. Seine Schwester Teresa hatte so lange gebettelt, bis der Vater seine Einwilligung gab und sie mitreisen ließ. Und so waren die Geschwister gemeinsam an Bord des Unglücksschiffes gewesen. Irgendwo in der Meerenge vor Messina war der große Dreimast-Frachter mit *Mann und Maus* untergegangen. Von den Wellen verschluckt. Ein Sturm hatte das Meer so aufgewühlt, dass man selbst vom nahegelegenen Ufer aus nichts erkennen konnte. Meterhohe Wellen spülten später auf dem Strand von Scilla lediglich ein paar Balken an. Auf einem prangte in goldenen Lettern der halbe Name des Schiffes. Erst mit den Jahren ließ sich auch Matteo überzeugen, dass seine Kinder nicht mehr am Leben waren und niemals zurückkommen würden.

Tommaso bekam eine Kammer unter dem Dach des fünfstöckigen Handelshauses gleich neben der Ladeluke. Das

Gebäude befand sich am Kai und selbst die großen Schiffe konnten hier direkt anlegen. Mit dem sich auf dem flachen Dach befindlichen Tretkran wurde die Ladung gelöscht - eine große Winde mit einer Laufwalze, die durch die Muskelkraft von vier Männern angetrieben wurde, beförderte die Waren in alle Stockwerke. Über die Ladeluken konnten so die Waren verteilt werden. Ins Erdgeschoss kamen die schwersten Kisten und Fässer. In den darüberliegenden Stockwerken die übrigen Handelswaren. Unvorstellbare Mengen an Gewürzen, Ölen, Parfümen, Stoffen und vielem mehr. Offensichtlich verbarg sich hier ein System dahinter, aber Tommaso begriff es noch nicht.

Die feudale Wohnung der Familie Francoforte lag im zweiten Stock und über eine kleine Brücke hatten sie direkten Zugang auf die Insel Ortigia mit der Altstadt.

Die besonderen Kostbarkeiten wurden im Dachgeschoss eingelagert. Unter anderem feinste Seidenstoffe aus China, Goldschmuck aus Äthiopien, ultramarinblaues Farbpulver in Fässern aus der persischen Provinz der Paschturen und Afghanen sowie teure Gewürze aus dem fernen Indien. Der Zugang erfolgte ausschließlich durch die Wohnung, sodass Francoforte immer kontrollieren konnte, wer in dieses Lager rein und raus ging. Manchmal führte er selbst Leibesvisitationen durch, er traute niemandem, besonders nicht seinen Arbeitern.

„Pass auf - alles Gesindel und Diebe," schärfte er Tommaso ein. Seltsamerweise hatte er zu dem Jungen sofort vollstes Vertrauen gefasst und ihm das kleine, fensterlose Zimmer im Dachgeschoss neben der Ladeluke auch deshalb gegeben, damit er aufpassen konnte, dass niemand unbefugt von unten heraufkam.

Die ersten Monate musste der Junge, der von den Arbeitern mit Capo Tommaso angesprochen wurde, zusammen mit Maura, der Tochter des Hauses, den Bestand der oberen Stockwerke aufnehmen, Lieferungen überprüfen und Schiffspapiere ausstellen. Er erfuhr viel über Export und Import, lernte Vieles, was ihm fremd war. Die Arbeit bereitete ihm viel Freude und er stürzte sich auf jede neue Aufgabe.

Lediglich die Nachstellungen von Maura wurden langsam lästig. Das Mädchen war etwa fünf Jahre älter als er und für seine Begriffe keine Schönheit. Auch sie selbst fühlte sich klein, pummelig und hässlich, dementsprechend war ihre Laune - meist mies und bösartig. Sie schikanierte jeden, der ihr über den Weg lief. Man konnte ihr nichts recht machen. Nur Tommaso bildete eine Ausnahme. Wie eine läufige Hündin lief sie ihm hinterher. Ständig bedrängte sie ihn. Anfangs war er noch naiv und dachte sich nichts dabei. Doch als sie einmal ihre Bluse aufknöpfte, sodass ihr üppiger Busen herausquoll, und versuchte, ihm die Hose herunterzureißen, flüchtete er panisch. Gemein und nachtragend wie sie war, schwärzte sie ihn beleidigt bei ihrem Vater an. Ab da achtete er sorgsam darauf, nie mit ihr alleine in einem Raum zu sein. Bei der Arbeit nahm er vorsichtshalber einen Lagergehilfen mit. Seine Kammer sperrte er nachts vorsorglich ab.

In der wenigen freien Zeit oder wenn er gerade einmal auf einem Botengang in der Stadt unterwegs war, bummelte er gerne über den Fischmarkt am Hafen. Was gab es da nicht alles zu sehen! Er kannte sich ja nicht so aus mit den Fischen, schließlich kam er aus einem Bergdorf im Innern der Insel. Manchmal war auch ein Fischhändler in die Fattoria gekommen und dann standen sie als Kinder immer um den Karren herum und bestaunten das glitschige Meeresgetier.

Auch der Geruch war für ihn am Anfang sehr streng gewesen, aber mit der Zeit hatte er sich daran gewöhnt. So riecht das Meer, die große weite Welt, hatte Matteo ihm erklärt.

Auf jedem Stand krabbelten und zuckten die Meeresfrüchte, Schnecken, Muscheln, Tintenfische und vieles mehr. Lebendig, vom Wasser auf den Verkaufstisch, die Herrschaften wollten nur frische Ware haben. Und dann erst noch die großen Fische, wie Schwert- oder Thunfisch. So schwer, dass drei Fischer die Tiere aus dem Kahn heben mussten. Gerne würde er davon einmal probieren.

Erst viel später sollte er einmal davon etwas bekommen. Der Kaufmann Matteo Francoforte war geizig und gönnte sich und seinen Leuten nur ganz selten einmal etwas billiges Fleisch, wie Kutteln oder Ähnliches. Und erst recht keinen teuren Fisch, die einfachen Heringe und Makrelen mussten genügen. Wohl gemerkt, ein kleiner Fisch für mindestens drei Leute. Es war ein Wunder, dass die Köchin immer so ein leckeres Essen auf den Tisch brachte. Manchmal war es gut, wenn man nicht wusste, was man aß, Hauptsache es schmeckte und man wurde satt.

Donnerstag vormittags versuchte er auf dem Markt vorbeizuschauen, da an diesem Tag Sebastiano Käse aus der Fattoria Ladro verkaufte und Tommaso die Neuigkeiten von zu Hause berichtete. Dann spürte Tommaso besonders das

Heimweh. Des Nachts träumte er oft von Zuhause und immer öfter von Alessandra.

Wie viel anders war es doch hier in der großen Stadt, immer noch war ihm Vieles fremd. Er vermisste das Tal mit den grünen Wiesen im Frühjahr, das Lachen von Cecilie und seine Familie.

Kurz vor dem Weihnachtsfest 1735 überbrachte Christiano eine Einladung des Conte. Tommaso sollte sein erstes Christ- und Neujahrsfest in Siracusa im Palazzo gemeinsam mit der Familie Cardinali verbringen. Der Kaufmann Matteo wollte anfangs nicht einwilligen, aber dem Wunsch des Conte konnte er sich nicht widersetzen. Es sei doch eine besondere Ehre, meinte der Kaufmann und stattete Tommaso mit der nötigen Kleidung aus dem Nachlass seines verstorbenen Sohnes aus. Selbstverständlich nur geliehen, wie er immer wieder betonte, auch wenn die Sachen schon altmodisch und abgetragen waren. Am 24. Dezember gleich nach dem Frühstück holte ihn Christiano ab, sodass ihnen noch genügend Zeit verblieb, die Stadt zu erkunden.

Tommaso faszinierte besonders die *Quelle der Aretusa*, eine Grotte mit einer Süßwasserquelle direkt am Meer. Der Kutscher Mario hatte ihnen damals erzählt, dass nach einer griechischen Sage die Nymphe Aretusa sich vor den Nachstellungen des Jägers Alpheios mithilfe der Göttin Artemis in eine Quelle verwandelt hatte. Aber zwecklos - der Jäger verwandelte sich daraufhin in einen Fluss und kam dann unter dem Meer zur Nymphe.

Heute noch versorgt der Fluss, ohne sich mit dem Meer zu vermischen, die Insel Ortigia und so haben die Bewohner immer ausreichend Trinkwasser.

Mit Einbruch der Dunkelheit wurde es ruhig in den Gassen, alle Läden schlossen und so eilten Christiano und Tommaso wie alle Leute nach Hause.

Das Weihnachtsfest feierte man traditionell mit der Familie. Der Stolz jeder Hausfrau war eine reich gedeckte Tafel. Getreu dem Gebot der *Santa Lucia* wurden seit dem 13. Dezember die Armen in der Stadt großzügig beschenkt. Jeder sollte am Heiligen Abend reichlich zu Essen haben. Etwa zehn Tage vor Weihnachten wurden in den Kirchen und in den Palazzi die Presepe – die Krippen – aufgebaut.

„Unsere Tonfiguren sind aus Caltagirone", Christiano deutete stolz auf die in einer kleinen Grotte in der Hauskapelle aufgestellten Figuren. „Siehst du - hier Joseph und Maria und dort hinten die Hirten mit ihren Tieren."

„Warum ist die Krippe leer?", wollte Tommaso wissen.

„Weißt du denn nicht, dass das Jesuskind erst um Mitternacht hineingelegt werden darf?"

Der Hausdiener läutete den Gong zum Abendessen. Alle versammelten sich im großen Festsaal. Bis kurz vor Mitternacht wurde getafelt und anschließend gingen alle gemeinsam hinüber zur Christmesse in den Dom.

Zum Jahreswechsel begab sich die gesamte Familie zum Hafen, dort fand ein besonderes Spektakel statt, es wurden Raketen, chinesisches Feuer genannt, abgebrannt. Der nun fünfzehnjährige Tommaso Cassarino schrak bei jedem Knall zusammen, sodass die Principessa Alessandra amüsiert gluckste und ihn fest bei der Hand nahm.

„Dich kann man ja nirgends mitnehmen. Richtig peinlich ist das! Du bist und bleibst eben nur ein einfacher Ziegenbursche", äußerte sich Christiano hochnäsig und wandte sich von ihm ab.

„Der meint das nicht so", entschuldigte die Schwester ihren Bruder.

Es war das erste und letzte Mal, dass Tommaso mit der Familie des Conte di Cardinali das Weihnachts- und Neujahrsfest feierte.

Der Conte fuhr nach den Feiertagen mit seiner Frau zurück zur Fattoria. Christiano studierte wieder an der Militärakademie in Palermo und Alessandra blieb im Palazzo, sie bekam hier weiter Unterricht.

„Nun lernst du endlich, wie sich eine Dame zu verhalten hat und wie du später einen Haushalt führen sollst. Was anderes brauchst du sowieso nicht!", lästerte ihr Bruder abfällig.

Die junge Gouvernante Maria Pecucci nahm es mit der Aufsicht nicht so genau, sie schäkerte lieber mit dem ersten Hausdiener, sodass die Principessa den Palazzo öfter heimlich verlassen konnte. Meist traf sie sich mit Tommaso, dann durchstreiften die beiden jungen Leute gemeinsam die Stadt und den Markt. Alessandra und er hatten Spaß, zwischen den vielen Ständen durchzubummeln. Als sie einmal Hand in Hand am Käsestand bei Sebastiano vorbeischauten, wunderten sie sich über dessen Reaktion.

„Tommaso, was soll das! Du kannst doch die Principessa nicht wie ein Bauernmädchen an der Hand nehmen", tadelte der Käser, „Principessa, wie wollt Ihr das Eurer Mutter erklären." Erschrocken ließen sich beide los, waren sich allerdings keiner Schuld bewusst. Doch in Zukunft achteten sie darauf, dass sie niemand Hand in Hand sah.

Tommasos großer Tag rückte immer näher. Das erste Mal durfte er alleine eine Handelsreise unternehmen. Freilich nicht sehr weit weg, nur zwei Tagesreisen nach Marina di Ragusa sollte es mit dem Küstenschiff *Santa Laura* unter der Führung des erfahrenen Kapitäns Marcello Caputo gehen. Der Kaufherr feierte in zwei Wochen seinen sechzigsten Geburtstag und wollte seinen Gästen die edelsten Speisen der Region auftischen.

Die Liste der zu besorgenden Spezialitäten war lang. In Avola wurden einige Fässer des schweren roten Weines Nero d´ Avola geladen. Nach dem großen Erdbeben vor fast 30 Jahren hatte man die kleine Provinzstadt – sie war für ihren Weinanbau bekannt - an der Küste im neuem Baustil aufgebaut. Wie ein Schachbrett, lauter parallel verlaufende Häuser und Straßen. Tommaso fand das langweilig, eine Straße sah wie die andere aus. Aber so hatte man auch andere zerstörte Städte wie Noto, Pachino und Teile von Catania und Siracusa wieder aufgebaut.

In Marzamemi, dem Heimathafen von Kapitän Caputo, luden sie Fässer mit in feinem Olivenöl eingelegten Oliven und Peperoncino sowie Fische, hauptsächlich Thunfische und Sardellen. Die mit dem Kapitän befreundeten Fischer ließen Tommaso von allem probieren. Welch ein Gaumenschmaus! Hoffentlich verdiene ich später einmal soviel, dass ich mir auch solche Köstlichkeiten leisten kann, ging es ihm durch den Kopf.

Hochkonzentriert umschipperte der Kapitän das Capo di Passero, eine kleine, auf Sichtweite dem Festland vorgelagerte Insel. Nicht nur gefährliche, unter der Wasseroberfläche liegende Klippen und Felsen, auch unberechenbare Strömungen machten das Umschiffen immer wieder zu einem Abenteuer. Die kleine Insel hatte viele im Laufe der Jahrtausende ausgespülte Höhlen und Grotten. Besonders in den Sommernächten lauerten hier des Öfteren Piraten aus Nordafrika, die auf unvorsichtige Schiffer warteten, um sie auszurauben.

Mit einigen Bündeln Salbei und Basilikum, Kisten voll kleinen kirschgroßen Tomaten, geräuchertem Pecorino und zwei Fässern frischen Riccotta vervollständigten sie in Marina di Ragusa ihre Ladung. Der armselige Hafen lud nicht zum Übernachten ein. Die kleine Stadt lag in einiger Entfernung. Von Weitem sah Tommaso die blaue Kuppel des Domes von Ragusa Ibla leuchten. Gerne wäre er einmal dorthin gefahren, aber sie hatten keine Zeit. Caputo wollte so schnell wie möglich zurück nach Marzamemi, um dort des Nachts sicher zu ankern.

Einige Tage später waren sie wieder zurück in Siracusa und Matteo Francoforte war sehr zufrieden mit dem Ergebnis der Fahrt, sodass er Tommaso am Sonntag nach der Kirche freigab. Tommaso traf sich wie immer mit Alessandra heimlich hinterm Dom.

„Ciao Bella - ich habe bis heute Abend freibekommen", begrüßte er sie freudig.

„Wunderbar, dann lass uns zur Piazza di Archimedes gehen, dort soll ein Puppenspieler aus Erice sein Theater *Opera dei Pupi* aufgebaut haben."

„Was soll ich mit einem Puppentheater anfangen - Kinderkram", maulte Tommaso.

„Das ist nicht das, was du denkst, mit großen Holz- oder Blechmarionetten wird da etwas aus der sizilianischen Geschichte gespielt. Ich habe gehört, wie sich Maria Pecucci mit Albert, unserem Hausdiener, darüber unterhalten hat."

„Mm", brummte er.

„Ach bitte komm", die Zwölfjährige zog einen Schmollmund und gab ihm einen Kuss auf die Wange.

„Also gut, wenn es dir Spaß macht."

Gemeinsam schlenderten sie den kurzen Weg zur Piazza. Eine lärmende Menge, Jung und Alt, wartete vor einer kleinen Theaterbühne. Der Vorhang wurde zur Seite geschoben und ein Raunen ging durch die Zuschauermenge.

Karl der Große im purpurroten Mantel, die Ritter Orlando und Rinaldo in scheppernden Blechrüstungen, Konstanze von Sizilien und ihre Kammerfrauen in anmutigen bunten Kleidern wurden kunstvoll mit Fäden und Stangen zum Leben erweckt. Die Leute lachten und fieberten mit den Figuren mit. Als sich die Ritter eine wilde Schlacht lieferten, kuschelte sich Alessandra an Tommaso, verbarg ihr Gesicht an seiner Brust und schaute erst wieder auf, als die grausamen Szenen vorbei waren. Sie hoffte mit Konstanze und unterstützte Friedrich, wie alle Zuschauer, mit lauten Zurufen beim Werben um seine Angebetete. Als sich endlich die

Liebenden gefunden hatten, fiel der Vorhang. Stürmisch applaudierte das Publikum den drei Puppenspielern, die sich verbeugten und zur nächsten Veranstaltung in zwei Stunden einluden.

„Ach das war schön", seufzte Alessandra, „lass uns die nächste Vorstellung auch anschauen."

„Nein, ich muss zurück, Matteo wartet sonst. Außerdem gib es sowas doch nicht in Wirklichkeit und die sizilianische Geschichte war auch falsch, da sind Leute aufgetreten, die haben zu verschiedenen Zeiten gelebt."

„Nun verdirb doch nicht alles, es war einfach schön romantisch."

„Du mit deiner Gefühlsduselei, mir war das viel zu viel Liebesgefasel."

„Also, du, du … bist so … so unromantisch!"

Tommaso wollte sie beschwichtigend an der Hand nehmen.

„Lass mich – ich muss heim!", wehrte sie ab und rannte heulend davon.

Weiber und Liebe, immer dieses Getue, dachte Tommaso, wandte sich ärgerlich ab und schlenderte nach Hause.

Spät im Herbst kamen dann wertvolle Gewürze aus Marokko und Indien in Siracusa an. Leider musste der Kaufmann und Reeder Francoforte für seine dringenden Handelsverpflichtungen ein fremdes Schiff ordern, da keines seiner eigenen Schiffe im Hafen lag und auch nicht für die nächsten Wochen zurückerwartet wurde. Nach Palermo und Genova sollten die bereits bestellten Waren noch vor den Winterstürmen geliefert werden. Francoforte traute keinem fremden Kapitän und so erhielt Tommaso erstmals den Auftrag, alleine ein Schiff zu begleiten. Er bekam Unterweisungen und gute Ratschläge für die lange Fahrt.

Schwere Winde aus Norden peitschten das Tyrrenische Meer durch die Straße von Messina ins Ionische Meer. Haushoch klatschen die Wellen über die Hafenmauern. Der Kapitän weigerte sich, bei solch einem Sturm auszulaufen. Unmöglich konnten sie ungeschoren durch den *Höllenschlund* nach Norden segeln. Seit Tagen verzögerte sich das Ablegen des randvollgeladenen Schiffes.

Am nächsten Morgen, noch vor Sonnenaufgang, war der erste Blick des Händlers hinaus zur See. Leider hatte sich das Wetter immer noch nicht gebessert.

„Was machen wir bloß? Wenn wir nicht wegkommen, verliere ich ein Vermögen. Die Lieferung muss spätestens in drei Wochen in Genova eintreffen." Händeringend jammernd lief der verzweifelte Kaufmann hin und her, hatte nicht einmal die Ruhe zum Frühstücken, wurde immer mürrischer und übellauniger.

„Sizilien ist doch eine Insel - oder? Warum fahren wir dann nicht anders herum?", fragte Tommaso naiv.

Kapitän Simenio und Francoforte schauten ihn überrascht an.

„Ja warum eigentlich nicht?", überlegte nun auch der Händler, „würde das gehen?"

„Natürlich geht das", brummte der Kapitän, „aber das kostet uns einen Tag zusätzlich auf See."

Der Kaufmann überschlug die zusätzlichen Kosten im Kopf.

„Also gut, wenn unsere Ware dadurch rechtzeitig und heil ans Ziel kommt, müsste es sich rechnen. Ihr legt ungefähr zwanzig Seemeilen südlich von hier in Vendicari einen Zwischenstopp ein und ladet einige Fässer feinstes Meersalz, welches dort gewonnen wird, für Genova dazu. Dadurch dürften sich die Kosten für die längere Strecke wieder einbringen lassen. Tommaso, ich gebe dir einen Brief für meinen Freund, Barone di San Lorenzo mit, er lebt zurzeit auf seiner Fattoria Roveto im Vendicari. Hier, den kleinen Beutel mit Golddukaten gibst du ihm für das Salz. Die Anlegestelle erkennt man bereits vom Meer aus, sie liegt etwas landeinwärts hinter einem hohen Schilfgürtel."

Bei Tagesanbruch stachen sie in See. Obwohl nur einige Segel gesetzt wurden, flogen sie förmlich von den starken Winden getrieben nach Süden. Als sie kurze Zeit später in die Bucht von Avola und Noto einschwenkten, ließ der Wind etwas nach. Die Hügel des Hinterlandes boten genügend Schutz vor dem kalten stürmischen Nordwind. Bereits zur Mittagszeit erreichten sie die Mole von Vendicari und nahmen fünfundfünfzig Fässer Salz an Bord.

Tommaso eilte in der Zwischenzeit einige Hundert Schritte landeinwärts durch den Schilfgürtel. Er wollte zum Herrenhaus, aber vorher hatte er ein dringendes Bedürfnis.

Gestern spät abends hatte Matteo getreu nach einem sizilianischen Motto: *Tavola si scordano Li trivuli* - bei Tisch vergisst man seine Nöte - ein Festmahl servieren lassen. Zum Abschied meinte er, man wüsste ja nie, wann es für Tommaso wieder einmal etwas Richtiges zum Essen geben würde. Und nun rumorten die Tagliatelle al olio und der

Thunfisch mit Erbsen, angeschmort mit etwas Olivenöl und Knoblauch, ihm schon den ganzen Morgen im Bauch. Endlich ein dichtes Gebüsch. Als er erleichtert auf der anderen Seite des Gebüsches wieder auftauchte, überraschte ihn ein ohrenbetäubendes Geschnatter und Zischen. Er war in eine Kolonie von Hunderten oder gar Tausenden von Vögeln hineingeraten, die sich nun wild durcheinander erhoben. Offensichtlich hatte er sie erschreckt und in Panik versetzt. Geistesgegenwärtig warf er sich in den Sand, um nicht von ihren großen Schwingen getroffen zu werden. So etwas hatte er noch nicht erlebt. Vorsichtig und in gebückter Haltung trat er den Rückzug an. Auf Umwegen gelangte er zum Haupthaus und erledigte das Geschäftliche. Später, froh wieder an Bord zu sein, erzählte er dem Kapitän, was er erlebt hatte.

„Das sind Wildgänse, große wilde Vögel aus dem Norden Europas. Auf ihrem Flug ins Winterquartier legen sie hier oft eine Pause ein. In letzter Zeit bleiben sogar einige Hundert hier. Die Einheimischen warten schon auf die großen Schwärme. Darunter sind immer genügend erschöpfte Gänse, die sich ganz leicht fangen lassen. Dieser Vogelflug beschert sogar den armen Leuten ein Festessen."

Während der Kapitän ihm das alles erzählte, segelten sie bereits im großen Bogen um das Capo di Passero in Richtung Isola della Correnti, der südlichsten Spitze Siziliens. Ohne Zwischenfälle erreichten sie Palermo, die kaiserliche Residenzstadt. Die Waren für den Händler Alessandro Fererro wurden gelöscht und ohne Aufenthalt ging es weiter.

Da der orkanartige Sturm immer noch heftig wütete, entschloss sich Kapitän Simenio westlich um Sardinien in

Richtung Marseille zu segeln. Dann wollte er im Schutz der Küste ostwärts weiter nach Genova.

Das Kreuzen im Wind wurde immer schwieriger. Zwei Tage war es nun her, dass sie in Palermo abgelegt hatten. Riesige Wellen rollten längs über das Schiff. Bei jedem Auftauchen aus dem Wellental stieg das Schiff senkrecht in den Himmel. Die Mannschaft fragte sich, wie lange die Verzurrungen das noch aushalten würden. Mit einem fürchterlichen Knall brach am dritten Tag der vordere Mast. Die Matrosen, die gerade dabei waren, die letzten Fetzen der Segel einzuholen, wurden einfach über Bord gefegt. Keine Chance sie aus der aufgewühlten See herauszufischen. Sie waren einfach weg – fünf Mann von einem Moment zum anderen verschwunden. Keine Zeit für Trauer, der Wind hatte sich gedreht und schlug nun quer über das fast manöverierunfähige Schiff. Der Dreimastsegler kränkte nun immer wieder nach achtern weg. Bei jedem Überrollen lief mehr Wasser in den Rumpf, als sie mit den veralteten Pumpen herausfördern konnten. Plötzlich löste sich krachend die Ladung und rutschte nach Backbord. Nun wurde das Schiff endgültig zum Spielball der Wellen.

Tommaso klammerte sich verzweifelt am mittleren Mast fest, da traf ihn ein Stück Holz am Kopf und schleuderte ihn über Bord. Die Wellen schlugen über ihm zusammen, verzweifelt versuchte er oben zu bleiben, aber keine Chance, das Salzwasser brannte in der Kehle, den Augen, dann wurde es Nacht um ihn.

11   Kerbholz   1736

Breslau, eine aufblühende große Stadt an der Oder, lag vor ihnen im Sonnenlicht. Beladen mit über 450 Scheffel Gerste erreichte der Flussschiffer Paul Maria Kerbholz zusammen mit seinem Sohn Ferdinand das erste Etappenziel ihrer Fahrt. Das Getreide war für die große fürstliche Brauerei bestimmt und stammte aus der Ebene um Oppeln.

Ihr Boot fasste nur etwa 600 Zentner, dies hatte den Vorteil, dass sie weiter flussaufwärts fahren konnten, denn erst ab Breslau war die Oder für die über 1000 Zentner fassenden Kähne schiffbar.

Hier wollten sie die Ladung löschen und dann mit den Wolleballen des Handelsherrn Heinrich Schärfhold neu beladen. Kerbholz fuhr gerne die Touren von Schärfhold, dieser bezahlte immer anständig. Die Wolle sollte nach Frankfurt geliefert werden. Das war wieder einmal ein Auftrag nach seinem Geschmack. Ob sie dann allerdings für die Rückreise eine Ladung dingen konnten, stand noch in den Sternen. Der Kaufmann hatte ihm versprochen, ihnen dabei behilflich zu sein.

Sie hatten gerade festgemacht und begonnen zu entladen, als urplötzlich ein Riese neben ihnen stand, sich zwei Säcke auf die Schulter lud und sie auf den bereitstehenden Wagen am Kai stapelte. Er leierte dabei das *Ave Maria* herunter.

Verblüfft schaute Kerbholz zu: „Kennt den Jemand?", Kopfschütteln, „He du! Wer bist du?"

„Ich Klein Franziskus, Eldermutter Anna, Mutter Maria und Klein Jesus lieben Klein Franziskus", bekam er zur Antwort.

„Hä – wer bist du? - Was machst du hier?"

„Ich Klein Franziskus, Eldermutter Anna, Mutter Maria und Klein Jesus lieben Klein Franziskus."

„Was soll das, versteht der mich nicht?"

„Lass ihn Vater, du merkst doch, der ist nicht ganz richtig im Kopf. Aber schau, während wir hier rätselnd rumstehen, hat der schon die halbe Ladung raufgeschafft", freute sich sein Sohn.

Ruckzuck war die Ladung gelöscht. Franziskus hatte mindestens zwei Drittel der Säcke nach oben befördert. Er scheuchte die Knechte des Kaufmanns weg, wenn sie die Säcke seiner Meinung nach nicht richtig stapelten. Hin und wieder gab es da einen kleinen Streit.

Paul Maria hatte nur erstaunt zugesehen. So etwas hatte er noch nicht erlebt. Und diese Kraft! Als sie fertig waren, meinte sein Sohn: „Schau mal Vater, was der gemacht hat. Der hat die Säcke in einem Muster auf den Wagen geladen - eigenartig."

Nach der Arbeit setzten sie sich auf den Kai und vesperten. Der Riese blieb in einiger Entfernung und schaute ihnen sehnsüchtig zu.

„Komm her! Iss mit uns!", lud Ferdinand ihn ein. Keine Reaktion! Da nahm er einen Teller, legte ein paar Kanten Brot darauf, etwas Schmalz und Bratenreste, dazu einen Krug Wasser und schob es von sich weg zu dem Jungen. Zögernd näherte sich Franziskus, nahm das ihm Angebotene und setzte sich, wieder etwas entfernt von ihnen, auf den Boden. Er schlang das Essen gierig hinunter und blickte sie mit seinen blauen Augen treuherzig an.

„Na, du hast schon lange nichts mehr gegessen, oder? Hier, etwas Brot und Schmalz haben wir noch. Die Bratenreste, die mir meine Frau mitgegeben hat, sind leider alle."

Etwas mutiger kam Franziskus näher, nahm den Nachschlag und ließ sich dieses Mal neben die beiden Kerbholzer nieder.

Später, nachdem sie die Wolle auf ihrem Schiff verstaut hatten, erkundigten sie sich überall, ob jemand wisse, wo der Bursche hingehöre. Aber niemand konnte ihnen weiterhelfen.

„Was machen wir jetzt mit dem?", fragte Paul seinen Sohn.

„Vielleicht hat der sich in Oppeln schon an Bord geschlichen und verkrochen."

„Hm, könnte sein."

„Weißt du was, Vater, wir nehmen ihn einfach mit, und wenn wir wieder zu Hause sind, forschen wir nach. Einstweilen kann er uns helfen, solch eine gute und billige Arbeitskraft bekommen wir nicht so schnell wieder."

„Sei doch nicht immer so ein Leuteausnutzer. Ich weiß überhaupt nicht, von wem du das hast. Wahrscheinlich von deiner Mutter", brummte Paul seinen Sohn an.

Seine Frau hielt ihn immer viel zu gutmütig und leichtgläubig, er lasse sich von allen ausnutzen. Ferdinand war da ganz anders. „Der wird es einmal weit bringen", behauptete sie oft.

Und so kam es, dass für Franziskus ein neuer Lebensabschnitt begann. Er musste sich jetzt nicht mehr unter den Säcken verstecken. Steif und kerzengerade stand er am Bug wie eine riesige Galionsfigur und sang leise vor sich hin.

Alles, was ihm in den Sinn kam, vom Kirchenlied bis zum Bauernlied.

„Ein seltsamer Vogel, der uns da ins Nest gefallen ist. Der singt ja schön, aber mit der Zeit nervt das", beschwerte sich Ferdinand.

„Ach, lass ihn. Der Franziskus, ich glaube, so heißt er, ist ein armer Tropf. Nicht ganz richtig im Kopf und hat scheinbar kein Zuhause mehr."

Tiefschwarz und grollend ballten sich die Gewitterwolken am Horizont zusammen. Zwei Tage schipperten sie nun schon flussabwärts. Sie waren dank guter Strömung zügig vorangekommen. Wenn es weiter so gut lief, würden sie ihr nächstes größeres Ziel, die Stadt Glogau in drei Tagen erreichen. Hier wollten sie einen Tag Rast einlegen und frische Vorräte für die Weiterfahrt einkaufen. Nach Frankfurt benötigten sie dann nochmals gut acht Tage.

„Wir sollten vorher irgendwo Schutz suchen", meinte Ferdinand mit einem ängstlichen Blick auf die drohenden Gewitterwolken.

„Ja, du hast recht, da ballt sich was zusammen. In einer knappen Stunde sind wir in Dyhernfurth."

Dort war eine der größten jüdischen Gemeinden im schlesischen Gau, größer noch als die in Breslau. Eine der bedeutendsten jüdischen Druckereien beschäftigte viele Arbeiter. Bei den Flussschiffern waren die jüdischen Handelsherren beliebt, hatten sie doch oft kleine, aber lukrative Aufträge parat.

„Wir könnten beim Juden Silbereisen vorbeischauen und über Nacht bleiben. Der hat doch schon öfters etwas für uns zum Verschiffen gehabt. Vielleicht ergibt sich noch ein Auftrag für die Rückfahrt von Frankfurt", setzte Paul Maria fort.

Krachend entluden sich die Blitze in die Oder. Es schüttete wie aus Eimern. Gott sei Dank waren sie gerade noch rechtzeitig beim Handelsherrn Samuel Silbereisen angekommen. Hinten im Gesindehaus wurde ihnen eine Schlafkammer zugewiesen. Der Hausherr lud den Flusskapitän zu sich zum Abendessen an den Tisch.

Ferdinand und Franziskus saßen in der Küche zusammen mit dem Gesinde und löffelten eine hervorragend schmeckende Fischsuppe.

„Das stinkt mir schon", flüsterte Ferdinand Franziskus zu, „immer wird der Vater bevorzugt. Der sitzt jetzt mit dem feinen Juden in der guten Stube und bekommt bestimmt etwas Besseres vorgesetzt als wir. Schau dir nur hier diese ganze Mischpoke an. Alles keine Juden!" Laut schlürfte er seine Fischsuppe und maulte dazwischen: „Zum Arbeiten sind wir Christen gut genug. Die Juden zählen nur ihr Geld zusammen, das sie an uns verdienen."

Franziskus schaute ihn verständnislos an und stammelte mit vollem Mund: „Gut! - Gut für Klein Franziskus!" Damit hielt er der freundlichen Küchenmagd nochmals seinen Teller hin.

„Ja, iss nur, mein kleiner Riese. Hast schon lange nichts Gescheites mehr bekommen? Lass den Nörgler da nur quatschen, davon wird man nicht satt." Sie warf Ferdinand einen bösen Blick zu.

Als der Hausdiener auf die Stänkereien von Ferdinand antworten wollte, hielt ihn die Frau zurück: „Lass ihn, zwecklos, der ist unbelehrbar."

„Die Juden nutzen uns doch bloß aus, halten zusammen wie Pech und Schwefel. Wird Zeit, dass denen wieder einmal einer zeigt, wo der Bartel den Most holt. Der Luther von den Evangelischen hatte schon recht, als er sein Büchlein *„Von den Juden und ihren Lügen"* schrieb. Und dann dieses Küchengesindel - Duckmäuser - kein Wort sagen die, lassen sich alles gefallen. Zum Himmel stinkt es mir."

Lauthals machte der junge Kerbholz sich weiter Luft, als sie sich nach dem Essen in die ihnen zugewiesene kleine Kammer zurückzogen.

„Nein, hier stinkt´s nicht!", mit einem treuen Hundeblick schaute ihn Franziskus mit hellblauen Augen an und schüttelte den Kopf.

„Ich habe nicht gesagt hier stinkt´s, sondern mir stinkt´s. Das ist doch ein feiner Unterschied." Verständnislos sah ihn der Junge an. „Ach, es hat keinen Zweck, du bist und bleibst ein blöder Trottel. Zwecklos mit dir zu reden."

Immer mehr Tagelöhner kamen zum Schlafen in die Kammer. Klein Franziskus bekam Angst, fing zu schreien an und rannte aus dem Haus.

„Lasst ihn, das war schon letzte Nacht so. Ich glaube, wenn viele Menschen auf einem Haufen beisammen sind, bekommt er Angst. Ist halt ein wenig verrückt", beruhigte Ferdinand seine Schlafgenossen.

Franziskus rannte, wie von Furien besessen, zum Hafen zurück. Erst auf dem Kahn beruhigte er sich. Hier war er endlich alleine.

Bis spät in die Nacht tobte das Gewitter. Donner grollte und unzählige Blitze erhellten die Nacht. Franziskus hatte sich zur Nachtruhe in den winzigen Verschlag vor der kleinen Kajüte gelegt. Hier wurden die Segel und Decken aufbewahrt. Er war unter eine Decke gekrochen, zitterte am ganzen Körper und das nicht nur, weil seine Füße unten herausschauten und nass wurden, sondern weil er bei jedem Gewitter glaubte, es entlade sich Gottes Zorn auf die Menschen. Betend krümmte er sich zusammen und leierte die ganze Nacht alle deutschen und lateinischen Gebete herunter, die er kannte.

Es regnete immer noch in Strömen, als die beiden Kerbholzer morgens zum Hafen kamen und bemerkten, dass der Pegel bereits gewaltig angestiegen war.

„Wir sollten uns beeilen, dass wir weiterkommen", meinte Paul Maria zu seinem Sohn.

„Hm", brummte der unmutig zurück.

„Welche Laus ist denn dir über die Leber gelaufen", lachte der Schiffer ihn an. Er gehörte zu den wenigen Menschen, die, und wenn es noch so früh war, oder das Wetter sich von der schlechtesten Seite zeigte, stets gut gelaunt waren. Meist nervte er damit seine Umgebung.

Kaum hatten sie ihren Kahn in die Mitte der Oder gelenkt, erfasste sie die immer kräftiger werdende Strömung und trieb sie geschwind flussabwärts, ohne dass sie Segel setzen mussten. Spät am Abend hörte der Regen endlich auf. Hell erstrahlte der Nachthimmel, der Vollmond und die Sterne spiegelten sich in der angeschwollenen Oder.

Aus allen Zuflüssen rauschte das Wasser und überschwemmte die Flussauen. Die braunen Fluten wälzten sich brausend flussabwärts. Gott sei Dank gab es kein zu starkes Hochwasser. Der Regen hatte gerade noch rechtzeitig aufgehört, bevor, wie so oft, die Flüsse hier in der Gegend über die Ufer traten.

Bereits mittags am dritten Tag tauchte hinter einer Biegung Glogau auf.

„Das ging aber hurtig. Wir sparen uns einen ganzen Tag, wenn wir heute Nachmittag alle Besorgungen erledigen", überlegte Ferdinand, als Vater und Sohn nebeneinanderstehend zusahen, wie sie mit der Strömung in den kleinen Hafen trieben.

Immer diese Eile dachte Paul Maria Kerbholz, er wäre gerne, wie sonst, einen Tag hier geblieben. Sein Freund, der Bootsbauer Maximilian Strecker, ein urgemütlicher, kleiner, wohlbeleibter Mann aus dem südlichen Bayern wohnte hier, allerdings mit einem unmöglichen Dialekt, wie er meinte. Sie spielten meist Karten miteinander und tranken einige Biere dazu.

Doch da er seinem Sohn seit gut vier Jahren das Handwerk eines Flussschiffers beibrachte, war es mit der Gemütlichkeit vorbei. Die jungen Leute hatten einfach keine Zeit und Muße mehr. Alles schnell, schnell - Zeit ist Geld.

„Wenn du meinst", brummte er, „na gut, dann geh du gleich frische Lebensmittel einkaufen. Nimm den Franziskus mit, der kann dir tragen helfen. Ich geh in der Zwischenzeit zu Max, ich brauch mal wieder mein Lebenselixier."

Zumindest einen kurzen gemütlichen Plausch bei einem guten Schluck Bier wollte er sich gönnen.

Die Frau vom Strecker hatte auch immer etwas von dem Lebenselixier auf Lager, auf welches der Flussschiffer schwor. Ein vorzügliches Mittel, das bei fast allen Beschwerden helfen sollte. Zur Vorbeugung und zum Erreichen eines hohen Alters sollte man mindestens 6-8 Tropfen täglich davon zu sich nehmen. Und daran hielt sich der Kerbholzer eisern. Schließlich wollte er alt werden.

Fein säuberlich waren die Zutaten auf dem Etikett der Tüte verzeichnet: zwei Loth Aloe, ein Viertel Loth Enzian, ein Viertel Loth feiner Rhabarber, ein Drittel Loth Safran und ein Viertel Loth Theriak, eine altersher überlieferte Kräuter- und Wurzelmischung. Diese Ingredienzen wurden pulverisiert, mit einem Quart gutem alten Franzbranntwein angemacht und in eine Flasche filtriert. Sie wurde an ein warmes Fenster in die Sonne gestellt, mehrmals täglich geschüttelt und schon nach ein paar Tagen war der Trunk fertig. Gut verschlossen, damit keine Luft hineinkam, war das Mittel dann jahrelang haltbar. Frau Strecker bot auch das fertige Elixier an, aber Paul Maria nahm nur die Zutaten mit und setzte es selbst mit feinstem Weinbrand an.

Den Tratsch der letzten Wochen hatten sie sich schnell erzählt. Lediglich über die Geschichte von Franziskus diskutierten sie ausführlich. Max stimmte mit seinem Freund Paul überein, dass sie versuchen sollten, auf ihrer Rückreise in Oppeln etwas über den Jungen zu erfahren.

Henriette Strecker rief die beiden zum Essen: „Kommt ihr! Es gibt Schlesisches Himmelreich."

Das ließen sich die Freunde nicht zweimal sagen, gehörte es doch zu ihren Lieblingsspeisen. Nicht umsonst sagt man in Schlesien, *wer das Himmelreich nicht kennt, kennt nicht das wahre Leben.*

Bevor der Nachtwächter zur Ruhe rief und die Tore geschlossen wurden, kehrte Paul Maria zu seinem Schiff zurück.

Sein Kahn war nicht mehr der Neueste, aber sein Eigentum. Er brauchte sich nicht mit einem Reeder oder Kaufmann herumärgern. Wie immer erfasste ihn der Stolz, wenn er seinen Oderkahn so im Wasser liegen sah.

Gute fünfzehn Ellen lang, sechs Ellen breit und vollbeladen hatte er einen Tiefgang von fast drei Ellen. Mittig befand sich ein kräftiger Mast für ein großes Dreieckssegel, am Heck war eine kleine Kajüte. Bei günstigem Wind konnten sie somit stromaufwärts segeln und mussten nicht die teuren Treidelführer mit ihren Pferden buchen. Der Kahn hatte parallele Bordwände, die am Heck und am Bug lang hochgezogen waren. So konnte man an jedem flachen Ufer anlegen. Unter einem kleinen Zwischendeck lagerten die Vorräte und das Trinkwasser. Hier lebte er nun mit seinem Sohn fast das ganze Jahr. Früher war seine Frau manchmal mitgefahren, aber zu dritt wurde es einfach zu eng. Noch ein oder zwei Jahre, dann wollte er sich zu Ruhe setzen, seinem Sohn den Kahn überlassen. Über 58 Jahre stand er nun schon an der Ruderpinne und hatte ohne einen Unfall seinen Kahn jahrein und jahraus die Oder hinauf- und hinuntergesteuert. Noch sehr jung, gerade erst einmal zwölf Jahre, war er damals, als er von seinem Vater den Kahn übernommen hatte. Der war in jungen Jahren nach einer Wirtshausrauferei gestorben. Seine Mutter hatte die erste Zeit das Schiff geführt, bis die Zunftherren zu protestieren anfingen. Als Frau durfte sie den Betrieb der Oderschifferei nicht alleine führen. Ein Freund seines Vaters übernahm daraufhin kommissarisch das Schiff und Paul Maria ging bei ihm in die Lehre. Bereits mit neunzehn Jahren durfte er ausnahmsweise seine Schifferprüfung ablegen und fuhr ab da auf eigene

Rechnung. Als er zwanzig Jahre alt war, lernte er seine Frau kennen. Eine Kleinbauerstochter, die eigentlich lieber an Land lebte als auf dem Wasser. Deshalb übernahm er nur kleinere Touren, sodass er abends meist wieder zurück zu Hause war. Im Laufe der Jahre hatten sie sich etwas Geld zusammengespart und davon südlich von Oppeln, in Krappitz, direkt am Oderufer ein kleines Häuschen mit einem Gemüsegarten erworben.

Ihr Wunsch nach Kindern wurde erst spät erfüllt. Der erste Sohn war ihr ganzer Stolz. Sie wollten mindestens drei Kinder, allerdings folgten nur noch einige Fehlgeburten, und so wurde Ferdinand von seiner Mutter von vorne bis hinten bedient und verhätschelt.

Gut, dass im Moment ein hoher Wasserstand herrschte. Ihre Ladung mit 120 großen Wolleballen, jeder war etwa drei Ellen lang, zwei Ellen breit und eine Elle hoch, bescherte ihnen fast den maximalen Tiefgang. Sie waren randvoll, die Bordkante lag nur zwei Handbreit über dem Wasserspiegel. Normalerweise mussten sie bei diesem Ladezustand höllisch aufpassen, dass sie nicht irgendwo auf eine Sandbank liefen. Aber jetzt durch den Regen hatten sie immer genügend Wasser unter dem Kiel. Bei dieser Geschwindigkeit, mit der sie gen Frankfurt fuhren, brachte das einen satten Gewinn, rechnete Paul Maria sich aus.

Purpurrot verabschiedete sich die Sonne am westlichen Horizont. Wie rotgoldene Sterne tanzten die letzten Sonnenstrahlen auf der dahinrauschenden Oder im Abendlicht. „Einfach herrlich, das sind Augenblicke, die ich liebe, frei auf dem Kahn, der eigene Herr sein, anlegen, wo ich will", sinnierte Paul Maria. Er stand neben Franziskus am Bug und versuchte, wie schon öfters, mit dem Jungen ins Gespräch zu kommen. In letzter Zeit zeigte der ja ab und zu einmal eine Reaktion und lief nicht davon wie am Anfang.

„Schau dir Gottes schöne Schöpfung an, diese Farben, die kriegt nicht einmal der beste Maler so hin", der Schiffer deutete nach vorne.

„Gottes Schöpfung ist herrlich und groß!", wiederholte der Riese immer wieder, offensichtlich ein Satz, den er irgendwann einmal gelernt hatte. Leicht fröstelnd schaute Franziskus nach vorne und zog seine Kapuze über den Kopf. Die Kutte wurde schon ganz schön oft geflickt, dachte Kerbholz. Er ging nach achtern und holte aus seiner Kiste eine ältere Hose, ein buntes Hemd und eine Jacke, welche er nicht mehr brauchte. Alles zusammen reichte er Franziskus:

„Hier für dich, zieh diese Sachen an, deine Kutte ist ja überall zerrissen", er hielt sie dem Jungen hin, der immer noch regungslos am Bug stand.

Franziskus schüttelte den Kopf: „Nein, Bruder Barnabas macht neue Kutte." Er verzog sich nach Achtern und kauerte sich unter seinem Verschlag zusammen. Der Schiffer blickte ihm ratlos nach und legte die Kleider wieder in die Kiste.

„Dem kann man nicht helfen", brummend begab er sich in seine Koje und schlief sofort ein.

Ein kräftiges Schütteln und Rucken lief durch den Kahn, sofort war er wach. Die Dämmerung ging langsam in den Tag über. Das Morgenrot spitzte bereits am Horizont durch die Bäume. Er sprang auf und erfasste sofort die Situation. Der Fluss war gewaltig angestiegen. Sie hatten den Kahn zu kurz vertäut und so wurde er an Steuerbord nach unten gezogen, während die Backbordseite mit dem Wasserstand gestiegen war. Wahrscheinlich hatte es in der Nacht am Oberlauf der Oder und ihren Zuflüssen noch einmal kräftig geregnet. Gefährlich neigte sich der Kahn.

„Ferdinand wach auf! Wir müssen die Taue lösen sonst kentern wir. Der Strom ist gewaltig angestiegen. Das Ufer und der Kai bis zur Stadtmauer stehen schon unter Wasser." Laut schreiend löste er mühsam mit seinen klammen Fingern das vordere Tau. Sofort schwamm der Kahn am Bug auf. Er rannte nach achtern. Hier schwappte bereits Wasser in das Schiff.

„Los, schlag das Tau durch", rief er seinem Sohn zu, der gerade schlaftrunken aus der Kajüte trat. Mit einem Schlag trennte dieser die Verankerung. Sofort schoss der Kahn vorwärts. Paul konnte gerade noch das Ruder herumreißen und das Schiff in die Mitte des Stromes steuern.

„Gott sei Dank, gerade noch einmal gut gegangen", erleichtert atmete der Kahneigner auf.

Noch schneller als die Tage vorher ging es voran. Im Gegenteil, viel zu ungestüm wurden sie von der reißenden Strömung vorwärtsgetrieben. Sie mussten höllisch aufpassen, um nicht auf das nun überschwemmte Ufer aufzulaufen. Aus langjähriger Erfahrung kannte Kerbholz den Fluss genau und hielt sich immer in der Mitte.

„Vorsicht, da vorne treiben Bäume im Wasser", schrie Ferdinand seinem Vater noch zu. Aber zu spät, schon krachten sie in die große Krone einer in der Oder treibenden Ulme. Der Baum schleifte offensichtlich mit dem Geäst am Grund.

„Franziskus komm und hilf mit", forderte Paul den Jungen auf, „Schneidet die überhängenden Äste ab, damit wir nicht unter den Baum gedrückt werden."

Geschwind wurden alle Äste die oberhalb des Kahnes hinausragten abgesägt.

„Jetzt lassen wir uns mit dem Baum treiben, dann wird unsere Fahrt etwas gebremst. Ferdinand gib aber Acht, dass wir schräg hinter dem Baum bleiben. Nimm die Stange und halte einen kleinen Abstand."

Die Sonne zeigte sich am strahlend blauen Mittagshimmel, kräftig grün leuchteten die weiten Felder. Sie waren bereits an Neusalz vorbei und mussten aufpassen, in den folgenden engen Biegungen des Flusses nicht auf eine der tückischen Sandbänke aufzulaufen. Immer noch bremste der mittreibende Baum die Fahrt.

Franziskus stand am Bug und sang laut vor sich hin. Heute allerdings immer die erste Strophe des Liedes *„Es waren zwei Königskinder"*.

„... *das Wasser war viel zu tief* ...", wiederholte er dann immer wieder doppelt so laut und schrie gegen die rauschende Strömung an.

„Das regt mich jetzt aber auf", fauchte Ferdinand und rollte mit den Augen, „Immer das Gleiche."

„Ach, lass ihn", beruhigte ihn sein Vater, „er hat wahrscheinlich Angst vor dem gurgelnden Wasser. Geh jetzt nach vorne und versuche den Kahn von dem Baum zu lösen. Franziskus kann dir dabei helfen. Dann werden wir ein wenig flotter und kommen bis zum Abend nach Frankfurt."

„Franziskus schau her", er zeigte dem Jungen, wie er mit der langen Stange hantieren sollte. Mit viel Gefühl und Kraft schafften sie es, den Kahn freizubekommen.

An Krossen schossen sie regelrecht vorbei, einem Ort, den Paul Maria nicht mochte. Ging hier doch die Sage von der Schlüsseljungfrau um, einer weißen Frau, die hier ihr Unwesen treiben sollte. Jedes Jahr in der St. Thomasnacht, dem Namenstag des Apostels drei Tage vor Weihnachten, soll ihr Schloss wieder auf den drei kahlen Hügeln der Kiensberge erscheinen. Darin feiert sie mit ihren höllischen Gästen ein wüstes Gelage. Einst war sie eine mächtige und böse Herrin und zwang die Oderschiffer, ihr unentgeltlich verschiedene Dinge mitzubringen. Einmal kam ein Schiffer, der hatte das Aufgetragene vergessen und wollte eilig vorüberfahren. Da warf die Fürstin ihm mit einem zornigen Fluch ihren Schlüssel nach, sodass der Kahn in den Fluten versank. Sie verfluchte jeden Einzelnen der siebenköpfigen Besatzung. Es hieß, die Fürstin selbst kann erst ihre Erlösung finden, wenn sie einen anderen Menschen mit ihrem Schlüssel trifft. Dann würde der Fluch auf den Getroffenen übergehen. Schon viele Male soll sie dies versucht haben, aber vergebens. Alle Schiffer fahren deshalb an dieser Stelle am gegenüberliegenden Ufer vorbei. Doch da sie die Schlüssel nicht so weit über die hier sehr breite Oder werfen kann, verspricht die weiße Frau den Menschen große Schätze, um sie anzulocken. Es ist ihr bis heute nicht gelungen. Deshalb die Angst der abergläubischen Schiffer.

Ohne weitere Zwischenfälle erreichten sie am Samstagabend Frankfurt an der Oder. Zwei Tage eher, als sie errechnet hatten. Sie mussten fast an der ganzen Stadt vorüberfahren, um in den Winterhafen zu gelangen. Hier konnten sie im Schutze der Stadtbefestigung einigermaßen sicher ankern.

„Bleib mit Franziskus an Bord, ich schau, ob ich für heute noch einige Schauerleute und Fuhrwerke auftreibe. Der Bartholomäus Grottenstein wird überrascht sein, weil wir heute schon mit der Wolle ankommen."

Paul sprang vom Kahn auf den Kai und lief zur Stadt. Nach gut einer Stunde, mittlerweile war die Dämmerung aufgezogen, kam er mit den Wagen des Kaufmannes und einer großen Anzahl von Tagelöhnern zurück. Denn Grottenstein wollte die Ware so schnell wie möglich unter Dach und Fach haben.

„So, wir laden jetzt ab, sichern den Kahn und kommen dann beim Schmalheiner im Gasthaus unter. Heimschippern können wir im Moment nicht, die Strömung ist immer noch viel zu stark und es wäre ja auch nicht schlecht, wenn wir eine Ladung für die Heimfahrt bekommen würden", erklärte Paul seinem Sohn.

„Schau, da vorne sind die drei großen Oderkähne vom Jonas Hiemer, dem Juden, diesem Möchtegerngroßschiffer", Ferdinand zeigte auf die vor ihnen vertäuten Kähne.

„Ja, ich sehe sie. Sag mal, was hast du eigentlich immer gegen die Juden, die arbeiten doch genauso hart wie wir", versuchte ihn Paul zu besänftigen. „Grottensteiner hat mir erzählt, die haben bereits ihre Rückfracht geladen. Müssen aber …"

Barsch unterbrach ihn sein Sohn: „Siehst du! Genau was ich immer sage, die Juden halten zusammen."

„Hör doch auf mit deinen blöden Vorurteilen. Es spielt doch keine Rolle, ob katholisch, evangelisch oder Jude, Gott ist für alle der Gleiche. Wer halt zuerst kommt, der kriegt den Auftrag, Schluss jetzt mit dem Gerede! An die Arbeit, bevor es Nacht wird."

Das Entladen ging hier in Frankfurt wirklich zügig, denn es gab Lastkräne, große schwerfällige Holzkästen mit einer Lauftrommel darin, in denen drei bis vier Menschen Platz hatten. Die Laufburschen mussten auf Kommando laufen und drehten damit die Spindel, über die das Kranseil lief. Das Dach mit dem Kranausleger war drehbar wie bei einer Windmühle, doch zog hier ein Esel an einem Seil in die jeweilige Schwenkrichtung.

Die beiden Kerbholzer warteten nun schon seit zwei Tagen im Gasthaus. Franziskus blieb wie immer auf dem Kahn. Manchmal schlenderte er etwas in der Stadt herum, aber nicht zu weit, damit er wieder zurückfand.

Immer noch herrschte Hochwasser und es war nicht an eine Heimfahrt zu denken.

„Kapitän Kerbholz, vielleicht habe ich etwas für euch. Gestern sind einige Reisende angekommen, die nach Stettin wollen. Wären das nicht Passagiere für euch? Kommt, ich mach euch bekannt, die sitzen da drüben am Tisch", der Wirt zeigte in die hinterste Ecke der dunklen Wirtstube.

„Naja, das ist die falsche Richtung, aber vielleicht besser als hier rumsitzen", brummte Kerbholz und stand zusammen mit seinem Sohn auf. Beide nahmen ihr Bier und gingen mit dem Wirt hinüber an den großen Tisch.

„Hier werte Meister, ihr sucht doch ein Schiff, das euch nach Stettin bringt. Das hier sind der Schiffer Kerbholz und sein Sohn, vielleicht werdet ihr euch handelseinig",stellte der Wirt sie vor und zog sich in seine Küche zurück.

„Gott zum Gruße, Herr Kerbholz. Ich bin Meister Andreas Christoph Bartel, hier meine Frau Anna Maria", er deutete auf seine Frau, „und das hier ist der Maurergeselle Gerhard Mörtel mit seiner Braut. Wir suchen ein Schiff, das uns nach Stettin bringt."

„Hm, eigentlich wollten wir flussaufwärts nach Oppeln, aber wegen der starken Strömung geht das im Moment nicht. Für eine ordentliche Entlohnung wären wir bereit, euch flussabwärts nach Stettin zu bringen."

Rasch wurde man sich einig und verabredete, die Habe der Auswanderer gleich heute Abend noch zu verladen.

Am Nachmittag gesellte sich noch ein Fremder zu ihnen. Er stellte sich als Arzt Husein Mohammed Ben Sarazin aus Alexandria vor und wollte ebenfalls an den Hof von Sankt Petersburg.

Franziskus hatte zwar beim Verladen des Gepäcks mitgeholfen, sich aber in seinen Verschlag zurückgezogen, als er merkte, dass sich so viele Menschen auf dem Kahn einrichteten.

Plötzlich, es dunkelte bereits, sprang er auf. Was war das? Wer sang da sein Lied? Zögernd schlich er sich nach vorne. Am Bug stand eine in ein schwarzes Tuch gehüllte Frau, sie starrte in die Fluten und sang verträumt mit heller Stimme: *„Es waren zwei Königskinder ... "*

Franziskus fiel mit seiner klaren jungen Stimme ein.

„Das war schön, ich bin Anna Maria", lächelte ihm die Frau zu, „Und wer bist du?"

„Ich Klein Franziskus. Eldermutter Anna, Mutter Maria, Klein Jesus und Klein Franziskus", stammelte der Junge.

Anna Maria stellte ihm noch einige Fragen, bekam aber immer die gleiche Antwort, so gab sie nach kurzer Zeit auf. Später erkundigte sie sich bei Kerbholz über den seltsamen Jungen.

Am nächsten Morgen, sie wollten gerade ablegen, sprengte ein Reiter im vollen Galopp heran.

„Halt! Wartet! Wo fahrt ihr hin?", rief der Mann ihnen zu.

„Nach Stettin", rief Kerbholz zurück.

„Dann nehmt mich mit! Ich zahle jeden Preis. Ich muss so schnell wie möglich nach Königsberg."

Die beide Schiffer, Vater und Sohn Kerbholz, nickten sich zu und befestigten den Kahn erneut am Kai.

„Mein Name ist Freiherr Georgus Ferdinand von Hohenschwarthau. Ich bin ein Ritter des Deutschherrenordens und auf der Reise vom Sitz des Ordens in Mergentheim nach Königsberg", stellte sich der neue Passagier vor. „Ich bin in einer geheimen und wichtigen Mission unterwegs und deshalb trage ich nicht das Ordensgewand."

Nachdem das Gepäck, die Pferde und der Diener verladen waren, ging es endlich los Richtung Norden.

„Ich lass euch natürlich etwas nach, Meister Bartel, der Arzt und der Ritter zahlen sehr gut", flüsterte der Kapitän dem Schneidermeister auf seinen fragenden Blick zu.

12 Gloria 1736

Ein leises Rauschen drang an sein Ohr, irgendjemand flüsterte ihm etwas in einer ihm unverständlichen Sprache zu. Schwarze Nacht, er konnte seine Augen, die fürchterlich brannten, nicht öffnen. Wo war er? Was war passiert? War er tot, in der Hölle – oder im Himmel? Langsam erinnerte er sich, etwas Schweres war ihm an den Kopf geknallt und – dann wusste er nichts mehr.

Er versuchte sich zu bewegen und blinzelte, als er hörte, wie jemand auf italienisch, zwar nicht besonders gut, aber doch verständlich, rief: „Bravissimo, ihr seid endlich wach. Versteht ihr mich?", die Stimme war angenehm tief und weich. „Ich bin der Kapitän und Reeder dieses Schiffes, mein Name ist Jan Henrik Becker. Meine Leute haben euch vor etwa vier Wochen aus dem Meer gefischt."

„Was ist? Wo bin ich? Ich lebe also noch. Wo ist mein Schiff? Meine Leute?", stammelte er.

„Wir haben nur euch nach dem fürchterlichen Sturm retten können, mehr kann ich euch nicht sagen. Keine Spur von einem anderen Schiff. Ich muss jetzt auf die Brücke und schaue später wieder nach euch. Meine Tochter Gloria wird eine heiße Suppe bringen, ihr müsst wieder zu Kräften kommen."

Weiche Hände, fast wie die seiner Mutter, nahmen den Verband von seinem Gesicht. Undeutlich konnte er eine junge Frau mit lustig blitzenden grünen Augen in Seemannskleidung erkennen, unter ihrer weißen Haube spitzten vorwitzig ein paar rotblonde Löckchen hervor.

Er saß auf Deck in einem Stuhl, in den man sich fast legen konnte und die Tochter des Reeders flößte ihm geduldig Löffelchen für Löffelchen eine wohlschmeckende Hühnersuppe ein. Obwohl schon später Herbst, brannte die Sonne heiß auf der Haut, herrlichstes Wetter.

„Ich habe es ausdrücklich beim lieben Gott so bestellt", behauptete Gloria schelmisch lachend in gebrochenem Italienisch.

Tommasos Lebensgeister erwachten schlagartig.

„Bello sole! Oh mio sole!", antwortete er verschmitzt und herausfordernd.

Nach ein paar Tagen ging es ihm besser und er freute sich, als ihm der Verband nun endgültig von den Augen genommen wurde. Auch das Brennen hatte aufgehört.

„Das war von dem vielen Salzwasser. - Hier, nun kann ich dir den Brief geben, der in deiner Tasche war. Ich habe ihn getrocknet und geglättet."

Als Gloria ihm den Brief reichte, erinnerte er sich, dass Matteo ihm diesen vor der Abreise noch zugesteckt hatte.

Er breitete den verschmutzten Bogen aus und erkannte die krakelige Unterschrift seiner Mutter.

„Lieber Tommaso", las er mühsam, *„ich schreibe dir im Auftrag deiner Mutter, die dir viele Grüße sendet und dir alles Gute für deine Reise wünscht.*

Deine Mutter meint, du bist jetzt alt genug und solltest wissen, dass der Conte dein leiblicher Vater ist. Das ist auch der Grund, weshalb er dich aufs Schloss geholt hat und dir diese besondere Ausbildung ermöglicht. Bitte behalte es für dich. Deine Mutter wird dir das alles erklären, wenn du wieder einmal heimkommst.

Liebe Grüße, Sebastiano.
Unterschrift: Franca."

Wie betäubt starrte Tommaso auf den Brief. Francesco soll nicht mehr mein Vater sein? Er konnte das nicht verstehen.

„Was ist mit dir", schreckte ihn Gloria aus seinen Gedanken auf.

„Ach nichts."

„Was heißt hier nichts? Ich habe den Brief auch gelesen, das ist doch von Bedeutung für dich?"

„Ja, das erklärt Vieles!" Tommaso erzählte Gloria sein Leben.

„Dann ist diese Alessandra, zu der du in deinen Fieberträumen immer gerufen hast, deine Schwester?"

Tommaso nickte traurig: „Halbschwester!"

Alessandra – so viele Nächte hatte er von ihr geträumt, hatte es bereut, dass er sich nicht von ihr verabschiedet hatte. In seinen Träumen erklärte er ihr seine Liebe. Und nun seine Schwester - würde er sie je wiedersehen? Die letzte Erinnerung war der Streit um ein blödes Puppenspiel.

Was war nun mit seinen Sehnsüchten, seiner Liebe? Tränen liefen ihm übers Gesicht.

Gloria verstand, nahm ihn in den Arm und tröstete ihn.

Einer der Seeleute sprach seine Sprache und von ihm erfuhr er Einiges über seine Rettung: Ein Fallreep, das sich im Sturm gelöst hatte, war an Steuerbord ins Wasser gegangen - eine Art Strickleiter, die normalerweise bei Fahrt an Bord gezogen wurde. Man fand Tommaso, der daran hing und sich so mit seinen Armen darin verklammert hatte, dass sie Mühe hatten, ihn zu lösen. Wie er dahin gekommen war, blieb ein Rätsel. Doch dies hatte ihm offensichtlich das Leben gerettet. Die ersten Tage lag er, immer wieder von Fieberkrämpfen geschüttelt, mehr tot als lebendig in der Kabine des Reeders.

Jan Henrik Beckers ganzer Stolz war seine schon etwas ältere Hansekogge, ein großer Zweimaster mit Besansegel. Der Heimathafen war Greifswald, eine alte Handelsstadt der Hanse im Ostmeer, weit oben im Norden. Sie waren von Alexandria in Ägypten unterwegs zurück nach Hause. Während des großen Sturmes schipperten sie gerade zwischen Sardinien und Menorca und hatten diesen, Gott sei Dank, gerade gut überstanden.

In den nächsten Wochen danach zeigte sich das Wetter nur von seiner besten Seite. Ein ordentlicher Wind blies in die richtige Richtung. So kamen sie durch die Meerenge von Gibraltar hinaus aufs offene atlantische Meer. Nun hatten sie scharfen Nordkurs angelegt und segelten bereits weit über dem 45. Breitengrad. Bald würden sie die gefährliche Spitze der Bretagne mit der Stadt Brest passieren.

„Wenn wir weiter so gut vorankommen, werden wir ein zusätzliches Handgeld zu unserer Heuer bekommen", erklärte der erste Maat Tommaso, „Becker lässt bei guten Geschäften seinen Leuten immer etwas extra zukommen."

Auf die Frage von Tommaso, ob man ihn zurück nach Siracusa bringen könnte oder vielleicht irgendwo an Land absetzen, damit er wieder nach Hause fahren konnte, fing der Mann schallend an zu lachen.

„Wie stellst du dir das vor, wir würden mindestens sieben Wochen einbüßen und kämen dann vor dem Wintereinbruch mit den schweren Stürmen in diesem Jahr nicht mehr nach Greifswald. Ganz zu schweigen von den zusätzlichen Kosten. Wer soll das bezahlen? Wenn dein Kaufmann rechnen kann, bist du das, entschuldige, wenn ich dies so direkt sage, nicht wert." Und wieder schüttelte er sich vor Lachen.

Auch der Reeder Becker erklärte ihm später, dass dies unmöglich sei. Erstens wollten sie so schnell wie möglich heim, bevor es Winter würde. Zweitens konnten sie hier in Frankreich keinen Hafen anlaufen, im Gegenteil sie segelten einen großen Bogen, weitab von der Küste. Ihr Schiff fuhr unter schwedischer Flagge und Frankreich und Schweden standen zur Zeit im Krieg miteinander.

Seit einer geraumen Weile ging es Tommaso besser und er half bei leichteren Arbeiten mit. Sie schrubbten gerade wieder einmal das Deck, als plötzlich ein lautes Kreischen und Geschnatter über sie hinwegbrauste. Ein Schwarm verspäteter Graugänse zog nach Süden.

„Das Frühjahr hat dieses Jahr spät begonnen, deshalb sind die Wildgänse später dran als sonst", Becker zeigte nach oben, „die fliegen nach Portugal oder Spanien."

„Komisch, das Letzte was ich von Sizilien in Erinnerung habe, sind Tausende von Graugänsen." Tommaso schaute nachdenklich den großen Vögeln nach.

„Ja, diese Gänse ziehen im Winter in wärmere Gegenden. Um zu brüten, kehren sie dann wieder zurück nach Norden." Auch Becker schaute den Vögeln andächtig nach.

Mittlerweile hatte Gloria ihm schon so viel Deutsch beigebracht, dass er sich einigermaßen verständigen konnte. Besonders die Seemannslieder lernte er begierig, einige davon waren wohl sehr zweideutig, doch er sang diese trotzdem lautstark mit seiner kräftigen Tenorstimme und italienischem Akzent mit.

Ab und zu trieben die Seeleute ihren Schabernack mit ihm. Zum Beispiel, als sie versuchten ihm Plattdeutsch beizubringen, ließen sie ihn den Satz: *„Besamschoot an, dat weer Parol"*, immer wieder nachsprechen und schickten ihn damit zum Kapitän.

„Käpt´n, ich soll euch von der Mannschaft ausrichten, *Besamschoot an, dat weer Parol"*, gab Tommaso freudestrahlend dem Schiffseigner die Botschaft weiter, stolz, dass er das Plattdeutsche so schön herausgebracht hatte.

„Diese Saubande, hat die nichts Besseres zu tun, als dir so einen Unfug beizubringen!" Henrik stürmte davon.

Gloria gluckste vergnügt: „Weißt du, was du da gerade verkündet hast – ich nehme an nicht - denn das heißt, die Schiffsmannschaft fordert eine Ration Rum!" Tommaso schaute sie entgeistert an, dann dämmerte es ihm, sie hatten ihn gewaltig reingelegt und er fiel in ihr Lachen mit ein.

Oft saß er stundenlang mit dem Mädchen an Deck und sie erzählten sich gegenseitig ihre Geschichte.

„Von Kind auf fahre ich schon mit meinem Vater zur See. Meine Mutter ist bei meiner Geburt gestorben", begann Gloria zu erzählen und fuhr dann fort, „Vater war gerade wieder einmal auf irgendeinem fernen Meer unterwegs. Damals hat er sich dann geschworen, dass er mich nicht alleine lassen würde. Und so begleite ich ihn nun schon seit fast sechzehn Jahren auf allen Weltmeeren. Anfangs hatte er Schwierigkeiten eine geeignete Mannschaft zu finden. Seeleute sind sehr abergläubisch, eine Frau an Bord bedeutet Unglück. Mathilde, die kleine rundliche Frau des Kochs, war damals als Amme und Kinderfrau mit an Bord gekommen." Gloria hielt inne, kramte in ihren Gedanken.

„Das ist nun die letzte Fahrt. Ich werde den Sohn eines befreundeten Kaufmanns aus Stralsund heiraten. Unsere beiden Väter haben dies schon vor vielen Jahren so vereinbart und nun die Bedingungen und den Hochzeitstermin ausgehandelt. Noch vor Weihnachten werden wir uns das Jawort geben. Alles ist vorbereitet, wir müssen nur noch rechtzeitig zurückkommen." Sie nestelte an ihrem Hals herum und zog ein goldenes Kettchen hervor.

„Hier, schau einmal! Das kleine Bild hat der berühmte Hof- und Porträtmaler Johann Kupetzky, ein Tscheche, in Nürnberg von meinem Verlobten angefertigt." Voller Stolz zeigte sie Tommaso das kleine Medaillon.

„Ein hübscher junger Mann, meinen Glückwunsch", brummte Tommaso.

„Danke! Mein Vater will sich nun zur Ruhe setzen, zumindest will er nicht mehr zur See fahren. Seit wir schwedisch geworden sind, gehen die Geschäfte nicht mehr so gut. Die strikte Zollpolitik der Hanse funktioniert nicht mehr so wie vor dem Krieg. Auch das Hafenbecken in Greifwald versandet immer mehr und die größeren Schiffe können nur noch vor der Mündung des Ryck ankern. Von der Greifswald vorgelagerten Halbinsel Wiek kommen dann die Fischer mit ihren kleinen wendigen Booten und alles muss umgeladen und umständlich in die Stadt transportiert werden. Das ist natürlich sehr zeit- und kostenaufwendig." Gloria war nun in ihrem Element, ganz Geschäftsfrau und erklärte weiter: „Besonders im Frühjahr spült der viele Regen immer mehr Sand stromabwärts. Bereits in den Wirren des großen Krieges vor nun über hundert Jahren hat das begonnen. Aber man hatte keine Zeit und kein Geld zum Freischaufeln und so türmen sich immer mehr Untiefen und kleine Inseln auf. Anfangs hatten auch die schwedischen Besatzer kein Interesse hier Abhilfe zu schaffen. Als man die Gefahr erkannte, war es leider schon zu spät, zu sehr war die Versandung schon fortgeschritten."

Zusammen mit Gloria machte er gerade eine Bestandsaufnahme der vorhandenen Vorräte und sie kontrollierten deshalb auch die Gemüsekisten, die in einem Verschlag auf Deck standen. Auch so eine Spinnerei vom Reeder, meinten einige der Matrosen, sie hatten schon immer Dörrfleisch, Kartoffeln und Zwieback gegessen und konnten gerne auf so einen neumodischen Quatsch wie frisches Gemüse und Salat verzichten. Besonders, da hierfür das kostbare Trinkwasser zum Gießen verwendet werden musste.

Gerade als sich Tommaso über die frischen Salatblätter beugte, die hier sprossen, platschte etwas Feuchtes auf den Kopf.

„Che merda!", fluchte er erstaunt, da hatte ihm doch wahrhaftig eine Möve auf den Kopf geschissen.

Gloria feixte: „Das bringt Glück sagen die Seeleute, das bedeutet, dass Land in der Nähe ist."

„Wieso Land? Ich sehe nirgendwo etwas." Er spähte nach allen Seiten.

„Nein, noch kann man nichts sehen. Wenn noch mehr Nebel aufkommt, werden wir leider auch später kein Land sichten. Wir segeln im Moment mitten im englischen Kanal, hier gibt es auch Inseln und bei gutem Wetter kann man sogar die Küsten von England und Frankreich entdecken."

Becker hatte gemerkt, dass die Begabung des Sizilianers auf der kaufmännischen Seite lag und aus ihm nie ein Seemann werden würde. Er hatte mehrmals versucht, ihm die Grundlagen der Nautik zu erklären, aber zwecklos. Tommaso kam einfach nicht mit den Sternen, den Breiten- und Längengraden und der Sonne zurecht.

Er überprüfte lieber die Waren unter Deck, legte Listen an und addierte alles zusammen. Verdorbene Waren ließ er über Bord werfen, andere wieder umschlichten oder besser lagern.

„Tommaso, bleib bei mir in Greifswald, ich lehre dich alles, was du als guter Kaufmann wissen musst. Du besitzt ein großes Talent, du bringst es noch zu etwas. Ich will mich sowieso aus dem Geschäft zurückziehen oder zumindest kürzertreten. Du könntest einen Teil meiner Arbeit übernehmen. Es soll dein Schaden nicht sein. Nach der Lehrzeit biete ich dir einen anständigen Lohn und auch eine Gewinnbeteiligung", bot ihm Becker eines Abends an, als sie gerade im Lagerraum unter Deck die Gewürze überprüften.

Nachdem Tommaso aber mit einer Antwort zögerte, fuhr er fort: „Vielleicht ergibt sich einmal die Gelegenheit, dass uns unser Handel nach Sizilien führt. Dann kannst du ja mitreisen und bei deiner Familie vorbeischauen. Einstweilen solltest du natürlich einen Brief nach Hause schreiben, damit deine Leute wissen, dass du noch lebst.

„Au!", schrie Becker auf und hielt sich den Kopf. Er war groß und hatte sich aus Unachtsamkeit den Kopf an einen der Querspanten angestoßen. Tommaso schmunzelte, es hatte seine Vorteile klein zu sein, er hatte keine Probleme unter Deck.

Zwei Wochen vor Weihnachten liefen sie am späten Nachmittag mit vollen Segeln in den Strelasund ein. In wenigen Stunden würden sie in Stralsund vor Anker gehen. Hier würde dann Becker seine Tochter bei der Witwe Henriette von Gleisewitz abliefern. Die Gleisewitz war eine Schwester seiner jung verstorbenen Frau und hatte sich angeboten, als Brautmutter zu fungieren sowie alle notwendigen Vorbereitungen zu treffen. Becker wollte sein Schiff noch nach Greifswald bringen und dann sogleich zurückkommen, um bei der Hochzeit, die in vier Tagen stattfinden sollte, dabei zu sein.

Bereits früh am nächsten Morgen segelten sie weiter, zwischen dem Festland und der Insel Rügen hindurch in den Greifswalder Bodden. Endlich nach monatelanger Seefahrt wieder festes Land unter den Füßen. Etwas unsicher zwar, aber zufrieden lief Tommaso hinter Becker her zu dessen Haus. Ein großes weißes palastähnliches Monstrum direkt an der Brücke über den Ryck von Wieck nach Eldena, einem Vorort von Greifswald.

Als Jan Henrik sah, wie erstaunt der Junge das Haus betrachtete, meinte er: „Das ist nur mein Landhaus, in der Stadt habe ich noch einige Häuser und vor allem meine Warenspeicher. Hier kannst du einstweilen bleiben und dich ausruhen. Ich werde in etwa zwei Wochen nach der Trauung zurück sein, dann feiern wir Weihnachten. Meinem Hausdiener Joseph gebe ich die nötigen Anweisungen. - Vergiss den Brief an Zuhause nicht!"

Endlich raffte sich Tommaso auf und schrieb einen Brief an seine Eltern. Leider konnten beide nicht lesen und so adressierte er den Brief an Cecilie in der Fattoria mit der Bitte, sie solle ihn seinen Eltern zukommen lassen. Sie wussten ja nicht einmal, dass er noch lebte.

Am nächsten Morgen, der Kaufherr war gerade nach Stralsund abgereist, überbrachte ein Meldereiter einen Brief von Gloria. Die Braut bestand darauf, dass Tommaso auch zur Hochzeit mitkommen sollte.

„Nehmt das Postschiff", meinte der Hausdiener Joseph zu Tommaso, „dann geht es schneller."

Und so segelte er mit noch zwei Reisenden in einem schnittigen modernen Kutter, der einen Mast in der Mitte mit Gaffel- und Gaffeltopsegel und vor dem Mast oben ein Rahsegel hatte, sehr flott nach Stralsund, sodass er gleichzeitig mit Becker ankam.

Gemeinsam begaben sie sich vom Hafen hinauf zum Marktplatz zu einem der großen und vornehmen Backsteinhäuser, dem Haus des zukünftigen Schwiegervaters von Gloria.

Frederik van der Linde, ein spindeldürrer Jüngling, dem noch nicht einmal ein Bart spross, stand am Einfahrtstor und begrüßte den Brautvater und dessen Begleitung schüchtern.

Tommaso wunderte sich, der sah doch völlig anders aus als auf dem kleinen Bild, das ihm das Mädchen auf dem Schiff gezeigt hatte. Was hatten sich die beiden Väter nur dabei gedacht, diese zwei so unterschiedlichen Menschen zusammenzubringen! Die lebensfrohe, energische Gloria und der unscheinbare, blutleere Frederik, für ihn unvorstellbar. Aber was ging ihn das an – bekanntlich sollen sich Gegensätze ja anziehen.

Drei Tage später fand die prunkvolle Hochzeit statt. Zwei reiche Familien aus den Hansestädten, hier an der pommerischen Ostseeküste, hatten wieder einmal ihr Vermögen miteinander verbunden und so die Zukunft für noch mehr Macht und Reichtum bereitet.

Alles was Rang und Namen hatte war eingeladen worden, sogar der Generalgouverneur von Schwedisch-Pommern, Freiherr Johann August Meyerfeldt, ein Reichsrat und General des Königs von Schweden. Auch mit den Besatzern lassen sich Geschäfte machen, war stets die Devise von Kaufmann Becker.

Fisch, Fleisch, Pasteten, Käse, Obst und vieles mehr, soweit das Auge reichte, eine Hochzeitstafel, die sich unter der Last der erlesenen Speisen aus aller Welt bog.

So etwas hatte Tommaso noch nie erlebt, auch nicht beim Conte. Da waren Köstlichkeiten, von denen er noch nie etwas gehört, geschweige denn, jemals gegessen hatte, aufgetischt.

Vorsichtig wagte er sich an die verschiedensten Gerichte. Mit Amalie, der kleinen Schwester von Frederik, hatte er eine aufgeweckte, etwa zwölfjährige Tischdame bekommen, die ununterbrochen redete. Aber das hatte auch seinen Vorteil, sie erklärte ihm gerne alles, was er wissen wollte.

13 Entscheidung 1736 - 1737

Die schweren Gewitterregen jetzt im Juni anno 1736 hatten die Flüsse zum Bersten gefüllt. Wegen des Hochwassers kamen sie nur beschwerlich voran, bereits kurz vor dem Warthezufluss mussten sie ankern. Mit vereinten Kräften vertäuten sie den Kahn an einigen Weiden, die aus dem reißenden Strom ragten. Ob das bereits das Ufer war, wie ihnen der Schiffer versicherte oder es sich um Flussinseln handelte, konnten sie nicht feststellen. Wasser so weit das Auge reichte. Die Wiesen beiderseits der Oder waren überschwemmt. Viel zu gefährlich, hier einfach weiter zu fahren, meinte Kerbholz. Ein paar Tage noch, so hoffte man, der Regen hatte ja bereits aufgehört, und dann würde der Wasserstand so weit gesunken sein, dass man die Reise fortsetzen konnte.

Man hatte sich auf dem Oderkahn häuslich eingerichtet und verbrachte einen ruhigen gemütlichen Abend miteinander. Lediglich die lästigen Bremsen und Schnaken störten die Idylle. Die Viecher ließen sich weder durch das rauchende Torffeuer, das Kerbholz auf seinem Kahn abbrennen ließ, noch durch das Einreiben mit den verschiedensten Mittelchen, die jeder der Reisenden dabei hatte, vertreiben.

Besonders Franziskus traf es hart, der Junge sah aus wie ein schöner, dunkel gebackener Streuselkuchen. Anna Maria versuchte mit dem letzten Rest von Spitzwegerich, den sie noch kurz vor der Abfahrt gezupft hatte, wenigstens den größten Juckreiz zu lindern. Der sonst so auf Abstand bedachte Franziskus ließ sich dabei sogar von ihr anfassen.

Interessante Gespräche entwickelten sich. Um Glauben, Rechte und Aufklärung. Verschiedener konnte die Gesellschaft nicht sein, trafen hier doch der Mohamedaner Ben Özmur, der katholische Ordensmann von Hohenschwarthau, der einfache Katholik Kerbholz und der Evangelische Freigeist Bartel aufeinander. Alle vier Männer waren aber aufgeschlossen und achteten auch Andersdenkende, sodass hier keine Streitereien entstanden. Wohl aber heiße Diskussionen und Streitgespräche. Lediglich als sich Ferdinand Kerbholz mit Hassreden gegen das Judentum, den Islam und die Evangelischen einmischen wollte, war man sich einig, dass der junge Mann von dem Gespräch „unter Männern" ausgeschlossen wurde.

Sie fanden durchaus Gemeinsames: Christen und Muslime glauben an Gott, den die Muslime „Allah" nennen. Er alleine ist der Schöpfer des Himmels und der Erde und jedes einzelnen Menschen. Er alleine ist allmächtig und hat seine Geschichte mit den Menschen in einem Buch niederschreiben lassen. Bei den einen die Bibel und bei den anderen der Koran.

So weit war man sich einig, sogar das Judentum könnte man hier mit unter einen Hut nehmen. „Allerdings kommt dann bereits der erste Unterschied", meinte der Ordensritter, „während Christen an Jesus als den Erretter, das heißt an einen Mittler oder Brücke zu Gott glauben, gibt es beim Islam niemanden dazwischen."

„Ich benötige keine Brücke zu Gott, ich rufe Allah direkt an", ergänzte Husein. „Der Prophet Mohammed und auch alle anderen Propheten, zu denen auch Jesus Christus gehört, bezeugten die Allmächtigkeit Gottes."

„Wir sind gar nicht so weit auseinander", warf Christoph dazwischen, „Auch ich kann direkt zu Gott beten, wenn ich will. Unser Martin Luther hat ja nur gemeint, dass der Mensch beim Weg zu Gott Hilfe braucht und deshalb hat dieser seinen Sohn gesandt."

„Das ist nicht so einfach, wie wir es vielleicht verstehen, da haben sich schon viele große Gelehrte den Kopf darüber zerbrochen. Gott hat keine Kinder und es gibt nichts, was ihm gleich wäre. Jesus ist nicht Gott und darf auch nicht als Gott verehrt werden. Der Glaube an die Dreieinigkeit ist Vielgötterei und damit für uns die schlimmste Sünde, die ein Mensch tun kann", stellte Husein seinen Glauben dar.

„Das ist genau mein Problem", setzte Christoph nach, „in der Bibel steht nichts davon, dass es drei Götter gibt. Jesus bezeichnet sich, meiner Meinung nach, als Sohn Gottes, genauso, wie wir alle Söhne und Töchter Gottes sind. Weihnachten ist der Sohn Gottes in uns geboren. Das Kind in der Krippe ist nur ein unschuldiges Symbol dafür."

„Na, na, Meister Bartel, das grenzt ja selbst bei euch Evangelischen an eine Gotteslästerung!", setzte der Ordensritter schmunzelnd hinzu.

„Ach, ihr Herren, das ist für mich alles zu hoch. Ich bin ja froh, dass in letzter Zeit bei uns in der Kirche auch schon Einiges in Deutsch gebetet wird und nicht nur in Latein", seufzte Kerbholz. „Ich glaube, wir sollten uns nun auch zur Ruhe begeben, morgen können wir vielleicht dann schon weiter fahren. Gute Nacht."

Mittlerweile war es spät geworden, gurgelnd rauschte die tiefschwarze Oder dahin. Anna Maria und die beiden jungen Männer lagen längst schon auf ihren Säcken.

Rot glühend zog die Morgensonne hinter den fernen Hügeln auf. Wenn sich die letzten Nebelschwaden über dem Fluss restlos verzogen haben würden, versprach es ein herrlicher Tag zu werden. Schon etwas seltsam, als dann jeder Mitreisende auf seine Art das Morgengebet verrichtete. So viel unterschiedliche Riten und Gebete und doch zum gleichen Gott. Franziskus freute sich, endlich wieder ein Mann, der seine lateinischen Verse richtig aufsagen konnte. Gleich nach dem Gebet jedoch gesellte sich der junge Klosterbruder zu Anna Maria. „Seine „Anna Maria", meinte Franziskus immer.

Die Frau wurde ihr „Anhängsel", seit sie gemeinsam gesungen hatten, nicht mehr los. Immer wieder wollte er mit ihr singen, lief ihr wie ein treuer Hund hinterdrein. Er hatte sie eindeutig zu seiner „Herrin" auserkoren, nahm nur noch Anweisungen von ihr an.

„Ich weiß nichts mit seinen Begriffen anzufangen. Immer wieder kommt von ihm, Eldermutter Anna, Mutter Maria, Klein Jesus und Klein Franziskus", sagte sie eines Tages mal zu Ferdinand von Hohenschwarthau, „auch der Kerbholz weiß nicht, wo der Junge herkommt. Er ist halt etwas einfältig."

„Der verschlissenen Kutte nach kommt er aus einem Franziskanerkloster. Wenn er, wie Kerbholz gesagt hat, ihm bei Oppeln zugelaufen ist, so müsste er aus einem der oberschlesischen Klöster stammen. Offensichtlich aus einem der Klöster, in denen eine *Anna selbdritt* verehrt wird. Das heißt, eine Darstellung von einer Figurengruppe, die die Großmutter Anna, die Mutter Maria und Jesus darstellt."

„Dann weiß ich vielleicht, wo er herkommt", rief Ferdinand Kerbholz, der das Gespräch mitbekommen hatte, dazwischen. „Südlich von Oppeln gibt es die Wallfahrtskirche Sankt Annaberg mit einem großen Kloster. Die haben so eine Figurengruppe mit den drei Personen, wie ihr erklärt habt. Viele Wunder schreibt man denen zu."

„Seht ihr! Bestimmt kommt er von dort", meinte der Ordensritter, „vielleicht ist er dort aufgewachsen. Sein Geist ist zwar auf der Stufe eines kleinen Kindes stehen geblieben, aber er kennt die ganze lateinische Liturgie auswendig."

Endlich war der Wasserstand so weit gesunken, dass der Schiffer es wagte aufzubrechen.

„Hier nach dem Zusammenfluss von Oder und Warthe beginnt das Bruoch, was soviel wie Sumpf oder Moor bedeutet", erklärte ihnen Kerbholz.

Wie in einem großen Delta zogen sich die vielen Flussarme durch das Moor und man musste höllisch aufpassen, dass man sich nicht verfuhr.

„Aber, keine Angst, ich kenne mich hier aus", beteuerte er zuversichtlich.

Als sie am nächsten Abend auf der Höhe von Freienwalde das Nachtquartier aufgeschlagen hatten, fragte Hohenschwarthau Christoph: „Warum wollt ihr eigentlich unbedingt nach Russland? Habt ihr schon einmal daran gedacht, euch in den deutschen Ostgebieten niederzulassen? Wir vom Deutschen Orden brauchen immer wieder Siedler, Bauern und auch Handwerker, die bereit sind, das fruchtbare Land in Masuren, Preußen oder Pommern zu besiedeln."

„Oder ihr bleibt hier", mischte sich Kerbholz ins Gespräch, und zeigte in die umliegende Uferlandschaft, „der König von Preußen sucht auch Siedler und schenkt jedem Land. Er will den Oderbruch hier trocken legen, damit aus dem weiten Sumpfgebiet fruchtbares Land wird."

„Ich weiß nicht", Christoph runzelte die Stirn, „mich zieht es in die Ferne. Ich will meine Freiheit haben und nicht von irgendwelchen Fürsten abhängig sein."

„Das werdet ihr auch in Russland nicht finden",belehrte ihn Hohenschwarthau, „dort herrscht noch immer die Leibeigenschaft."

Lange noch diskutierten die Eheleute Bartel die Vor- und Nachteile der verschiedenen Ansiedlungsmöglichkeiten. Hier irgendwo sesshaft werden, noch in deutschen Landen, nicht in der Fremde in einer ungewissen Gegend mit fremder Sprache und anderer Lebensart. Anna Maria wäre gerne im Spreewald geblieben, von da könnten sie in ein paar Wochen Windsheim erreichen. Aber je weiter sie zogen, umso unwahrscheinlicher war es, an eine Heimkehr oder einen Besuch zu denken.

„Nein, und nochmals nein", Christoph wollte davon absolut nichts wissen. „Wir gehen nach Russland", entschied er stur.

Zwei Tage später erreichten sie die ehemalige Freie Hansestadt Stettin. Seit 15 Jahren gehörte nun die größte Stadt an der unteren Oder zum Königreich Preußen. Nach dem Großen Nordischen Krieg und dem Frieden von Stockholm 1720 ließ Friedrich Wilhelm die Stadt zum Bollwerk gegen Russland ausbauen. Die in den Kriegswirren beschädigten Hafenanlagen waren schöner und größer instandgesetzt worden. Hier ankerten auch Teile der königlichen Kriegsflotte.

Vor der ersten großen Brücke machte Kerbholz seinen Kahn am Ufer fest. So brauchte er nicht für die Durchfahrt zu zahlen, auch die Liegegebühren waren hier viel günstiger.

Eilig verabschiedeten sich die Reisenden von den beiden Oderschiffern, um sich im Frachtkontor der Hanse nach einer weiteren Mitfahrgelegenheit zu erkundigen.

Sie hatten Glück, in drei Tagen sollte die *Santa Clara*, ein am Mittelkai liegender Dreimastsegler, nach Königsberg auslaufen. Allerdings verlangte der Reeder einen völlig überhöhten Fahrpreis dafür. Christoph wollte sich noch einmal mit seiner Frau beratschlagen, denn ihre Reisekasse neigte sich langsam dem Ende zu.

Als er zurück zum Gasthaus *Zum Blauen Hein* ging, in dem sie untergekommen waren, wurde er von einer Gruppe zerlumpter Gestalten belästigt. Sie bettelten um eine milde Gabe, sie kämen aus Russland und wollten zurück in die Heimat.

„Hier, ich habe nur ein paar Groschen bei mir, die könnt ihr haben. Wo kommt ihr denn genau her?", erkundigte sich der Schneidermeister.

„Wir sind mit der *Santa Clara* aus Sankt Petersburg gekommen wie alle Auswanderer, die ihr Glück in Russland versucht haben. Angeworben vom Gesandten des Zaren in Leipzig, Fürst Andrewitsch von Nowgorod. Alles war nur Lug und Trug! Die Beamten des Zaren lassen sich für alles ordentlich schmieren und die feinen Herren dort herrschen uneingeschränkt. Wenn ihr nicht über genügend Geldmittel verfügt oder einen reichen Gönner habt, seid ihr machtlos", erklärte ein dicker, stark aus dem Mund riechender zahnloser Kerl. Die Männer redeten durcheinander auf den Schneidermeister ein, alle rieten ihm ab, nach Russland zu gehen.

„Wenn du nicht aufpasst, gerätst du im Handumdrehen in die Leibeigenschaft."

Ein Rotschopf zeigte auf den dicken zahnlosen Alten: „Dem ist es besonders schlecht ergangen, ihm sind alle seine Sachen gestohlen worden, und bis er sich´s versah, musste er unter Tage in einer Salzgrube schuften. Was meinst du, warum der so aus dem Maul stinkt? Alle Zähne sind ihm verfault von dem Fraß, den es da gegeben hat. Gott sei Dank konnte er sich mithilfe eines Freundes freikaufen. Du brauchst einen Fürsprecher, der dich fördert, sonst raten wir dir ab nach Russland zu ziehen. Aufmucken oder den Beamten dort widersprechen, hilft dir nichts, du bist schneller im Gefängnis, als es dir lieb ist."

„Lass es lieber sein Fremder, wir meinen es gut mit dir", stimmten die anderen mit ein.

„Aber ich habe doch ein Empfehlungsschreiben vom Fürsten Nowgorod", hakte Christoph noch einmal nach.

Laut lachten die Männer auf: „Vergiss den, der ist der Schlimmste von allen."

Nachdenklich schlich Christoph zurück zur Herberge.

Einige Erkundigungen in den nächsten Tagen bestätigten die Aussagen.

„Überall gehe ich mit dir hin, nur nicht nach Russland", lehnte sich Anna Maria auf.

Meister Bartel kamen nun selbst Zweifel, er liebte seine Freiheit und die bekam er dort offensichtlich auch nicht.

Husein Mohammed Ben Özmur riet ihm ebenfalls nochmals eindringlich ab, er war schon des Öfteren im großen Zarenreich gewesen und hatte noch nie so viel Unterdrückung erlebt wie dort.

„Ihr könnt mir schon vertrauen", meinte Ben Özmur, „auch wenn ich nicht viel geredet habe auf dem Schiff, habe ich doch eure Gespräche mitbekommen und genossen. Ihr seid ein aufrechter Mann. So ein Freigeist wie ihr gehört nicht nach Russland. Denkt doch auch an eure Frau."

Also dann doch nach Amerika, vielleicht erreichen wir noch ein Schiff, entschied Christoph. Anna Maria fiel ein Stein vom Herzen.

Nächste Woche sollte ein kleines Schiff nach Stralsund abgehen und dort würden sie vielleicht gleich Anschluss nach Bremen bekommen. Immer noch rechtzeitig, um einen der letzten großen Amerikasegler in diesem Jahr zu erreichen. Also schmiedeten die Bartels abermals andere Pläne. Sie verabschiedeten sich von Hohenschwarthau und Özmur. Winkend standen sie am Kai und sahen der *Santa Clara* nach, als die im vollen Wind ins Haff hinaussegelte.

Die Tage vergingen, leider klappte es mit der Schiffspassage nach Stralsund nun doch nicht. Auf Vermittlung von Kerbholz ergab sich glücklicherweise eine Lösung. Dessen Freund, ein Fischer, wollte mit seinem Zeesenboot - das war ein Kahn mit einem Rahsegel - am nächsten Morgen nach Greifswald. Schnell wurde man sich handelseinig und bereits in aller Frühe sollte es losgehen.

Das Problem war der Klosterjunge. Klein Franziskus ließ sich nicht abschütteln. Er wollte unbedingt bei „seiner Anna und Maria" bleiben. Sie entschieden sich schließlich, ihn mitzunehmen und vereinbarten mit Kerbholz, dass man sich schreiben würde, um weitere Informationen über Franziskus auszutauschen.

Pünktlich mit den ersten Sonnenstrahlen legte Fischer Janson ab. Immer breiter wurde die Oder, unzählige Verzweigungen und Flussarme, ein Labyrinth, in dem man sich auskennen musste.

Bereits abends erreichten sie das Stettiner Haff, ein großes Binnenmeer, für die Landratten wie die Bartels etwas unheimlich, so eine große Wasserfläche hatten sie noch nie gesehen. Man konnte das andere Ufer nicht einmal mehr erspähen. Dieses Mal wurde nachts nicht geankert wie im Fluss, sondern der Kapitän setzte Positionslichter an den Seiten und die Fahrt ging weiter durch die Nacht.

Als sich am frühen Morgen die Nebel über dem Wasser lichteten, kam die schwierigste Stelle auf ihrer Reise nach Greifswald. Das Haff mündete hier in den Peenestrom. Wie ein Schlund, der alles verschlingen wollte, strömte das Wasser nach Nordwesten. Dabei wurde eine große Menge an Geröll und Schlamm in der Engstelle abgelagert. Die Wassertiefe veränderte sich ständig, manchmal betrug sie nur wenige Fuß. Die größeren Segler mussten hier höllisch aufpassen. So manche, auch erfahrene Kapitäne, hatten hier ihr Schiff schon in den Sand gesetzt. Unberechenbar war hier der Strom. Aber mit dem kleinen flachen Zeesenboot gab es weniger Probleme.

Mittag war bereits vorüber, als sie die kleine Hafenstadt Lassan erreichten. Der Kahn hatte Fracht dabei, die hier entladen werden sollte. Außerdem wollte Janson über Nacht bleiben und einen Freund besuchen. Er beschrieb den Bartels noch den Weg zum Gasthaus und verabschiedete sich.

Christoph und Anna Maria mit Franziskus im Schlepptau gingen die Mole entlang stadteinwärts. Sie wollten sich für die Nacht ein kleines Zimmer im Gasthaus nehmen. Endlich wieder einmal in einem richtigen Bett schlafen, vor allem eins, das nicht immer schaukelte.

Am Ende der Mole war eine Schranke, hier standen drei Soldaten: „Halt! Hier ist Schweden. Zeigt eure Papiere!" Christoph hielt seine Papiere hin und zahlte den geforderten Zoll.

„Und was ist mit dem da?" Der ältere Soldat zeigte auf Franziskus.

„Der gehört zu uns, der ist uns zugelaufen", erklärte Anna Maria.

„Der braucht Papiere!"

„Der Junge hat aber keine!"

„Tut mir leid, dann darf er hier nicht an Land gehen!"

„Aber wieso, wir wollen doch nur für heute Nacht dort vorne im Gasthaus übernachten", versuchte Christoph in ruhigem Ton.

Einer der Soldaten hielt seine Muskete quer vor den Jungen und drängte ihn zurück.

„Eldermutter Anna, Mutter Maria!", schrie Franziskus auf.

„Hör auf zu schreien!", der Unteroffizier versuchte, ihn zurück in Richtung Kahn zu drängen.

Aber Franziskus schrie und tobte nur noch lauter und schlug um sich. Vor allem als er sah, dass der dritte Mann die beiden Bartels in Schach hielt und zu schießen drohte.

Plötzlich, keiner wusste später so richtig, wie es dazu gekommen war, flog der Unteroffizier in hohem Bogen kopfüber in das Hafenbecken. Verblüfft starrten alle ins Wasser und warteten, dass er wieder auftauchte.

„Was ist mit dem? Kann der nicht schwimmen?", schrie Christoph die beiden Soldaten an. Die zuckten nur mit der Achsel. Schnell entschlossen sprang Christoph hinterher. Aber auch er kam nicht mehr an die Oberfläche.

Panik erfasste Anna Maria. Als sie verzweifelt um sich sah, bemerkte sie, wie Franziskus sich nackt von der Mole ins kalte Wasser hinabgleiten ließ. Das Wasser reichte ihm nur bis zum Brustkorb. Die beiden Soldaten und Anna Maria dirigierten ihn zu der Stelle, wo er suchen sollte.

Zuerst zog er Meister Bartel heraus, der prustend nach Luft schnappte und fürchterlich hustete. Dann tauchte er nochmals unter und kam mit dem Soldaten hoch und hievte ihn auf die Mole. Leider war dem Mann nicht mehr zu helfen, er war wahrscheinlich in dem flachen Hafenbecken mit dem Kopf auf einen Stein gefallen. Sein Hinterkopf war eine einzige große matschige Wunde, aus der das Blut nur so sprudelte.

Christoph hatte mehr Glück gehabt. Er war zwar auch mit dem Kopf aufgeschlagen, war aber offensichtlich nur einen kurzen Moment bewusstlos gewesen. Als Anna Maria ihm aufhelfen wollte, kreischte er schrill auf und Blut spritzte ihr ins Gesicht. Im Bereich des Handgelenks ragte der gebrochene Unterarmknochen aus der blutigen Sehnenmasse und das Blut quoll heraus. Einer der umstehenden Fischer band ihm mit einem Strick den Oberarm ab.

Franziskus stand immer noch nackt und zitternd vor dem toten Unteroffizier.

„Böse Mann, gut so, Mann Tod", feixte der Junge, „Mausetod, mausetot, gut, gut!"

Dann fiel er auf die Knie und fing in einem seltsamen Singsang an auf Lateinisch das Vaterunser zu beten:

„Pater noster, qui es in caelis, ..."

Die schwedischen Soldaten fielen mit ein: *"... Helgat varde ditt namn, tillkomme ditt rike, ske din vilja ..."*

Anna Maria saß am Boden und hielt den Kopf ihres Mannes auf dem Schoß.

„Gleich kommt der Doktor", rief ihr ein Junge zu.

Sie blickte kurz auf und betete dann gemeinsam mit den umstehenden Menschen weiter: *„... Und vergib uns unsere Schuld, wie auch wir vergeben unseren Schuldigern. Und führe uns nicht in Versuchung, sondern erlöse uns von dem Übel."*

Heilsame Einigkeit im Gebet.

Endlich kamen der Doktor und die von dem Unglück benachrichtigte Frau des schwedischen Unteroffiziers.

Still beugte sich die junge Frau über ihren toten Mann, Tränen liefen über ihr Gesicht, schluchzend schloss sie seine gebrochenen Augen und küsste ihn auf den Mund. Noch nicht einmal ein halbes Jahr verheiratet und schon Witwe.

Gemeinsam mit einigen Fischern trug man den verletzten Bartel ins nahegelegene Gasthaus. Eine kleine enge Kammer konnte Anna Maria mieten, alles andere war belegt.

Die Schweden blieben noch am Hafen und untersuchten gemeinsam mit dem herbeigerufenen Stadtbüttel das Geschehen. Der wollte anfangs den Jungen verhaften und in den Kerker werfen, aber man erkannte, dass es sich bei ihm um einen „Idioten" handelte und so ließ man ihn mit ins Gasthaus ziehen. Klein Franziskus durfte in der Scheune schlafen. Sie mussten allerdings auf jeden Fall in der Stadt bleiben.

Später kam man zu der Überzeugung, dass eine Verkettung unglücklicher Umstände zum Tod des schwedischen Unteroffiziers geführt hat. Auch der am nächsten Tag herbeigerufene Untersuchungsoffizier kam zum gleichen Ergebnis.

Anna Maria erwachte von den ersten Sonnenstrahlen, die ins Zimmer schienen. Es war einer jener herrlichen Sonnenaufgänge, die über dem Morgendunst der *Großen Heide* weit hinten die Wipfel der Bäume auf der Insel Usedom vom tiefen Rot über Orange bis zum leuchtenden Gelb verfärbten.

Das erste Mal seit dem Unfall hatte sie durchgeschlafen. Ihr Mann fieberte und hustete nun schon seit Wochen vor sich hin. Keine Besserung in Sicht. Ganz im Gegenteil, die Wunde wollte einfach nicht heilen, und die Befürchtungen des Doktors bestätigten sich immer mehr. Seit zwei Tagen hatte der Wundbrand eingesetzt und der Unterarm sowie die Hand wurden schon schwarz und fingen an zu stinken.

Christoph hustete und schüttelte sich im Schlaf, Anna Maria legte ihm die Hand auf die Stirn. Die war glühend heiß

– hohes Fieber wütete in ihm. Sie musste gleich in der Frühe den Franziskus zum Doktor Schmeckenbecher schicken.

Vier Wochen waren sie nun hier in Lassan, einer kleinen Stadt am Peenestrom, der aus dem Stettiner Haff zwischen dem pommerischen Festland und der Insel Usedom in die Ostsee floss. Eigentlich war es keine richtige Stadt, nur zwei Gassen, die sich vom Hafen bis zum Hügel mit der großen Backsteinkirche hinzogen. Gleich dahinter der Friedhof, danach das mächtige Stadttor. Beiderseits der teilweise gepflasterten Gassen gab es schmucke, größtenteils eingeschossige Häuser. Ein gewisser Wohlstand, zumindest in der vergangenen Zeit, ließ sich hier vermuten. Umsäumt war die Ansiedlung mit einer Stadtmauer.

Anfangs wohnten sie im kleinen Gasthaus gleich ein paar Häuser vom Hafen entfernt.
Dann vor zwei Wochen, als Anna Maria vor dem Gasthaus auf einer Bank in der Sonne saß, kam eine junge Frau in Trauerkleidung auf sie zu. Sie lüftete ihren Schleier und sprach sie schüchtern an: „Gut´n Abend, ich bin Freia, die Frau von Lars Asmundson, dem Soldaten, den ihr Mann aus dem Wasser retten wollte."
„Oh, es tut mir so leid. Mein herzliches Beileid – das hätte nicht passieren dürfen, wir haben das nicht gewollt", stammelte die Windsheimerin.
Freia setzte sich auch auf die Bank und plötzlich fingen beide Frauen an zu weinen. Anna Maria nahm die junge Frau tröstend in die Arme.

„Euer Mitgefühl tut mir gut, aber eigentlich komme ich wegen etwas ganz anderem. Ich habe erfahren, wie krank euer Mann ist, er war so hilfsbereit und so habe ich mir gedacht, weil ich nun alleine bin und ihr doch eine Unterkunft braucht, ihr könntet zu mir kommen. Ich wohne am Ostrand der Stadt in einem kleinen Haus, dass Lars und ich uns neu eingerichtet haben."

Die Bartels zogen am nächsten Morgen bei Freia Asmundson ein. Eine frisch hergerichtete Kammer im Dachgeschoss stellte die Asmundson den Bartels zur Verfügung. Franziskus bekam einen Verschlag oberhalb des Hühnerstalles zugewiesen.

Für beide Frauen eine gute Lösung. Freia verdiente sich etwas dazu und Anna Maria konnte sich die teuere Unterkunft im Gasthaus sparen. Viele Leute schüttelten die Köpfe. Schon etwas seltsam die Freia, erst heiratet sie diesen Schweden und nun nimmt sie noch die Leute, die für dessen Tod verantwortlich sind, in ihr Haus auf. Nur der Diakon Hartwig lobte sie in der letzten Sonntagspredigt für so viel Nächstenliebe, die sie den Fremden entgegen brachte.

Trotz aufopfernder Pflege wollte sich immer noch keine Besserung bei Christoph einstellen, die Glieder faulten und stanken fürchterlich.

„Frau Bartel, es tut mir leid, aber ich muss amputieren. Ihr Mann stirb sonst an dem Wundbrand", bedrückt teilte Schmeckenbecher Anna Maria das Untersuchungsergebnis mit.

„Gibt es keine andere Möglichkeit? Was soll dann aus uns werden? Mein Mann ist ein Schneider und da braucht er beide Hände zum Arbeiten!", flüsterte Anna Maria entsetzt.

„Er muss halt was anderes machen. Immer noch besser, er überlebt mit einem Arm, bevor er mit zwei Armen stirbt", stellte der Doktor lakonisch fest.

Ergeben nickte Anna Maria und stimmte schweren Herzens zu. Am Abend wollte der Doktor wiederkommen und sein Werkzeug mitbringen. Beide Frauen sollten ihm bei der Amputation helfen.

Der Abend senkte sich über das Land. Stille breitete sich aus, eine unheimliche Stille. Selbst die Graugänse über dem Moor gaben Ruhe. Weit in der Ferne bellte noch ein Hund. Die Hitze des Tages wollte einfach noch nicht weichen und strahlte von der Hauswand zurück. Über dem Peenestrom zog der Dunst herauf.

Anna Maria saß auf einer kleinen wackeligen Bank vor dem Haus. Was sollte aus ihnen werden? Wie sollte es weitergehen? Christoph wurden vor drei Tagen die Hand und der Unterarm abgenommen. Bis jetzt war er noch nicht aus seinem Dämmerschlaf erwacht. Die Schneidersfrau war am Ende ihrer Kräfte. Die junge Witwe Freia gab ihr im Moment viel Kraft. Trotz ihrer Jugend und ihres Leides, das sie in ihrem kurzen Leben schon erfahren hatte, nahm die junge Frau ihre Zuversicht aus einem tiefen Glauben. Wir werden das mit Gottes Hilfe schon schaffen, meinte sie immer zu der Windsheimerin. Freia sei wie ihre Tochter Lena, meinte Frau

Bartel einmal zu ihr. Gemeinsam führten sie nun den Haushalt. Für alles Schwere half ihnen Klein Franziskus.

Für ihn ging das Leben wie immer weiter. Offensichtlich hatte er das Unglück bereits vergessen, es betrübte ihn nur, dass seine Anna Maria immer so traurig war.

Zwei Wochen später, der August 1736 neigte sich dem Ende zu, erwachte der Schneidermeister aus seinem Fieberschlaf. Anfangs begriff er nicht ganz, sein Arm und seine Hand schmerzten fürchterlich. Erst allmählich dämmerte es ihm, dass beides nicht mehr da war.

„Was soll ich noch auf dieser Welt, ich bin doch zu nichts mehr nutze! Warum habt ihr mich nicht sterben lassen?", schrie er immer wieder verzweifelt.

Oft saß er im Garten hinterm Haus, starrte vor sich hin und grübelte. Was sollte er nur anfangen? Wie konnte es weitergehen? Nach Amerika brauchte er mit einem Arm nicht mehr auszuwandern.

Durch die aufopfernde Pflege der beiden Frauen und die ermunternden Worte von Anna Maria, er solle erst einmal ganz gesund werden, dann würde sich schon etwas finden, schaffte er es langsam wieder zurück ins Leben.

Im September kam Ole Herrenson, ein ehemaliger Kamerad von Lars und brachte eine Lederbandage mit einem Haken daran.

„Hier zieht das über euren Armstumpf, lasst es euch von eurer Frau festzurren. Vielleicht kann das mit einiger Übung wenigstens teilweise eure Hand ersetzen."

Angewidert starrte der Meister das Teil an, aber nach vielem guten Zureden probierte er es dann doch. Bereits nach zwei Wochen hatte er so viel Fertigkeit erreicht, dass er kleinere Handgriffe im Garten ausführen konnte. Endlich fasste er wieder neuen Mut.

Er ging jetzt sogar abends ins Wirtshaus. Man empfing ihn nicht gerade mit offenen Armen, aber zumindest grüßten ihn die Lassaner. Sie gaben den Fremden die Schuld am Tod des Soldaten. Allerdings war es ja bloß ein Schwede gewesen.

Christoph gewöhnte sich an das Leben hier, er konnte sich vorstellen, hier zu bleiben. Wenn er sich im Gasthaus wie früher schon über die Ungerechtigkeiten auf der Welt aufregte - er konnte es immer noch nicht lassen - dann wusste er nicht, hörten sie ihm zu oder verstanden sie ihn nicht. Meist nickten sie freundlich: „Jo, jo, det is so - Na denn man Proost!"

Eines Tages nach dem Mittagessen erschien die Frau des Diakons im Hause Asmundson und erklärte, dass ihr ja alles so leid tue. Gerne würde sie die beiden Frauen einmal zum allseits beliebten Sonntagsnachmittagstee zu sich einladen.

Allmählich normalisierte sich das Leben. Nur mit der Näherei klappte es nicht so richtig, immer wieder rutschte Bartel die Nadel aus der linken Hand. Er war einfach Rechtshänder. Wie bei einem kleinen Kind sahen seine Stiche aus. Anna Maria ermunterte ihn, er solle nur fleißig üben, dann ginge das bald besser. Insgeheim hatte sie allerdings ihre Bedenken, ihrem Mann fehlte einfach der Antrieb, aber sie gab die Hoffnung nicht auf.

Die Reisekasse neigte sich dem Ende zu, Christoph ließ seine Frau an den Juden Wiesenhaid in Bremen schreiben. Dieser hatte ja einen großen Teil ihres Geldes für die Amerika-Überfahrt und den Neuanfang in der Neuen Welt in Verwahrung. Sie schilderte in ihrem Brief die Strandung in Lassan und bat, die Gelder an eine vertrauenswürdige Person seiner Wahl in ihrer Nähe zu senden.

Der Schneidermeister konnte sich zwar noch nicht entscheiden, wie es weiter gehen sollte, aber dass er nicht nach Amerika und Russland wollte, wusste er nun sicher. Sollten sie sich hier ansiedeln? Aber es gab kein geeignetes Auskommen. Ehrlich gesagt, meinte er zu seiner Frau, so richtig komme er mit diesen Einheimischen nicht zurecht. Dass dies vielleicht an ihm liegen könnte, kam dem Meister überhaupt nicht ihn den Sinn. Auch hier wollte keiner etwas von seiner Gleichheit und Brüderlichkeit hören. Hauptsache man hatte Arbeit und genug zum Leben. Die Freiheit der Gedanken war den Meisten egal, zu Hause konnte man denken, was man wollte, die Obrigkeit war doch weit genug weg.

Ende Februar 1737, das letzte Eis war dieses Jahr schon früh geschmolzen, kam ein kleiner Schoner aus Greifswald angesegelt. Ein gepflegt gekleideter junger Ausländer fragte nach dem Windsheimer Schneiderehepaar. Man wies ihm den Weg zu dem kleinen Haus am Ortsrand.

Er klopfte an der Tür und eine junge hübsche Frau im blauen Arbeitskleid öffnete.

„Guten Abend, entschuldigen Sie die Störung, mein Name ist Tommaso Casserino, könnte ich bitte mit dem Hausherrn sprechen?"

„Wieso? – Hier gibt es keinen Hausherrn."

„Aber? – Dann vielleicht die Hausfrau?"

„Das bin ich", fragend schaute ihn Freia an.

„Hm, aber ich soll – ich weiß nicht, bin ich vielleicht falsch?"

„Wenn sucht ihr denn?", lächelte ihn die junge Frau an.

„Ich suche Meister Bartel oder seine Frau."

„Warum sagt ihr das nicht gleich, stattdessen redet ihr um den heißen Brei herum. – Moment, ich hole den Meister."

Schmunzelnd schaute sie ihn an und ging hinein. Tommaso zuckte zusammen, was war das, die hatte ihn gerade angeschaut wie Alessandra, genauso spitzbübisch.

„Ja was gibt es, was wollt ihr von mir?", fragte Bartel.

„Seid ihr Christoph Bartel? Ich komme im Auftrag des Kaufmanns Jan Henrik Becker. Dieser hat von Salemon Wiesenhaid aus Bremen eine Anweisung mit eurem Geld erhalten. Etwas habe ich dabei und soll es euch übergeben."

„Das ist eine gute Nachricht, da freut sich meine Frau, denn langsam gehen uns die Mittel aus", begeisterte sich Christoph. „Aber kommt doch erst einmal herein."

Gemeinsam betraten sie die Küche.

„Anna Maria, darf ich dir Herrn Casserino vorstellen, er ist der Geldbote vom Wiesenhaid."

„Ach, das ist schön, guten Abend, seid herzlich willkommen. Nehmt doch bitte gleich Platz und esst mit uns zu Abend", begrüßte ihn Anna Maria und wies einladend auf den bereits gedeckten Tisch.

„Danke gerne, sehr freundlich von ihnen Frau Bartel."

Es wurde ein unterhaltsamer und gemütlicher Abend. Spät in der Nacht, als Tommaso aufbrechen wollte, um auf sein Schiff zu gehen, meinte Freia, das sei jetzt nicht nötig und bereitete ihm in der Küche eine Schlafstätte.

Wiesenhaid hatte zwar das gesamte Vermögen der Bartels an Jan Becker angewiesen, aber dieser hatte es für besser gehalten, erst einmal einen kleinen Teil durch den Boten Cassarino zu senden. Man konnte ja nie wissen, ob alles mit rechten Dingen zuging, in der heutigen unruhigen Zeit, ließ er ausrichten. Bei Bedarf könnten sie aber jederzeit weitere Mittel erhalten. Allerdings war die Summe nicht mehr so groß, wie Christoph gerechnet hatte, aber für die Reise zurück nach Windsheim würde es gerade noch reichen.

Am nächsten Morgen verließ sie der junge Händler eilig, da er bis zum Abend in Stettin sein musste. Er versprach aber, auf der Rückfahrt nochmals bei ihnen vorbeizukommen.

Bereits vier Tage später erschien Tommaso erneut und verbrachte den ganzen Nachmittag und Abend bei ihnen. Als die Bartels zu Bett gingen, meinte der Meister:

„Was soll das! Ich habe das Gefühl, irgendetwas stimmt mit dem nicht. Warum lungert der bei uns herum. Nicht dass ich etwas gegen ihn habe, seine Geschichten sind ja ganz interessant. Aber hat der nichts Besseres zu tun?"

„Ja Mann! Hast du denn keine Augen im Kopf? Ist dir nicht aufgefallen, wie er die Freia immer anguckt", erheiterte sich seine Frau.

„Ach so, meinst du? Mir ist nichts aufgefallen. Aber die ist doch zwei Köpfe größer als er. Ich weiß nicht, die passen doch nicht zusammen."

„Ach Christoph sei doch nicht immer so pessimistisch! Schlaf jetzt – gute Nacht!"

„Gute Nacht!" Bartel drehte sich um und schlief sofort ein. Am nächsten Morgen, als er in die Küche kam, fing seine Frau aus vollem Halse zu lachen an: „Wie siehst du denn aus?" Und wieder lachte sie.

„Wieso?"

„Na, dein Gesicht ist übersät mit roten Punkten."

Er besah sich in der geschwärzten Glasscheibe, die als Spiegel diente und erschrak. Offensichtlich hatten sie Wanzen, Flöhe oder etwas Ähnliches im Bett.

„Wir sollten das Stroh wechseln. Nur seltsam, dass es nicht juckt, aber vielleicht liegt das an dem Restalkohol", meinte er schmunzelnd zu seiner Frau.

Gemeinsam untersuchten sie die Betten, fanden aber nichts. Freia brachte ihnen ein altes Hausmittel, einen schleimigen Brei vom Fliegenpilz, dies sollten sie auf alle Teile der Bettgestelle streichen. Vorsorglich wechselten sie auch noch die Strohsäcke. Ein fürchterlicher Gestank breitete sich nun aus, alles Durchlüften half nichts. Sie sollten diese Prozedur noch mehrmals wiederholen, wenn sie wieder ruhig schlafen wollten, meinte Freia.

Einige Wochen später kam Tommaso Casserino wiederum bei ihnen vorbei. Es sollte nicht der letzte Besuch gewesen sein. Jedes Mal brachte er für Freia kleine Geschenke mit, er hatte sich offensichtlich in sie verliebt. Bald erwiderte auch Freia seine Gefühle, war aber sehr hin und her gerissen.

„Das geht doch nicht, ich glaube, das ist nicht richtig", klagte sie bei Anna Maria. „Mein Mann ist doch erst ein paar Monate tot. Das Witwenjahr ist noch nicht um. Ich darf mich doch noch nicht neu verlieben."

„Gegen die Liebe ist kein Kraut gewachsen, da kann man halt nichts machen", liebevoll lächelnd nahm Anna Maria Freia in die Arme.

Mittlerweile hatten sich die Bartels eine kleine Existenz geschaffen. Mithilfe Casserinos und dessen Handelsherren Becker betrieben die Bartels einen Stoffhandel. Davon verstand der Schneidermeister ja etwas. Sie kauften Schafswolle, einfache Wollstoffe aus Usedom und dem schwedisch-pommerischen Hinterland auf und lieferten dies an Jan Becker nach Greifswald. Im Gegenzug brachte Tommaso höherwertige Stoffe mit, die sie an die Stadtbevölkerung verkauften. Ein Vermögen war dabei nicht zu verdienen, aber sie konnten davon leben.

Die Zeit verging. Das Jahr neigte sich dem Ende zu. Morgen war der erste Advent. Allerdings gab es hier ein kleines Problem. In der rein evangelischen Stadt war es für den katholischen Tommaso unmöglich, mit in den Gottesdienst zu gehen. Und so blieb Christoph mit dem Sizilianer in der Küche sitzen. Sie unterhielten sich über Gott und die

Welt, sinnierten darüber nach, was das neue Jahr 1738 ihnen bringen würde. Dabei prosteten sie sich kräftig mit heißem Grog zu. Als die Frauen aus der Kirche zurückkamen, waren beide Herren wohlgelaunt und die Standpauke der Frauen, sich schon am Morgen zu betrinken, berührte sie überhaupt nicht.

Nachdem Tommaso am Nachmittag wieder nach Greifswald zurücksegeln musste, sollte es noch ein gutes Mittagsessen geben. Pommerische Quiche, ein Gericht aus Nudelteig gefüllt mit Wirsing, Zwiebeln, Schinken und verschiedenen Gewürzen. Das war das Lieblingsgericht des Sizilianers, es erinnerte ihn doch sehr an die einfache Pizza, die seine Mutter immer gebacken hatte.

Nach dem Essen setzten sich die beiden jungen Leute vor die Haustür auf die Bank, um die paar Sonnenstrahlen trotz des eisigen Windes zu genießen. Als Christoph ebenfalls hinaus wollte, hielt ihn seine Frau zurück.

„Lass die beiden doch einmal alleine!", tadelte ihn Anna Maria.

Missmutig brummend fügte er sich.

Vom Hafen her kamen die lange Gasse zwei Männer herauf und gingen auf Freia und Tommaso zu.

„Signore Casserino? - Tommaso Casserino?", fragte der hagerere der beiden.

„Si, si, Signori. Si desidera, si prega di?", fragte Tommaso zurück und erhob sich von der Bank.

„Molto buona! Tanti saluti da Conte Paolo de Cardinali", der Kräftigere reichte ihm die Hand.

Wie ein schlappes Stück Fleisch, dachte Tommaso. Der Mann murmelte etwas, dass wie *Santa Maria* klang, und stach zu.

Freia sprang hoch und schrie entsetzt auf, der zweite Mann packte sie grob und stieß sie auf die Bank zurück. Tommaso schaute mit weit aufgerissenen Augen ungläubig auf den Angreifer und sackte zusammen.

Wie ein Spuk waren die Mordbuben wieder verschwunden, bis die junge Frau laut um Hilfe rufen konnte. Anna Maria hörte die verzweifelten Rufe und stürzte aus dem Haus. Sie überblickte sofort das Geschehen und befahl Christoph, der hinter ihr her gerannt kam: „Schnell, lauf und hol den Doktor!"

Die beiden Angreifer hatten allerdings nicht mit Klein Franziskus gerechnet, dieser hatte die Tat durch das Stallfenster beobachtet. Und wenn es um *seine Familie* ging, kannte der Junge keine Gnade. Er griff sich eine Holzlatte und verfolgte die beiden Italiener bis zum Hafen, dort schlug er auf sie ein.

Der Kleinere flog dabei ins Hafenbecken und ging sofort unter. Den Anderen drückte der Junge auf die Mole nieder und schlug weiter auf ihn ein. Entgeistert hatte der vor der Hafenkneipe sitzende Stadtbüttel das Ganze beobachtet und kam nun angekeucht. Er riss Franziskus von dem am Boden liegenden zurück. Der Mörder sah keinen Ausweg mehr, sprang auf und stieß sich das blutige Messer, dass er noch in seiner Hand hielt, in die Brust.

Wie sich herausstellte, hatte Tommaso Glück gehabt. Er hatte, wie immer um sich gegen Diebe und Beutelschneider zu schützen, seinen Geldbeutel verborgen unter dem Hemd vor der Brust hängen. So hatte das Messer nicht sein Herz, sondern nur seine Dukaten getroffen, war dabei abgerutscht und seitlich zwischen die Rippen gefahren. Der Doktor meinte, es sei keine sehr tiefe und lebensbedrohliche Wunde.

Freia ließ ihm keine Ruhe: „Warum versucht dich jemand umzubringen? Was hast du getan?"

Daraufhin erzählte ihr Tommaso, er hatte vor einiger Zeit seiner Mutter einen Brief geschrieben: „Ich hatte ihr mitgeteilt, dass ich das Schiffsunglück überlebt habe und nicht mehr zurück nach Sizilien in die Abhängigkeit des Conte kommen würde. Hier an der Ostsee habe ich meine Freiheit und mein Glück gefunden. Irgendwie hat der Conte davon erfahren und mir vor über einem halben Jahr den Befehl zukommen lassen, so schnell wie möglich zurückzukehren. Ich will aber nicht zurück!"

Freia unterbrach ihn: „Aber was hat das Eine mit dem Anderen zu tun?"

„Meine Weigerung bedeutet für den Patrone eine Ehrverletzung und dies zieht die Vendetta, die Blutrache nach sich, um die Familienehre wieder herzustellen."

„Du glaubst also, die Männer sind vom Conte geschickt worden?", sie schaute ihn entsetzt an.

„Ja, da bin ich mir sicher, der Angreifer der zugestochen hat, richtete mir vorher noch einen Gruß vom Conte aus. Es kann zwar Monate dauern, bis der Cardinali in Sizilien erfahren wird, dass ich überlebt habe, aber er wird bestimmt wieder Mörder schicken."

„Ehrverlust! So ein Unsinn, deswegen lässt man doch nicht gleich jemanden umbringen."

„Das verstehst du nicht, bei uns in Sizilien ist das etwas anderes."

„Dann erklär´s mir doch!" Ungeduldig stampfte die junge Frau mit dem Fuß auf den Boden.

„Es geht wirklich um die Ehre der Familie. Ich bin der Bastard vom Conte. Der Patrone hatte nach der Hochzeit meiner Mutter das Recht der ersten Nacht gefordert …", Tommaso erzählte Freia seine Geschichte.

„In Sizilien muss man gegenüber dem Vater und dem Patrone absolut gehorsam sein, in meinem Fall ist dann der Conte beides zusammen. Es wird kein Widerspruch geduldet! Mein Ungehorsam wurde vom Conte nicht akzeptiert, deshalb kam die Aufforderung, umgehend zurückzukehren. Als ich nicht darauf reagierte, suchte mich vor etwa fünf Wochen ein Herr in Greifswald auf, er überbrachte mir ein kleines Paket vom Conte, in dem ein blutiges Messer lag. Sonst nichts. Eine eindeutige Morddrohung! Ich bin dann gleich abgereist, dachte hier in Lassan bin ich sicher, leider ein Irrtum."

Freia war wie vom Donner gerührt: „Wir müssen sofort weg hier!"

Tommaso resignierte: „Das nutzt nichts, die finden mich überall, es ist nur eine Frage der Zeit. Das Beste ist, ich gehe zurück."

„Kommt gar nicht infrage, wir finden eine Lösung!" Kampfbereit warf die junge Frau ihren Kopf in den Nacken, dass das lange blonde Haar nur so flog.

In ihrer Verzweiflung wandte sich Freia an den Diakon Hartwig und schilderte ihm die Situation. Er versprach bereitwillig ihnen zu helfen, soweit es in seiner Macht stünde.

Das Jahr wechselte unspektakulär -Regenwetter - warm für die Jahreszeit. Eines Tages in den ersten schönen Märztagen bat der Diakon Freia und Tommaso zu sich. Dort im Garten erwartete sie bereits der Bürgermeister und der Stadtbüttel.

„Ich habe eine Idee entwickelt und auch bereits mit der Kommandantur abgeklärt. Die zwei Kerle, die Tommaso umbringen wollten, sind doch namenlos verscharrt worden. Wie wäre es, wenn wir sie ordentlich bestatten würden, zumindest auf dem Papier und auf eines der Gräber kommt ein Holzkreuz mit dem Namen von Tommaso?", schlug der Bürgermeister vor. „Ich schreibe dann einen Brief nach Sizilien, in dem ich mitteile, dass du leider hier von Mörderhand umgebracht worden bist."

„Na, ich weiß nicht. Wenn das rauskommt - mit dem Conte ist nicht gut Kirschen essen, dann schickt der wieder gedungene Mörder."

„Das kriegt keiner mit, wir halten hier schon zusammen. Später, wenn Gras über die Sache gewachsen ist, kannst du immer noch ein Zeichen nach Hause senden." Der Diakon Hartwig ermunterte die jungen Leute dem zuzustimmen.

Und so wurde Tommaso offiziell beerdigt. Der Bürgermeister stellte dem Sizilianer neue Papiere aus. Aus ihm wurde nun Tommaso di Lassano aus Firenze. Bei so einem vornehm klingenden Namen schöpft niemand Verdacht, meinte Bürgermeister Sarren schmunzelnd.

14   Lena   1736

Herbst 1736 - das Bücken fiel ihr nun schon schwer. Magdalena Knörr stand mit beiden Händen den Bauch haltend am Feldrain. Ihr erstes Kind sollte nun bald kommen. Sie war im Moment gerne alleine, mit ihrem Bauch, der kugelrund wegstand, soweit, dass sie nicht einmal mehr ihre Fußspitzen sehen konnte. Irgendwann platzt der einmal, meinte sie scherzhaft zu ihrem Mann.

Zusammen mit ihrer Magd Christina war sie zum Ernten auf die Krautfelder östlich vor der Stadt Windsheim gegangen. Christina war die Tochter des italienischen Stuckateurs De Pacino, der seit über 30 Jahren im Baugeschäft des Meisters Krauß arbeitete, zuerst beim alten, nun beim jungen Meister. Nachdem die Bartels Windsheim verlassen hatten, wechselte sie in den Haushalt der Knörrs und wurde immer mehr zu einer Freundin für die junge Knörrin. Natürlich mit dem nötigen Abstand und Respekt, schließlich gehörten sie unterschiedlichen Ständen an, Lena die Frau eines Patriziers und Christina, die Tochter eines einfachen Handwerkers.

Erich, der zwölfjährige Sohn der Nachbarn, kam aus der Stadt mit dem Handwagen getrottet. Er half ihnen und hatte bereits mehrere Fuhren Krautköpfe heim gefahren. Die Hauptlast der Arbeit lag natürlich bei Christina und Erich.

„Das bisschen, was die tut, das hätten wir auch alleine geschafft", flüsterte Erich leise hinter vorgehaltener Hand Christina zu, als die Knörrin sich wieder einmal an einen Baum lehnte und ausruhte.

„Pst, sei still und mach weiter", wies ihn die junge Magd zurecht.

„Nun beeil dich doch, wir haben nicht den ganzen Tag Zeit", kommandierte Lena. Gemeinsam beluden sie die nächste Fuhre, es sollte die letzte für heute sein. Jetzt im Herbst ernteten sie wie die anderen Bürger und Handwerker aus der Stadt ihr Weiß- und Rotkraut. Gerne legte Lena bei solchen Arbeiten im Freien mit Hand an, brachte es doch etwas Abwechslung in den sonst so eintönigen Alltag.

In großen Fässern, zuerst fein gehobelt, wurde das Kraut für den Winter haltbar gemacht. Eine harte Arbeit, die von ein paar Tagelöhnern verrichtet wurde. Früher als junges Mädchen musste sie da fest mit zupacken. Ihre Eltern konnten sich dafür keine Knechte und Mägde leisten. Alle Familienmitglieder, einige Nachbarn und die paar Dienstboten, die sie hatten, halfen dabei mit. Es war aber auch irgendwie lustig. Gemeinsam schufteten sie im Hof und es wurde viel dabei gelacht und gesungen. Die Männer hobelten und die Frauen schichteten das Kraut lagenweise in die Fässer. Die jungen Mädchen stiegen dann in die Fässer und stampften das Kraut mit den nackten Füßen fest.

Damals hatte sie sich oft gewundert, warum gerade die jungen Mädchen immer diese Arbeit bekamen. Heute wusste sie warum; um nicht die Kleidung zu verschmutzen, hoben sie ihre Röcke bis zu den Hüften hoch und dabei konnten die Männer natürlich ihre nackten Beine bewundern, wenn nicht sogar manchmal noch mehr sehen. Das waren aber immer fröhliche Tage, besonders, wenn dann gegen Abend der offensichtlich immer dazu notwendige Zwetschgenschnaps seine Wirkung zeigte. Später dann im Winter schmeckte das eingelegte Kraut - das Sauerkraut - vorzüglich zu Bratwürsten, Geselchtem oder einfach nur roh besonders gut.

Sie waren fast fertig mit ihrer Arbeit und wollten heim, als sie sahen, wie sich wilde Hunde vor der Stadtmauer um etwas stritten. Ein Gekläffe und Gebell, dass es einem richtig Angst und Bange wurde.

„Erich, jag die Meute auseinander!", befahl Lena dem Jungen. Der ließ den Handwagen los und rannte mit einer Mistgabel bewaffnet auf die Hundemeute zu. Nur durch Schlagen und Stechen ließen sie widerwillig von ihrer Beute ab und er konnte sie vertreiben. Neugierig geworden ging Lena zum Fuß der Mauer und erschrak.

„Oh nein", stöhnte sie.

Aufgeschreckt rannten Christina und Erich zu ihr. Auch sie erschauderten, abscheulich, was sie da sahen. Die Hunde hatten mehrere Leichen halbverwester Säuglinge freigescharrt. Bestialischer Gestank, wie beim Gerber, breitete sich aus.

„Erich, lauf in die Stadt und hol den Büttel", befahl Lena, bevor sie sich übergeben musste. Immer wieder würgte es sie. Christina führte sie zurück zum Wagen und setzte sie dahinter in den Schatten. Sie zog die Wasserflasche aus dem Korb, gab ihrer Herrin zu trinken und wusch ihr das Gesicht ab.

„Lena, bitte reg dich nicht auf! Denk an das Kind!", versuchte sie die Schwangere zu beruhigen.

„Christina bitte hilf mir, ich muss dort unter den Baum, da ist mehr Schatten. Ich glaube, das Kind kommt. Aaah! Es geht los! Schnell hol die Hebamme!", stöhnte Lena.

„Ich kann dich doch jetzt hier nicht allein lassen", meinte Christina.

„Nun geh schon, ich werde schon zurechtkommen. Los marsch! Beeil dich!", scheuchte sie ihre Dienerin davon.

Christina hetzte laut um Hilfe rufend Richtung Seetor.

Einer der Wachen wurde auf sie aufmerksam und kam ihr entgegen. Als er vernahm, um was es ging, sandte er sofort seinen Kameraden los und Christina konnte zurück zur Knörrin.

Kurze Zeit später kamen die Hebamme und Erich, der einen flachen Karren vor sich herschob, angerannt. Aber es war schon alles vorbei. Strahlend hob Christina das nackte Neugeborene in die Höhe. Die Hebamme versorgte Mutter und Kind notdürftig. Sie betteten Lena auf den Karren und fuhren sie heimwärts. Am Seetor kam ihnen Sebastian Knörr aufgeregt entgegengelaufen. Besorgt umarmte er seine Frau und betrachtete freudig seinen Sohn. Lena war beruhigt, dass ihr Mann nun bei ihr war. Da kam der Büttel Georg Weyknecht, der wegen seiner enormen Leibesfülle ständig wie ein alter Ackergaul schnaufen musste, angehetzt. Er ließ sich von den Frauen erklären, um was es ging, und lief weiter.

„Die Pflicht ruft", bedauerte Knörr achselzuckend und folgte dem Stadtknecht ins Krautfeld.

Die Untersuchungen ergaben, dass mindestens sieben Kinderleichen hier vor der Stadtmauer verscharrt worden waren. Man konnte das leider nicht mehr so genau feststellen, die Hunde hatten die Leichen völlig zerfetzt und durcheinandergebracht. Vermutlich stammten die Säuglinge von den Huren, die hier bei den letzten Einquartierungen ihre

Zelte und Hütten aufgebaut hatten. Der Bürgermeister gab dem Totengräber den Auftrag, die Leichenreste hinterm Friedhof zu vergraben.

Nach Langem hin und her konnte sich Lena durchsetzen. Sebastian hätte ihrem Kind ja gerne den Namen seines Vaters gegeben, wie es in seiner Familie seit Generationen üblich war, aber nachdem seine Frau so lange gebettelt hatte, willigte er dann schließlich doch ein, den Buben auf den Namen Andreas Christoph taufen zu lassen. Zu Ehren ihres Stiefvaters, der sie wie eine eigene Tochter aufgezogen hatte und der nun irgendwo in der Fremde umherreiste.

Warm und trocken ging das Jahr zu Ende. Mit Ausnahme des Nordturmes war die Stadtkirche nun endgültig fertiggestellt, samt der Restarbeiten, die bei der Einweihung im letzten Jahr noch gefehlt hatten. Im neuen Glanz erstrahlte sie nun als evangelische Predigtkirche, das Katholische des Vorgängerbaues war beseitigt. Wir sind stolze Evangelische, verkündete der Dekan, wir brauchen keinen katholischen Schnickschnack! Der eine oder andere Windsheimer meinte: Die alte Kirche war aber trotzdem schöner. Aber so waren sie halt, die Windsheimer, immer skeptisch gegenüber etwas Neuem, lieber beim Alten bleiben, da weiß man, was man hat.

Dann Regen, Regen und nochmals Regen. Mit sintflutartigen Regenfällen begann das Jahr 1737. Die Wiesen im ganzen Aischgrund waren überschwemmt. Braun wälzten sich die Wassermassen das Tal flussabwärts. Vorsorglich hatte man kleine Sandwälle vor die Tore geschüttet, um das Wasser aufzuhalten. Besonders die unteren Stadtviertel von der Spitalkirche bis zum Holzmarkt und zum Seetor waren gefährdet. Nachdem das Wasser endlich abgeflossen war, kam die nächste Plage. Schwer schlurfte die fränkische Infanterie durch den Schlamm aufs Krautfeld vor der Stadt. Der polnische Erbfolgekrieg kostete auch den Windsheimern einige Tausend Gulden. Die Soldatenhorden forderten ihren Tribut. Bloß wofür? Was ging sie Polen an? Es konnte ihnen doch gleich sein, welcher Landesfürst dort das Sagen hatte! Immer unzufriedener wurden die Menschen. Der Bartel damals, der hatte schon recht mit seinem Protest, murrten einige. Aber heutzutage regte sich keine Stimme mehr öffentlich gegen die Obrigkeit. Andere meinten: Nur nicht aufregen darüber, man könne von Glück sagen, wenn man nicht selbst zu den Soldaten gepresst wurde. Bisher konnten sich die Windsheimer immer freikaufen. Der Fränkische Kreis, zu dem Windsheim gehörte, hatte dem Kaiser zur großen Reichsarmee drei Regimenter Infanterie, ein Regiment Kürassiere und ein Dragonerregiment zu stellen. Befehlshaber war Generalfeldmarschall Markgraf Carl Wilhelm von Bayreuth. Zwar versprach der Kaiser dafür 77.000 fl Unterhalt für die Armee, aber wann er dies bezahlen würde, stand in den Sternen.

Henker und Scharfrichter Stelzlein war gestorben. Beim Schärfen war ihm die Axt ausgerutscht und ins Schienbein gefahren. Er bekam eine Blutvergiftung, auch der hinzugerufene Doktor konnte ihm nicht mehr helfen.

Im März musste dann dringend ein neuer Henker gewählt werden. Drei Verurteilte warteten auf ihre Bestrafung. Ein Delinquent sollte gehenkt und zwei Dieben sollten die Hände abgehackt werden. Viele freuten sich, endlich war etwas los, wieder einmal ein großes Spektakel auf dem Galgenbuck. Schon früh morgens zogen die Stadtbewohner auf den nahen Hügel vor der Stadt, um sich das Schauspiel nicht entgehen zu lassen.

Lena bat ihren Mann, dass sie daheimbleiben dürfe. Ihr gehe es nicht so gut, gab sie vor. In Wahrheit war ihr dieses grausame Schauspiel zuwider. Nach anfänglichem Zögern stimmte ihr Gatte zu. Als Bürgermeister musste er aber an der Vollstreckung der Urteile teilnehmen.

Es war ein herrlicher Tag, so ruhig wie schon lange nicht mehr in der Stadt. Nur ein paar Alte, denen der Weg zur Richtstätte zu beschwerlich war, saßen vor ihren Häusern in der Sonne. Lauten Trommelschall und Fanfarenklänge wehte der Ostwind in die Stadt und kündeten vom Ende der Gerichtszeremonie.

Lene betete für die arme Seele des Gehängten, für die beiden Diebe und für die Richter und den Henker.

Du sollst nicht töten, lautet das fünfte Gebot. Galt das auch in diesem Fall? Vergebung war die Lehre von Christus, predigte der Pfarrer immer. In der Bibel stand zwar auch: *Auge um Auge und Zahn um Zahn.* Aber im Neuen Testament forderte Jesus immer zur Nächstenliebe auf. Ist ein Mörder ein Nächster? Jesus hatte dem Schächer am Kreuz vergeben. War es nicht wichtiger, dass diese Sünder bereuten und man ihnen vergab? Freilich musste man so etwas auch bestrafen. Aber Tod mit Tod vergelten? Ich weiß nicht, dachte Lena.

Sie konnte darüber mit niemandem reden. Ich muss einmal meinem Vater schreiben, der hat darauf bestimmt eine Antwort, dachte sie. Einmal hatte sie mit Sebastian darüber diskutieren wollen, aber der hatte ihr das Wort gleich abgewürgt: „Weib, das verstehst du nicht!" Und so behielt sie ihre Meinung nun für sich.

Johann Sebastian Knörr, Notarius und Bürgermeister des Inneren Rates in Windsheim, wurde zum Markgrafen, dem hiesigen Vertreter des Kaisers, nach Ansbach befohlen. Seine Frau solle ihn begleiten und beide mögen angemessene Kleidung für einen Hofball mitbringen, stand noch in dem Schreiben. Lena lief wie ein aufgescheuchtes Huhn im Haus umher. Was sollte sie mitnehmen?

„Ich habe nichts Passendes zum Anziehen für eine solche Gelegenheit", jammerte sie.

„Wieso? Deine Truhen sind doch randvoll!" Sebastian verstand die Aufregung nicht.

„Nein, das sind lauter alte Sachen. Die Mode ist jetzt ganz anders."

Lena probierte ihre gesamte Garderobe durch. Als Einziges ging vielleicht noch das blauschwarze Brautkleid durch. Sie schlüpfte hinein, aber oh Schreck, es passte nicht mehr. Um die Hüfte fehlte eine Handspanne und ihr Busen sprengte fast das Mieder.

„Schau her, nicht einmal das Brautkleid passt mir mehr."

„Also gut! Geh zum Schneider und lass das Kleid ändern. Einen neuen Hut und einen Umhang kaufen wir dann in Ansbach", damit beendete Sebastian die Diskussion.

Seine Frau hatte gehofft, er würde sich erweichen lassen und sie bekäme ein neues Kleid. Sie war nun sehr enttäuscht und staunte wieder einmal über die Sparsamkeit ihres Ehegemahls. Aber gut, sie würde das Beste daraus machen.

Ein so vornehmer Ball wird das sowieso nicht, erklärte ihr Mann. Er wusste, dass der Markgraf einmal im Jahr seine höheren Beamten und Verwalter zu solch einem Fest einlud. Wahrscheinlich wollte er damit nur seine Menschenfreundlichkeit zur Schau stellen.

Endlich kam der Tag, an dem sie nach Ansbach reisen wollten. Drei Tage eher als in der Einladung angegeben. Aber Sebastian musste noch einiges vorher erledigen. Lena hatte ihr Hochzeitskleid selbst umgearbeitet. Nun war es bequem. Ein paar bunte Bänder und Rüschen kokettierten nun mit dem schlichten Schwarz des Kleides. Sie freute sich schon darauf, den passenden Hut und Umhang dazu zu kaufen. Hoffentlich gab es, was sie sich wünschte. Seit sie damals ihre Ausbildung in Nürnberg abgeschlossen und hierher nach Windsheim gekommen war, hatte sie ihre Heimatstadt nicht mehr verlassen. Dies sollte nun ihre erste Reise als verheiratete Frau werden. Sebastian hatte einen größeren bequemen Reisewagen vom Fuhrunternehmer Bentheimer gemietet. Die beiden Frauen richteten den Wagen mit Kissen und Decken für die Reise her. Christina, die auf den kleinen Christoph aufpassen sollte, war ganz aufgeregt, dies war ihre erste Reise überhaupt. Und noch dazu in einer Kutsche.

Es versprach, ein herrlicher Maientag zu werden. Sachte und ruhig wurde es Morgen. Langsam zog die Sonne über der Frankenhöhe auf. In den Fenstern der Stadt spiegelte sich das

Morgenrot. Die Nebelschwaden waberten tief über den frischen grünen Wiesen. Ein Storchenpaar stakte durch die sumpfigen Uferauen. Vom Osten wehte ein laues Lüftchen den Aischgrund herauf und vertrieb langsam die Nebel. Nur das Rumpeln der Räder auf dem Pflaster der Straße passte nicht in den friedlichen Morgen.

Der junge Kutscher schnalzte mit der Zunge und trieb die Pferde an. Seit sie die Stadt verlassen hatten, ging es im Galopp auf Ickelheim zu. Der Geleitbrief des Markgrafen öffnete das Tor, und ohne Maut zu bezahlen, konnten sie passieren. Zügig wurden sie von einem Wachoffizier an wartenden Bauernwagen vorbeigeleitet. Kein Vergleich zu ihrer ersten Reise vor sechs Jahren, dachte Lena noch und schon lag Ickelheim hinter ihnen. Mittlerweile hatte man den Bergweg zur Frankenhöhe verbreitert, sodass jetzt zwei Wagen aneinander vorbeifahren konnten und nicht wie zu ihrer Kinderzeit einer warten musste, bis der Weg frei war.

Bereits zwei Stunden später erreichten sie Obernzenn. Der kleine Marktflecken war der Mittelpunkt der Herrschaft der Familie von Seckendorff. Ursprünglich kam die Familie aus dem Ort Seckendorf, zwischen Cadolzburg und Langenzenn gelegen, der ihr den Namen gab. Seit ihrer Erhebung in den Reichsritterstand vor über 500 Jahren waren sie nun hier ansässig. Von hier aus verwalteten sie ihren umfangreichen Besitz. Viele namhafte Vertreter der Sippe dienten zuerst den Burggrafen von Nürnberg und später den Markgrafen von Ansbach. Sie verstanden es, Ruhm und Reichtum zu mehren. Hier im oberen Zenngrund herrschten zwei Familien, die Seckendorff-Gutend und die Seckendorff-Aberdar. Die beiden Schlösser standen auf einem Grabenplateau mit einem gemeinsamen Innenhof und einer Zugbrücke über den Wassergraben. Durch Neu- und Umbauten der letzten Jahre sollten aus diesen alten Bauten moderne barocke Schlösser entstehen. Ein Ende der umfangreichen Baumaßnahmen war noch nicht abzusehen. Auch die Windsheimer verdienten mit ihrem Gips und Gipssteinen bei den Umbaumaßnahmen gut daran.

Viele bedeutende fränkische Staatsmänner, aber auch Dichter, Denker, Gelehrte und Juristen stammten aus den Familien derer von Seckendorff, zwei Mitglieder der Familie Aberdar waren zurzeit bedeutende Minister in Ansbach und führend in der Politik des Ansbacher Hofes. Auch die Familie Gutend stellte mit einem Freiherrn von Seckendorff einen Politiker der alten Schule.

Erst fuhren sie lang hinauf und nun steil abwärts nach Egenhausen. Geradewegs an der Kirche vorbei, ums scharfe Eck eines großen Hauses, als ein fürchterliches Krachen die Frauen hochschrecken ließ. Mit einem Ruck, der alle Insassen nach vorne schleuderte, stand die Kutsche und sackte nach vorne über. Als sie sich vom Schreck erholt hatten, kletterten die beiden Frauen aus dem Wagen.

„So ahn Scheiß!", schrie der Kutscher Melchior Feistl, „Die Vorderachs is hi."

Der Bürgermeister, der schon bis zum Ortsende vorausgeritten war, kam, als er das Schreien hörte, im vollen Galopp zurück. Gemeinsam mit ein paar Männern, die aus den Häusern und Höfen zusammengelaufen kamen, besah man sich das Malheur. Lautstark berieten sie nun, wie man den Schaden am besten beheben könnte.

„Ist etwas passiert?", rief ihnen fragend der Verwalter und Amtmann zu, vor dessen Haus das Unglück gerade passiert war.

„Ja, die Achse ist gebrochen", antwortete ihm Sebastian.

Mittlerweile hatte der Kutscher die Pferde ausgespannt und so konnte man den Schaden noch genauer betrachten. Mitten durchgebrochen, direkt am Drehschemel.

„Das wird eine ganze Weile dauern, Herr Bürgermeister Knörr", meinte der Amtmann Johann Hieronimus Mechtersheimer stirnrunzelnd zu dem Ratsherrn, der sich in der Zwischenzeit vorgestellt hatte.

„Ich reit´ nach Obernzenn zum Wagner Merkel, Herr Bürgermeister, der ko uns bestimmt a Hilf´schickn", schon wollte Feistl auf einen seiner Gäule aufsitzen.

„Nein, nein halt bleib Er da, ich reite selber, Melchior, dann geht es schneller. Ihr könnt in der Zwischenzeit den Wagen schon mal aufbocken." Sebastian schwang sich auf sein Pferd und preschte davon.

„Hannes! Nun steh´ hier nicht so herum, bitte die Damen doch herein", rief eine Frau aus der Haustür des Amtshauses.

„Ach so, aber ja doch! - Bitte, meine Damen, darf ich Sie einstweilen zu meiner Frau hineinbitten. Sie freut sich immer, wenn sie einmal etwas Gesellschaft bekommt."

Mechtersheimer wies in Richtung Haus und geleitete die beiden Frauen zur Eingangstür.

„Danke Herr, sehr freundlich", erwiderte Lena. Dann stellte sie sich einer freundlichen Frau mittleren Alters vor:

„Grüß Gott, ich bin Magdalena Knörr und bin mit meinem Mann Sebastian, einem Bürgermeister von Windsheim, auf dem Weg nach Ansbach. Und das ist Christina, meine Magd, mit meinem kleinen Sohn Andreas Christoph auf dem Arm."

„Ach wie süß der Kleine! Ich bin Sofie Mechtersheimer. Bitte Frau Knörr, kommt herein und leistet mir etwas Gesellschaft. Hier draußen auf dem Dorf passiert ja sonst nichts", meinte die Mechtersheimerin lächelnd. Die große schlanke Frau führte sie in die gute Stube, gleich in das erste Zimmer rechts neben der Haustür, mit Blick auf die Straße und den Wald hinaus. Hier brannte bereits ein Feuer in einem modernen Kachelofen im Eck und gab eine wohlige Wärme ab. Durch die hellen Fenster drängte sich das Morgenlicht in den gemütlich eingerichteten Raum. Blaugrün mit einem hellblauen Muster strahlten die Wände mit den Farben des aufwachenden Maientages um die Wette.

„Darf ich den Damen etwas zum Aufwärmen anbieten? Vielleicht einen warmen gewürzten Wein oder eine frische warme Milch?"

„Oh ja, danke Frau Mechtersheimer, ein Gläschen Würzwein wäre jetzt gut."

Obwohl bereits Mitte Mai, spürten die beiden Windsheimerinnen erst jetzt in der Wärme, wie frisch es noch draußen war an diesem Morgen. Freudig setzte sich Lena, nachdem sie Mantel und Schal abgelegt hatte, auf den ihr angebotenen Sessel und nahm ihr schlafendes Kind auf den Arm.

Als eines der Dienstmädchen auf einem Tablett den warmen Wein servierte, meldete sich der Knabe und forderte von Lena laut schreiend sein Recht. Die Knörrin gab ihm die Brust, hastig trank der Säugling und schlief bereits nach kurzer Zeit wieder ein. Glücklich und stolz erklärte sie auf die Frage der Amtmännin, warum sie selbst stille, dass sie gerne auf eine Amme verzichte. Ihre Mutter habe ihr immer gesagt, dass das Stillen des eigenen Kindes mit zu den schönsten Erlebnissen einer Frau gehöre. „Manchmal ist es schon lästig", setzte Lena noch lachend hinzu.

Neidisch schaute Frau Mechtersheimer auf den schlafenden Kleinen.

„Ach", seufzte sie, „wir hätten auch so gerne Kinder gehabt. Aber leider hat Gott unsere Gebete nicht erhört. Sogar mit einer katholischen Wallfahrt, obwohl wir beide evangelisch sind, von Sondernohe auf den Knien zum heiligen Grab nach Virnsberg haben wir´s versucht. Aber alles ohne Erfolg. Und nun ist es zu spät. Seit über 30 Jahren sind wir hier in Egenhausen als Verwalterehepaar in den Diensten des Barons Christoph Friedrich von Seckendorff, der residiert in seinem Schloss in Unternzenn, etwa eine gute Stunde zu Fuß das Tal abwärts. Mein Mann ist für die umfangreichen Ländereien und Wälder des Barons zuständig. Dort hinten am Hang könnt ihr sie sehen", damit zeigte sie zum Fenster hinaus. „Ich führe den Haushalt. Bis vor einigen Jahren hat noch eine entfernte Tante aus der Seckendorffschen Sippschaft hier im oberen Stock gewohnt. Aber jetzt haben wir das Haus für uns alleine. Höchstens, wenn ab und zu einmal eine Jagdgesellschaft hier einfällt, gibt es etwas Trubel. Darum bin ich froh um jede Abwechslung. Zwei so hübsche junge Frauen wie Ihr hatten wir schon lange nicht mehr in unserem Haus." Die Amtmännin hatte sich richtig warm geredet und war nicht mehr zu bremsen. So erfuhren sie alles über die Seckendorffer, über die Nachbarn und Bauern und sonstigen Tratsch.

Endlich, nach über drei Stunden, holte sie Sebastian ab und die Reise konnte weiter gehen. Lena und Christina verabschiedeten sich von Frau Mechtersheimer mit dem Versprechen, dass sie auf der Rückfahrt wieder bei ihr haltmachen würden.
Gleich nach dem Ort ging es steil den Berg hinauf in den Wald. Die Pferde hatten mächtig zu tun. Immer wieder kamen sie auf dem holprigen tief ausgewaschenen Serpentinenweg ins Rutschen. Endlich oben angekommen ging es in vollem Galopp nach Flachslanden, einem Dorf, dass zum Deutschherrnritterorden gehörte und in dem es eine kleine aber gute Gastwirtschaft gab. Sie aßen einen vorzüglichen Wildbraten zu Mittag und tranken ein dunkles süffiges Bier dazu.

15 Quedlinburg   1737 – 1740

Als vor fast zweieinhalb Jahren aus dem jungen Kaufmann Tommaso Casserino aus Sizilien, der Florentiner Tommaso di Lassano geworden war, wollten sie die kleine Hafenstadt Lassan auf dem schnellsten Wege verlassen. Man wähnte sich nicht mehr sicher nach dem Mordanschlag. Aber es kam immer wieder etwas dazwischen.

Christoph saß, wie so oft, am Ufer des Pennestromes und starrte in die anstürmenden Wellen oder in die langgezogene Dünung. Träumte vor sich hin.

Tommaso gesellte sich zu ihm und meinte wehmütig: „Ich liebe es, wenn das Wasser sachte an die Steine klatscht, es erinnert mich an Siracusa, allerdings roch es da noch salziger."

Beide Männer hingen ihren Gedanken nach.

Was hatte Christoph nicht alles erreichen wollen. Erst nach Amerika, dann nach Russland, dann wieder Amerika. Freiheit, vor allem Meinungsfreiheit für sich und seine Familie. Aber nun saßen sie hier am Achterwasser der Insel Usedom an der Ostsee als einfache Flickschneider und lebten von dem Wenigen, was er und seine Frau erwirtschafteten. Er war ein Krüppel, all seine Pläne waren gescheitert, es wäre besser gewesen, wenn er damals im Hafen auch gleich mit umgekommen wäre. Immer schwermütiger war der ehemals so aufgeschlossene Schneidermeister geworden. Nicht einmal die Gedanken der Aufklärung, wegen derer er die Stadt Windsheim vor nun fast fünf Jahren verlassen musste, konnten ihn noch aufmuntern. Er interessierte sich nicht einmal mehr dafür und so schob Christoph die Entscheidung für die Zukunft immer wieder hinaus.

Die beiden jungen Leute, Freia und Tommaso, waren der einzige Lichtblick für die beiden Bartels.

„Sie sind wie eigene Kinder", meinte Anna Maria des Öfteren lächelnd zu ihrem Mann. Waren doch ihre Kinder so weit weg – in Windsheim und Amerika.

Es war ihnen wohl der geistig zurückgebliebene Franziskus geblieben, ein einfältiger aber gutmütiger Riese, aber der war eher wie ein treuer Hund, der alles tat, was man ihm sagte, ansonsten trottete er ihnen hinterher.

Alle Schreiben vom Oderschiffer Kerbholz brachten kein Licht in die dunkle Vergangenheit des Jungen. Sicher war nur, dass Franziskus bei den Klosterbrüdern im Wallfahrtskloster Sankt Annaberg aufgewachsen war, aber die wollten ihn nicht wieder zurückhaben. Hätten keine Verwendung für den *geistlosen Krüppel,* wie ihnen der Prior schrieb, der störe nur die Andacht der vielen Pilger, die in letzter Zeit kamen.

Weitere Verwandte seien nicht auffindbar. Alle Nachforschungen nach dem anonymen Geldspender für Franziskus waren schon während der Zeit, die der Junge im Kloster gelebt hatte, erfolglos geblieben. Allerdings hatte der Spender die regelmäßigen Zahlungen zu Weihnachten nach dem Weggang des Jungen eingestellt.

„Dann bleibt der Franziskus einfach weiter bei uns, wo soll der sonst hin", erklärte Anna Maria und damit war das Thema erledigt. Franziskus war darüber sehr glücklich. Er freute sich besonders, wenn Tommaso Freia besuchte, da dieser sich um ihn kümmerte und mit ihm lateinische Lieder sang.

Bartels Leben an der Penne hatte sich im Laufe der Jahre normalisiert. Die Lassaner waren zwar etwas spröde, aber dennoch hilfsbereit und so manche Hausfrau brachte ihre durchlöcherte Kleidung aus Mitleid zum Flickschneider. Freia und Tommaso stiegen nun in das Stoffgeschäft der Bartels mit ein und erweiterten das Ganze.

Weihnachten 1738 kam Diakon Hartwig zu den ehemaligen Windsheimern.

„Ich bring euch hier 85 Golddukaten", damit wedelte er mit einem Lederbeutelchen Christoph und Anna Maria vor der Nase herum, „ein Bote hat das mit einem Schreiben für euch im Pfarrhaus abgegeben."

Im Begleitbrief stand, dieses Geld sei für die Aufnahme und Betreuung von Franziskus. Der unbekannte Gönner bedankte sich bei den Bartels, dass sie den Jungen so fürsorglich aufgenommen hatten.

Sie erlebten vom Dezember bis Mitte Februar 1739 einen klirrenden Eiswinter. Stürme fegten von Nordosten über die flachen Hügel, wackelten an den Häusern und bliesen durch jede noch so kleine Ritze. Das Achterwasser war dick zugefroren und selbst auf der Ostsee türmten sich die Eisschollen. Die Alten erzählten, dass sie so etwas noch nicht erlebt hätten. Drei Kinder in den Armenhäusern erfroren. Diakon Hartwig hielt eine feurige Predigt über Nächstenliebe, darauf hin konnten die armen Leute mit dem Nötigsten versorgt werden.

Auf diesen extremen Winter folgte ein heißer Sommer mit Tausenden von lästigen Mücken. Eine Plage für Mensch und Tier.

Kurz vor Jahresende, am Weihnachten, schmiedeten Bartels mit Freia und Tommaso wieder einmal Reisepläne. Zurück nach Windsheim sollte es nun gehen. Sie hatten mittlerweile die Zusage vom Rat der Stadt bekommen, dass Meister Bartel zurückkehren durfte. Allerdings mit der Auflage, sich nicht mehr öffentlich und politisch zu äußern. Das verdankten sie bestimmt ihrem Schwiegersohn. Trotzdem zogen sich die Reisevorbereitungen noch über ein viertel Jahr hin.

Anfang Mai 1740 tauchten drei zwielichtige Gestalten auf und versuchten Erkundigungen über Tommaso Casserino im Ort einzuholen.

„Es ist nur noch eine Frage der Zeit, bis sich irgendjemand verspricht und die wahre Indentität von Tommaso herauskommt. Wir packen ab morgen alles zusammen, damit wir so schnell wie möglich aufbrechen können, wenn es nötig ist", entschied der Meister.

Ein Aufruf hallte durch die Gassen: „Kommet zuhauf! Kommet und staunet! Der neueste Haarschnitt nach der französischen Mode! Zahnbehandlungen aller Art! Kunstvolle Gebisse aus edelstem Holz und der Theriak des heiligen Hieronymus von Padua! Die Quecksilberpaste gegen die geheime Krankheit der Lust!" Zwei seltsam schräge Gestalten rumpelten mit ihrem großen bunten Reisewagen auf den Marktplatz. Eine davon, eine kleine hässliche Frau, pries ständig laut schreiend ihre Leistungen an.

„Vieni qua! - Ecco Dottore Paolo d´ Enna!", stellte sich die zweite Person, ein spindeldürrer Mann mit einem spitzen

Doktorhut vor. Geschwind klappten sie die Rückwand ihres Wagen zu einem Podest herunter.

„Komme alle err su mir, die ihr muhselig seide und kranke. Isch kann eusch elfen und gesunde maake, damit ihr die Glaube an die Gute Gottes wieder begomme!"

„Der weitgereiste Dottore aus Sizilien kann euch von allen Schmerzen und Leiden erlösen. Er hat die hohe Kunst des Heilens bei den Mauren studiert" Gestenreich wirbelte die in bunte Kleider gehüllte Frau mit plumpen Tanzschritten im Kreis um den Wagen und winkte die Leute herbei.

Tommaso, der gerade auf dem Markplatz erschien, beäugte kritisch die Szene. Nach einem kurzen Moment trat er hinzu und streckte den Fremden spontan die Hand hin.

„Buonasera Dottore", begrüßte er ihn freundlich.

„Äh, ciao Belle, setzte disch! Wo fehlts - wase kannste du zahle?", fragte ihn der Dottore etwas verwirrt.

"Sono Tommaso Di Lassano e sono da Firenze", stellte sich Tommaso vor, „Ho un mal di denti, potete aiutarmi?"

Verdutzt reagierte der Doktor: „Isch, äh, äh … ."

„Macht das ihr wegkommt, belästigt den Doktor nicht mit euren Reden." Die kleine Frau drängte Tommaso zur Seite, hektisch sprang der Dürre vom Wagen, gemeinsam schlossen sie die Heckklappe, sprangen auf den Kutschbock und wollten sich aus dem Staub machen.

Der große kräftige Lassaner Müllerbursche Jan griff in die Zügel: „Einen Moment, warum habt Ihr es auf einmal so eilig, Ihr seid doch gerade erst angekommen?"

Der Italiener zuckte zusammen: „Das geht dich gar nichts an, lass sofort los, du elender Kerl! Äh, äh – isch musse ganz eilisch weiter ihr libbe Leut, ische kann euch nixe elfen." Die

Menge starrte ihn erstaunt an. „Ihr elendes Pack, gebt endlich den Weg frei!", schrie er zornig.

Tommaso rief verdutzt: „Du bist kein Italiener! Wer bist du?"

Die beschimpften Leute waren hellhörig geworden, aufgebracht schrien sie: „Scharlatane, Quacksalber, Betrüger, haltet sie fest!"

Sie zerrten die beiden vom Wagen und schlugen wie wild auf sie ein.

„Haltet ein, hört sofort auf!", vergebens versuchte Tommaso den Mob zu beruhigen.

Als der Büttel angelaufen kam, stoben alle auseinander. Nur Tommaso und zwei Fischerfrauen kümmerten sich um die zwei am Boden Liegenden.

„Holt den Doktor" meinte der Büttel, „die hat es böse erwischt!"

Noch auf dem Marktplatz starb der Mann. „Den hat der Schlag getroffen, wegen der Aufregung", stellte der Arzt fest. Die Frau hatte sich nach ein paar Tagen wieder erholt und suchte die Bartels auf, um sich bei Tommaso für seine Hilfe zu bedanken.

„Wo wollt ihr jetzt hin?", fragte Anna Maria.

„Ach, am liebsten würde ich heimreisen. Aber was mache ich mit dem Wagen und den Tieren? Alleine kann ich nicht damit weiter ziehen", nur mühsam unterdrückte sie die Tränen.

Anna Maria blickte ihren Mann fragend an: „Das wäre vielleicht etwas für uns – oder? So einen großen Reisewagen habe ich noch nie gesehen. Allerdings sind die Pferde etwas seltsam – so klein und mit langen Ohren."

„Das sind Maultiere, eine Mischung aus einer Pferdestute und einem Eselhengst. Die Mulis sind sehr stark, von großer Ausdauer, unempfindlich gegen alle Witterung und äußerst friedlich", wurden sie belehrt.

Anna Maria und Christoph wollten ja über Quedlinburg heimreisen und so einigte man sich, die Frau bis Magdeburg, ihrer Heimatstadt, mitzunehmen.

Tommaso und Christoph bauten den Wagen für ihre Zwecke etwas um, vor allem den auffälligen Werbeanstrich der Plane schrubbten sie ab. Jedoch ließen sich die Bilder und der rote Schriftzug *Paolo d`Enna – la Medico* nicht vollständig entfernen. Anna Maria weigerte sich, mit so einem bunten Wagen zu fahren: „Da halten uns ja alle für Zigeuner!"

„Dann streichen wir die Plane Rot an", meinte Tommaso.

„Na, wenn schon, denn schon - rot-weiß - in den fränkischen Farben", so gut drauf war Christoph seit langer Zeit nicht mehr. Alle hielten das für eine gute Idee und so leuchtete der Wagen rot-weiß-gestreift.

Der große Planwagen war in mehrere Kammern unterteilt, für den Kutscher war eine kleine Kabine auf dem Bock zum Zuziehen vorgesehen, so war er gegen das Wetter geschützt und konnte durch einen Spalt in der Plane herausschauen und lenken. Vor allem aber war die Kutsche mit der neuesten Technik ausgestattet. Durch das Betätigen einer eisernen Kurbelstange wurden auf alle Räder hölzerne Bremsklötze gedrückt. Niemand musste mehr, wenn es bergab ging, nebenherlaufen und mit den schweren Holzstangen bremsen oder den schweren Hebel ziehen, der meist nur auf ein Rad drückte. Auch waren die Achsen gefedert. Die beiden Männer staunten, dass sich das Vierergespann so leicht lenken ließ.

Eiligst wurden in den nächsten Tagen die Reisewagen beladen und alles für die große Fahrt vorbereitet. Zu dem großen Gefährt hatten sie noch ein kleines Fuhrwerk mit zwei kräftigen Kaltblütern erstanden, auf dem ein Teil ihres Hausrates verladen wurde. Dieses sollte Tommaso zusammen mit Freia kutschieren.

Jan Henrik Becker kam mit seiner Tochter aus Greifswald vorbei, um sich zu verabschieden. Er versprach das Geschäft und die Reste des Haushaltes hier in Lassan aufzulösen, und auch das Haus zu verkaufen sowie ihnen den Erlös nachzusenden. Der letzte Morgen hier im Norden brach herein. Mit ein paar jüdischen Händlern trafen sie sich in Anklam, um den ersten Teil der Strecke gemeinsam zu reisen.

Dank der vielen Geleitschreiben, die ihnen der Bürgermeister von Lassan, der Kaufmann Jan Becker und dessen Freund, der Generalgouverneur von Schwedisch-Pommern, mitgegeben hatten, konnten sie die vielen Grenzen anstandslos passieren. Lediglich der starke Regen ließ die Straßen oft unpassierbar werden, sodass sie einige Umwege in Kauf nehmen mussten.

Nach einem guten Monat hatten sie die Geburtsstadt von Meister Bartel erreicht.

Stumm stand Christoph auf dem Marktkirchhof von Quedlinburg am Grabe seiner Mutter. Er platzierte in einem alten irdenen Krug einen Strauß Kornblumen, die seine Mutter immer so gerne gehabt hatte, am schlichten Holzkreuz. Ganz schwer wurde ihm ums Herz. Traurigkeit mischte sich mit schlechtem Gewissen. Wann hatte er seine Mutter das letzte Mal gesehen?

Über die Kirchmauer konnte man das kleine Fachwerkanwesen der Familie Bartel hervorspitzen sehen. Sein Vater hatte den vom Großvater geerbten Betrieb einer kleinen Lebzelterei schon vor Christophs Geburt übernommen.

Hauptsächlich wurde dieses Backwerk aus Mehl und Honig an die vornehmen Damen vom Stift St. Servatii verkauft. Seit er laufen konnte, musste der kleine Christoph seinen drei Jahre älteren Bruder begleiten. Früh morgens zogen sie mit einem kleinen Wägelchen los, hinauf zum Schlossberg. Mutter hatte für die beiden Wachen am Tor immer einen Lebkuchen extra in den Korb gelegt. Wenn sie Glück hatten, durften sie den Vorhof passieren und zogen bis zur Schlosskirche hinauf, was besonders bei schlechtem Wetter gut war, so konnten sie sich unter den langen Arkaden an die Wand setzen und auf die Kundschaft warten.

Gedankenverloren seufzte Christoph, ach was waren das für schöne, unbeschwerte, aber auch harte Zeiten gewesen.

„Was ist mit dir?", fragte Tommaso hinzutretend.

„Nichts, ich habe nur an meine Kindheit gedacht. Komm, lass uns zum Schlossberg hinaufgehen." Christoph wollte auf andere Gedanken kommen und dem Italiener die Stadt zeigen.

Vor über 24 Jahren war er auf die Walz gegangen und seit dem nicht mehr in seine Heimatstadt zurückgekehrt. Nur einmal hatte Christoph geschrieben und sich nach den Eltern erkundigt, damals, als er nach Windsheim gekommen war. Er bekam einen kurzen bösen Brief seines Bruders zurück, in dem er erfuhr, dass bereits zur Zeit seiner Ausbildung zum Meister in Nürnberg seine Eltern kurz hintereinander gestorben waren. Der Vater hatte sich im Wald beim Holzmachen eine Lungenentzündung geholt, die tödlich endete. Seine Mutter folgte ihm vor lauter Gram nur zwei Monate später ins Grab. Er brauche sich jetzt auch nicht blicken zu lassen, es gebe für ihn nichts mehr zu holen.

Nun, nach vielen Überlegungen hatte er sich doch entschieden, auf der Heimreise nach Windsheim hier haltzumachen. Was heißt, er hatte sich entschieden - seine Frau hatte entschieden, nachdem er immer wieder ihre Pläne umgeschmissen hatte.

Vorgestern, am 22. Juni 1740, dem Tag des Heiligen Aloysius und am Tage der Sommersonnwende, waren sie in der befestigten Stadt Quedlinburg am Fuße des nördlichen Harzes angekommen.
Viel hatte sich hier in der Stadt seiner Kindheit nicht verändert und doch war für ihn alles fremd. Früher hatten sie hinter dem Anwesen der Eltern auf den freien Flächen gespielt, jetzt waren hier eine Reihe neuer Anwesen errichtet worden.
Auch der Besuch bei seinem Bruder fiel äußerst knapp aus.
„Was willst du hier? Der Kummer um den verlorenen Sohn hat die Eltern ins Grab gebracht. Du hast Schuld!

Mach, dass du fortkommst, ich will dich hier nicht sehen." Damit warf er ihm die Tür vor der Nase zu.

Schuldbewusst und bedrückt wandte sich der Schneider ab. Was hatte er nur falsch gemacht? Er wusste es nicht, aber trotzdem nagte das schlechte Gewissen an ihm. Schwer drückte die Last auf dem einst so stolzen Mann. Den Rücken gekrümmt und mit hängenden Schultern schlich er in den nächsten Tagen umher.

Zusammen mit „Ziehsohn" Tommaso, wie ihn Christoph oft scherzhaft nannte, und Franziskus stand er an der Mauer der Bastei des Stiftschlosses und schaute über die alte Stadt, die zu ihren Füßen lag.

Gemeinsam waren sie heute zum Gottesdienst heraufgekommen. Hier oberhalb der Stadt in das fast 700 Jahre alte Frauenstift der königlichen und kaiserlichen Damen.

Christoph und die beiden jungen Männer, die katholisch waren, wollten dem Festgottesdienst zu Maria Himmelfahrt beiwohnen. Die Stiftsdamen scherten sich nicht darum, dass die Stadt evangelisch war, viele von ihnen kamen aus einem katholischen Hause und feierten die Gottesdienste nach ihren eigenen Regeln, obwohl sie offiziell immer noch direkt dem Papst unterstanden.

Franziskus sang nach dem Gottesdienst immer noch die lateinischen Verse und Gebete begeistert vor sich hin.

„Du bist doch der Bartels Christoph? Kennst du mich nicht mehr?", sprach ein vornehm gekleideter Mann Meister Bartel an, als sie ins Sonnenlicht in den Vorhof traten.

„Ich bin der Erich Eichstett, wir sind zusammen zur Schule gegangen."

„Ach, der Erich, entschuldige, ich hab dich nicht erkannt. Bist ein Vornehmer geworden." Damit musterte Christoph den ehemaligen Klassenkameraden von Kopf bis Fuß.

„Ja, ich bin jetzt ein angesehener Kaufmann und Ratsherr. Habe es zu etwas gebracht. Gestern bin ich sogar in den Kreis der Kaland-Bruderschaft aufgenommen worden."

"Was ist denn das?"

„Wir sind ein Kreis von angesehenen Bürgern und treffen uns *ad calendas,* also jeden ersten Tag im Monat. Daher der Name. Unser Ziel ist die Wohltätigkeit. Wir unterstützen die armen Leute, die oft unschuldig in Not geraten sind."

„Respekt! Dann kann man dich nur beglückwünschen", Christoph wandte sich zum Gehen, „Entschuldigung, wir müssen weiter. Die Pflicht - weißt schon!" Ihn stieß das eitle Getue ab.

Aber so leicht ließ der sich nicht abschütteln.

„Ja, ja, aber sag, warst du auch im Krieg?", damit deutete Erich auf Christophs Arm. „Einige unserer früheren Mitschüler sind in den letzten Kriegen gefallen."

„Nein, es war ein Unfall. War schön, dich hier zu treffen, aber ich muss nun wirklich weiter. Vielleicht sieht man sich ein anderes Mal in der Stadt. Auf Wiedersehen!", damit wollte sich Christoph nun endgültig schnellstmöglich von dem ihm lästigen Gesprächspartner verabschieden.

Der reichte Christoph die Hand, wobei er seinen Arm umständlich verdrehte, als er mit seiner rechten nach Christophs linker Hand griff: „Ja, du hast recht, auch ich muss jetzt gehen, der Bürgermeister wartet schon im Ratskeller. Weißt schon – Stammtisch der Honoratioren." Erich grinste über das ganze Gesicht. „Kannst ja auch einmal dort vorbeikommen oder bei mir zu Hause, ich wohne jetzt am Markt, dann können wir uns weiter unterhalten." Hochmütig stelzte er zu der bereitstehenden Kutsche, winkte noch einmal gönnerhaft heraus und weg war er.

„So ein Lackaffe und Angeber, der war strohdumm in der Schule. Woher hat der das Geld? Stammt doch auch aus einfachen Verhältnissen. Das ist bestimmt nicht mit rechten Dingen zugegangen", echauffierte sich Meister Bartel.

„Was regt Ihr Euch auf? Der Mann war doch nett und Ihr fertigt ihn ab wie den letzten Dreck", versuchte der Italiener ihn zu beruhigen.

„Nett! Nett! Da kann ich mir nichts drum kaufen", regte sich Bartel immer mehr auf und maulte weiter vor sich hin.

Tommaso ließ den schimpfenden Meister einfach stehen und ging mit Franziskus zur Bastei.

Bartel eilte den beiden nach: „Entschuldige! Du hast sicher Recht! Aber der ist mir einfach gegen den Strich gegangen. – Wir sollten weiterreisen, Tommaso, mich hält hier nichts mehr. Das ist nicht mehr meine Heimat."

„Ich denke auch die ganze Zeit daran, dass wir weiterziehen sollten", stimmte Tommaso ihm zu, „Besonders, seit wir am Grab Eurer Eltern gestanden sind, denke ich immer wieder an meine Mutter. Ich würde sie gerne noch einmal wiedersehen."

Wehmütig blickte der junge Mann in die Weite und dachte an zu Hause. An die Pasta secca, die die Köchin Cecilie bereitet hatte. Im Hof vor der Küche der Fattoria hingen einige Tage lang die langen dünnen Teigwaren auf einem Gestell in der Sonne. Heimlich stibitzten Tommaso und der junge Conte davon, Cecilie wurde fuchsteufelswild, wenn sie das bemerkte. Sie waren allerdings nicht die Einzigen, die sich unerlaubt bedienten.

Zusammen mit Gemüse in Fleischbrühe oder Mandelmilch gekocht, waren die Nudeln eine Delikatesse, die sich nur die reiche sizilianische Oberschicht leisten konnte. Am liebsten hatte er die Variante mit Safran und Zimtzucker, die es nur an Festtagen gab.

„Aber was ist dann mit der Bedrohung durch den Conte?", schreckte ihn der Meister aus seinen Träumereien auf.

„Vielleicht sollte ich mich dem stellen, ihm ein Angebot unterbreiten, mich freikaufen und ihm als freier Mann meine Dienste anbieten. Ich muss einen Weg finden, in dem er nicht sein Gesicht verliert und der für uns beide akzeptabel ist."

„Also gut, reden wir mit unseren Frauen. Allerdings solltest du noch einmal mit Freia über eure Hochzeit sprechen. Ihr könnt nicht länger als unverheiratetes Paar durch die Welt reisen. Fragt doch mal die Äbtissin Maria Elisabeth, sie soll eine sehr verständnisvolle und weltoffene Frau sein. Du hast heute selbst gehört, wie sie als Evangelische offen ihren katholischen Mitschwestern gegenüber ist. Sie nimmt sogar Trauungen vor, wenn beide Brautleute einen unterschiedlichen Glauben haben. Ich habe mich letzte Woche schon einmal erkundigt, zum Schein müsste Freia katholisch werden oder du wirst evangelisch und dann geht das, hauptsächlich ihr habt die Anerkennung einer

Kirche, gleich welcher", grinste Christoph den jungen Mann an.

Drei Wochen später fand in der kleinen Schlosskapelle die Trauung, auf katholisch, statt.

Tags drauf wollten die beiden Familien abreisen. Nächstes gemeinsames Ziel sollte die Stadt Windsheim sein. Sie schlossen sich einigen böhmischen Händlern an, die nach Nürnberg unterwegs waren.

Nach einem guten Frühstück, dazu gehörte für Freia immer eine Klütersupp, auf gut fränkisch eine Glungersub´n — hierbei wird Mehl so lange in kochendes Wasser eingerührt, bis es Klumpen bildet – wollten sie aufbrechen. Ob auf fränkisch oder pommerisch, Christoph schmeckte diese Mehlpampe nicht. Ganz gleich auch, was dazu gereicht wurde, es schmeckte wie Schweinefraß. Er bedauerte die armen Leute, bei denen es oft tagelang nichts anderes zu Essen gab. Wir sind schon reich, dachte er sich, wir können uns sogar einmal die Woche Fleisch leisten. Ich habe allen Grund, dankbar und zufrieden zu sein.

„So, hier noch einen Nachschlag für jeden!", die junge Frau bestand darauf, dass jeder eine große Portion Suppe aß. „Wir haben noch eine weite und anstrengende Fahrt vor uns und da braucht jeder Mensch was Ordentliches im Magen."

Kurz nach dem Passieren des südlichen Stadttores wurden sie bereits wieder gestoppt. Ein junger Mann, Christoph kannte ihn vom Gasthaus, überbrachte zwei Briefe, die gerade noch rechtzeitig mit der Post angekommen waren. Beide kamen aus Windsheim. Lena schrieb in dem älteren Brief, dass es ihr gut gehe und sie wieder guter Hoffnung sei.

„Wird aber auch langsam Zeit für das zweite Kind. Wo treibt sich denn der Herr Schwiegersohn immer rum?", brummte Christoph.

„In Windsheim läuft das Leben in ruhigen Bahnen dahin, es ist hier viel zu langweilig, nichts geschieht", las Anna Maria vor.

„Die feine Dame soll was arbeiten, das Rumsitzen und Maulaffen Feilhalten bekommt ihr nicht."

„Hör mit deinem ewigen Gemeckere auf, sonst lese ich nicht weiter!", wies Anna Maria ihren Mann barsch zurecht.

Beleidigt schwieg der Meister und verkniff sich fortan seine bissigen Kommentare, die ihm auf der Zunge lagen.

Anna Maria las ihm weiter vor: *„Der Johann Michael Krauß hat begonnen den Nordturm von St. Kilian weiter aufzubauen, bis zum ersten Zwischengeschoss ist man schon fertig. Der Michael kommt immer wieder einmal bei mir vorbei, um sich nach Albrecht zu erkundigen. Aber Albrecht hat sich schon lange nicht mehr bei mir gemeldet. Das Letzte, was ich von ihm gehört habe war, dass er mit seinem Regiment nach einer Stadt Namens New York abrücken sollte, dass Marcella ihr drittes Kind bekommen hat und dass es ihnen gut geht. Aber sein Brief war schon über ein Jahr unterwegs gewesen, bis er mich erreichte.*

Anna Marie freute sich, etwas über Albrecht, ihren Sohn aus erster Ehe, der vor einigen Jahren von den Hessen als Soldat nach Amerika verschleppt worden war, und seiner Familie zu erfahren. Neugierig las sie weiter:

Stellt Euch vor, lieber Herr Vater, vor einiger Zeit hat ein Johann Hübscher eine vollständige Geografie über Windsheim herausgegeben. Mein Mann hat mir davon ein Exemplar geschenkt und ich lese immer wieder darin oder schaue mir die wunderschönen Zeichnungen an. Darin wird unsere kleine Stadt auf das Herrlichste beschrieben.

Der Lebküchner und Feldvermesser Johann Stellwag hat sogar eine fein säuberlich bunt angemalte neue Tuschezeichnung angefertigt, erklärte mir Sebastian. Auf dieser Karte sind die Häuser und Gärten so gemalt, wie sie Gott von oben sieht.

Ich verstehe ja davon nichts, sichtlich stolz war mein Mann, als er mir zeigte, welche Häuser und Grundstücke ihm alle gehören.

Liebe Frau Mutter, Dich wird es bestimmt interessieren, dass ein paar vorbeiziehende Zigeuner auf dem Kehrenberg eine Quelle entdeckt haben, die bei Magen- und Darmbeschwerden helfen soll. Viele Leute schwören auf das Wasser, auch Schwangere sollen drei Mal täglich davon trinken, dann bekommen sie einen gesunden Knaben. Christina hat mir welches davon besorgt, aber es schmeckt einfach scheußlich.

Mein Mann will uns jetzt in Ansbach ein Haus kaufen. Er muss oft zu den Beamten des Markgrafen wegen verschiedener Angelegenheiten und da sei es besser, meinte er, dass er eine eigene Bleibe habe.

Letztes Mal wurde er wegen einer sehr unangenehmen Sache nach Ansbach zitiert:

Die Bürgermeister wechselten wieder einmal kreuz und quer, nur der Oberrichter Franz Jacob Merklein, den kennt Ihr ja noch als Bürgermeister, behielt seinen Posten. Als der Dekan mehr Geld wollte, stimmte Merklein sogar zu. Nach der Säkularisation vor etwa 67 Jahren war zwischen dem Markgrafen zu Ansbach und der Stadt Windsheim eine vom Kaiser festgelegte Besoldung von 170 Gulden im Jahr für den Dekan und Stadtpfarrer vereinbart worden.

Dies reiche nicht zum Leben, behauptete der Pfarrer. Vielleicht hätte er sich etwas zurückhalten und seiner Frau nicht jedes Jahr ein Kind machen sollen. Die haben mittlerweile, glaube ich, 15 Kinder, kein Wunder, wenn da das Geld nicht reicht. Allerdings hat er so manches an zusätzlichen Einnahmen. Etwa für eine Kindstaufe, eine Hochzeit oder eine Beerdigung müssen die Gläubigen extra bezahlen. Auch

„darf" bei derartigen Festlichkeiten der Pfarrer immer verköstigt werden. Er schimpft jedes Mal, wenn er zu den armen Leuten gehen muss, da gibt es „nichts Gescheites", wie er dann überall herumtratscht. Keiner will sich diese Blöße geben und leiht sich deshalb vom Juden Goldmann Geld.

Der Merklein ist auch so´n Nörgler, der mit nichts zufrieden ist. Als dem obersten Vertreter des Kaisers in der Stadt stehe ihm mehr zu, behauptet er. Ich meine, für einen Beamten ist ein Jahreseinkommen von knapp 200 Gulden mehr als genug. Gemeinsam mit dem Pfarrer verfasste er ein Schreiben an den Markgrafen und den Kaiser.

Nun soll mein Sebastian mit dem Seckendorff zusammen eine befriedigende Lösung für beide Seiten erarbeiten.

Gerne würde ich ihn dorthin begleiten, mir hat es in Ansbach das letzte Mal besonders gut gefallen. Da ist was los, da spielt das Leben."

Noch viele kleinere Geschichten schrieb ihnen ihre Tochter, auch im zweiten Brief, aber Christoph hatte bis zum Abend den größten Teil davon wieder vergessen.

Die letzten Stunden waren einfach zu anstrengend gewesen. Ursprünglich wollten sie die Wälder des Harzes umfahren und am Ende des Gebirges nach Süden abbiegen. Gegen Mittag erreichten sie eine der großen Heerstraßen, aber diese war mit durchziehenden Truppen, so weit das Auge reichte, überfüllt.

Im Januar war die Zarin von Russland gestorben und nun auch noch der Preuße Friedrich Wilhelm. Die 80.000 Mann des Soldatenkönigs wurden nun von seinem Sohn Friedrich in Bewegung gesetzt. Galt es doch Machtansprüche geltend zu machen, notfalls mit Gewalt. Auch die Macht des Kaisers lag danieder, Karl lag auf dem Sterbebett. Ebenso war der

Erbfolgekrieg zwischen Russland und Polen, in dem sich auch die Österreicher und Preußen einmischten, noch nicht endgültig ausgestanden.

Also schwenkte die kleine Reisegruppe sofort nach Süden ab und überquerte den Harz. Die Wege waren hier allerdings sehr schlecht, führten oft steil hinauf und wieder in halsbrecherischen Kurven hinab.

Als sie dann eines Abends nahe an einem Gasthaus vor der Stadt Stolberg anhielten, war der Meister total erschöpft. Der schwere Wagen ließ sich mit nur einem gesunden Arm sehr schwer lenken. Nur gut, dass seine Tiere so gut gehorchten, besonders hier auf dem letzten steilen Serpentinenweg abwärts nach Stolberg. Franziskus, der das Bremsen bereitwillig übernahm, hatte alle Hände voll zu tun gehabt, die schwere Kurbel zu betätigen.

„Ich gehe jetzt ins Gasthaus, ich brauche eine Abwechslung nach der anstrengenden Fahrt", meinte der Meister nach dem Abendessen zu seiner Frau. Als Tommaso sich anschickte ihn zu begleiten, winkte er ab: „Nein Tommaso, bleib da und gib auf die Frauen acht. Legt euch schon ruhig nieder und wartet nicht auf mich, morgen wird es wieder ein langer und anstrengender Tag werden."

Und so schlenderte Andreas Christoph Bartel zum *Schwarzen Raben,* einer Spelunke vor der Stadtmauer.

Schwere Rauchschwaden und ein durchdringender Bier- und Schweißdunst umfingen den Meister, als er die Kneipe betrat. Nur am hintersten Tisch, an dem mehrere Soldaten Karten spielten, fand er noch Platz. Bereitwillig rutschten die

Männer zusammen und luden ihn zu einem Bier und zum Spielen ein. Nach anfänglichem Zögern nahm er an und war froh über die lockere Unterhaltung.

Zu später Stunde ging es hoch her, immer wieder kreiste der Krug. Christoph spielte, hatte Glück und gewann eine ansehnliche Summe. Als er jedoch aufhören wollte, beschimpften ihn die Männer, bezeichneten ihn als Schlappschwanz und Feigling, er sollte ihnen doch eine reelle Chance geben, damit sie vielleicht ihr verlorenes Geld zurückgewinnen könnten. Also gab der Meister ihnen die Chance und spielte weiter. Dabei merkte er nicht, dass die Soldaten ihn betrunken machten und ihm durch Falschspielen sein ganzes Geld abnahmen. Sie akzeptierten sogar Schuldscheine, die sie ihm vorlegten und die er ohne zu Lesen unterschrieb.

16   Ansbach   1741

Am späten Nachmittag erreichten sie die Residenzstadt Ansbach. Gleich nach dem Stadttor gegenüber von St. Johannis hatte der Bürgermeister Knörr in einem kleinen, aber sauberen Gasthaus das Quartier bestellt. Hier in der *Goldenen Traube* kannte man ihn bereits von früheren Aufenthalten. Für die beiden Frauen war alles neu und aufregend. In Ruhe sollten sie sich einrichten. Er ließ sie alleine, denn er musste noch einiges erledigen.

Bereits kurze Zeit später kam er mit einem vornehm gekleideten Herrn zurück. Die Frau des markgräflichen Kastners Johann Christoph Hirsch, so hieß der Herr, den Sebastian Knörr von früheren Aufenthalten her gut kannte, hatte den beiden Herren befohlen, sofort die Damen und das Kind aus dem Gasthaus zu holen. „Das ist doch beileibe kein geeigneter Ort", meinte sie und lud die Knörrs ein, bei ihnen im Gumbertshof zu wohnen, einem ehemaligen Anwesen des Chorherrnstifts vom aufgelösten Kloster Gumbertus, als die Markgrafschaft evangelisch geworden war. Erst vor zwei Jahren hatte der Kastner Hirsch das Anwesen von Carl von Forster gekauft und es zu einem ansehnlichen Stadtpalais für seine Familie umgebaut. Als zuständiger Beamter für die Finanzen des Markgrafen hatte sich Hirsch hier ein seiner Stellung angemessenes Palais zugelegt. Neider meinten allerdings etwas zu groß und zu protzig für einen Beamten.

In so einem imposanten Gebäude hatte Lena noch nicht gewohnt. Frau Hirsch entschuldigte sich, dass sie ihnen leider nur ein paar bescheidene Zimmer im hinteren oberen Stockwerk anbieten könne. Der Zwischenbau sei leider noch nicht ganz fertig geworden. Die Maler- und Stuckarbeiten sollten erst im nächsten Monat abgeschlossen werden.

Doch Lena war begeistert, viel besser als in einem Gasthaus. Gerne lebte sie wieder einmal in einer großen Familie mit. Seit ihre Eltern abgereist waren, wohnte sie in Windsheim alleine nur mit ihrem fast zwanzig Jahre älteren Mann und dem kleinen Kind in ihrem neu hergerichteten Haus.

Nun folgten für sie einige unbeschwerte Wochen. Jegliche Sorge und Verantwortung um den Haushalt, den Lena zu Hause hatte, konnte sie vergessen, wie bei den feinen Damen, meinte Lena scherzend zu ihrem Mann.

Besonders Leonore Charlotte Hirsch war völlig vernarrt in den kleinen Andreas Christoph. Die Tage vergingen mit Müßiggang. Zusammen mit Leonore Hirsch, einer etwa 55-jährigen vollschlanken, für ihr Alter immer noch gut aussehenden Frau der besseren Gesellschaft, verbrachte Lena die Tage. Die junge Frau langweilte sich. Auch die anderen Damen, die immer nachmittags in den Gumbertshof zum Kaffee kamen, trugen nicht gerade zur Aufheiterung bei. Stricken, häkeln, sticken und der Tratsch der Ansbacher. Das interessierte die junge Windsheimerin nicht wirklich. Wie gerne hätte sie sich mit Gleichaltrigen oder zumindest Gleichgesinnten unterhalten. Über Politik, Kunst oder dergleichen, aber so etwas wiesen die Damen weit von sich, das war etwas für Männer oder für einfache Weiber.

„*Wenn Frauen außer der Haushaltung reden, so taugen sie nichts*, hat Martin Luther gesagt", erklärte ihr Frau Hirsch, „Und darum reden wir nur über Frauensachen und Haushalt im geschlossenen Damenkreis."

So hatte sich Lena von ihrem Mann Papier und Stifte besorgen lassen und widmete sich dem Skizzieren. Manchmal porträtierte sie auch einige der anwesenden Damen. Aber das Affentheater, was danach immer folgte, ach wie süß, ach wie niedlich und so weiter, ging ihr auf die Nerven. So hatte sie sich angewöhnt, nur noch zu malen und zu zeichnen, wenn sie alleine war oder heimlich aus der Entfernung beobachten konnte.

Eines Tages stellte ihr Leonore Hirsch Hannah, die junge Frau von Elias Model vor. Später am Abend fragte Lena Leonore über die Models aus.

„Die Familie Model gehört zu den Ansbacher Hofjuden."

Dies war nun endlich einmal etwas, was Lena interessierte: „Was heißt das jetzt? Was sind Hofjuden?"

„Aber Mädchen, du weißt nicht viel von der Welt. Hofjuden sind Juden, die dem Hof dienen, besonders in Finanzfragen. Seit unser Markgraf Joachim Ernst Anfang des letzten Jahrhunderts den Juden gestattet hat, hier in seinem Fürstentum zu siedeln, gibt es einmal mehr oder auch mal weniger jüdische Familien." Die Hirschin war richtig stolz, einmal konnte sie ihr Wissen an jemanden weiter geben.

„Hier in unserer Residenzstadt siedelten sich erst nach dem großen Religionskrieg einige Familien an. Das waren ja ganz normale Menschen. Sie erfüllten genauso ihre Pflichten im Staat wie alle anderen Bürger. Dennoch wollte niemand so richtig etwas mit ihnen zu tun haben, sie waren halt einfach etwas anders. Unter dem letzten Markgrafen Wilhelm Friedrich erreichte die Familie Model mit Marx, dem Vater von Elias, den größten Einfluss auf den Hof und dessen Geldgeschäfte. Mein Mann hat als Finanzbeamter natürlich viel mit den Models zu tun. Darum muss ich die Damen der Juden auch öfters mal einladen. Aber die trinken und essen immer nichts. Warum weiß ich nicht. Auch, welche Geschäfte die betreiben und wie das funktioniert, weiß ich nicht. Will ich auch gar nicht wissen, das ist Männersache. Ich weiß nur, dass es hier immer um große Summen geht. Über 100.000 Taler, unvorstellbar, wie viel Säcke mit Geld sind das? Die Models haben zwei große vornehme Anwesen hier in Ansbach. Einen Haushalt führen die fast wie der Markgraf. Unvorstellbar reich sollen die sein. Naja, es heißt nicht umsonst, die Juden raffen alles Geld zusammen. Wucherzinsen sollen die nehmen. Arme Leute sollen die um Haus und Hof bringen, sagen die Gerüchte. Steht ja schon in der Heiligen Schrift, dass sie selbst ihre eigenen Leute für Geld verkaufen. Denke nur an Judas, Lena, für nur 30 Silberlinge hat der Jesus verkauft. Und auch unser Martin Luther hat in seinen Schriften geschrieben, man soll den Juden nicht trauen."

Völlig erschöpft von der anstrengenden Rede ließ sich Frau Leonore in die Kissen der Chaiselongue sinken.

Lena wollte etwas erwidern, hatte sie doch von ihrem Vater immer gehört, dass alle Menschen gleich seien und dass die Hetzereien vom Luther falsch wären, aber Leonore winkte ab, sie wollte jetzt nichts mehr von den Juden hören.

In der folgenden Woche wurde Lena zu einem Nachmittagsplausch in den Garten von Frau Model eingeladen.

Mit der Prachtkarosse der Familie Hirsch wurde Lena ein paar Straßen weiter zu den Models kutschiert. Sie hatte ja gemeint, die kurze Entfernung könne sie leicht auch gehen.

„Aber nein, wir sind vornehm und wir lassen uns doch von den Juden nicht schief anschauen und auch unsere Gäste sollen nicht wie das gewöhnliche Volk zu Fuß durch Ansbach laufen", bekam sie zur Antwort.

Nervös zupfte sie an ihrer Garderobe herum. Alles war sehr aufregend. Als ihr Frau Hirsch mitgeteilt hatte, dass sie da alleine hinmüsse, hätte sie am liebsten abgesagt. Aber nun, vor dem Eingangsportal stehend, gab es kein Zurück mehr.

Mit Christina, die den kleinen Andreas auf dem Arm trug, wurde sie von einem in einer blaugelben Livree gekleideten Diener in den großen prachtvollen Garten geleitet.

Welch eine Vielfalt! In dem Geviert zwischen den Palästen und der Stadtmauer wuchsen alle möglichen exotischen Pflanzen. Unbekannte Früchte hingen von Bäumen. Eine Blütenpracht von unvorstellbarem Ausmaß. Und erst der Duft, einfach im wahrsten Sinn des Wortes umwerfend. Lena wurde es ganz schwindlig. Zaghaft bewegte sie sich auf den mit Marmor gepflasterten Wegen vorwärts.

„Schalom, Magdalena Knörr", begrüßte sie Hannah Model freundlich, „nehmt doch bitte hier bei mir Platz."

Damit wies sie auf ein mit Brokatdeckchen belegtes rotes Sofa, das im Schatten unter in Holzkübel gepflanzten Palmen stand. Zögernd nahm Lena Platz.

„Nicht so schüchtern, werte Frau Knörr. Ich habe euch eingeladen, weil ich bei meinem Besuch letzte Woche gleich bemerkt habe, dass Ihr viel aufgeschlossener seid, als die ganze andere Damengesellschaft. Ich habe damals gespürt, dass Ihr euch genauso langweilt wie ich. So eine Frau wie ihr, ist in diesen Hofkreisen selten anzutreffen."

Lena nahm wahr, wie Christina mit ihrem kleinen Sohn im vorderen Teil des Gartens ein schattiger Platz zugewiesen wurde.

Ein schwarzer Diener brachte ein Tablett mit zwei Tassen und einer Kanne, dazu verschiedene Spezereien.

„Kommt, trinkt mit mir eine heiße Schokolade, das wird euch bestimmt schmecken."

Lena blickte dem Diener erstaunt nach, sie hatte noch nie einen so schwarzen Mohren mit gekräuselten Haaren und einem großen Goldring im Ohr gesehen, kannte nur einige Bilder, die der Herr Pfarrer in der Sonntagsschule gezeigt hatte. Vorsichtig nippte sie an dem ihr unbekanntem Getränk, es war süß und bitter zugleich. Es bereitete ihr ungeahnte Gaumenfreuden.

„Na, nun sagt schon etwas, hat es euch die Sprache verschlagen?", lachte Hannah. „Das ist heiße Schokolade aus Afrika – vorzüglich, nicht wahr?".

„Einfach himmlisch, ich habe so etwas noch nie getrunken", stotterte Lena beseelt.

„Ich habe vorgestern meinen 18. Geburtstag gehabt und wie alt seid Ihr?", wollte Frau Model von der Windsheimerin wissen.

„Im Januar bin ich achtzehn geworden," antwortete Lena.

„Dann sind wir fast gleich alt", freute sich die junge Frau, „lass uns doch Freundinnen sein. Sag einfach Hannah zu mir."

„Ja gerne, ich bin die Lena." Hoffentlich war das Sebastian recht. Das ist doch eine Jüdin und manchmal war er schon etwas komisch in solchen Dingen.

Viel hatten sich die beiden jungen Frauen an diesem Nachmittag noch zu erzählen. Waren doch beide wie Gefangene in der jeweiligen Gesellschaft unter lauter „alten Damen", wie sie scherzhaft feststellten.

Die beiden waren in ihrem Aussehen wie Tag und Nacht zueinander. Lena immer noch so rotblond wie früher. Die Menge der Sommersprossen hatte mit den Jahren etwas zugenommen. Die Schwangerschaft hatte sie allerdings etwas runder werden lassen, was ihr jedoch sehr gut stand. Den langen, geflochtenen Zopf trug sie oft hochgesteckt unter einer modischen Haube. Gekleidet nach der neuesten Mode, fest geschnürt, mit tiefem Dekolleté, welches den Blick auf ihren üppigen Busen gewährte.

Hannah trug zu Hause ihr langes, schwarzes Haar meist offen. Sie war so schlank, dass man sie fast als dürr bezeichnen konnte. Im Gegensatz zu Lena zeigte ihr Busen nicht einmal die Andeutung einer weiblichen Form.

Aber in ihrer Art zu reden und über die verschiedensten Dinge nachzudenken, waren die beiden Frauen wie eineiige Zwillinge.

Die Windsheimerin versprach beim Abschied, so bald wie möglich wieder zu kommen.

Endlich bereitete ihr der Aufenthalt in Ansbach Freude. Weggeblasen war die langweilige Herumsitzerei bei Frau Hirsch oder den anderen Damen der Ansbacher Beamtengesellschaft.

Nach anfänglichem Zögern hatte ihr Mann doch zugestimmt und ihr den Umgang mit der Jüdin gestattet. Man weiß ja nie, vielleicht war man einmal auf deren Hilfe angewiesen. Der Kontakt konnte auf keinen Fall schaden, dachte er sich.

Sie war ja immerhin die Frau des angesehenen Hofjuden Elias Model.

Eigentlich – wieso gestattet, ging es Lena durch den Kopf? Sie war doch ein freier Mensch - oder? Die Gedanken der Freiheit und Gleichheit, die Vater immer gepredigt hatte, galten doch auch für sie.

Viel Neues war auf die Windsheimerin in den letzten zwei Wochen eingestürmt. Mit ihrem Mann konnte sie darüber nicht reden. Für ihn galt der Wille der Obrigkeit immer noch als Gesetz. Er war durchaus dem Gedankengut der Aufklärung gegenüber aufgeschlossen, aber nur in den Grenzen der bestehenden Ordnung. Wenn der Kaiser, oder wie hier in Ansbach der Markgraf, „Mitspracherechte" für jeden Bürger einräumen würde, dann wären damit aber nur die höheren Beamten und die reichen Kaufleute gemeint. Das einfache Volk, und da zählten für Sebastian Knörr auch die Handwerksmeister dazu, hatten ja keine ausreichende Bildung und verstanden davon sowieso nichts. Er war der Meinung, das sei wie Perlen vor die Säue werfen.

Auf Diskussionen mit seiner Frau Lena ließ sich der Bürgermeister und angesehene Advokat nicht ein. Sie war eine Frau und die verstanden einfach nichts von Politik. Ihr Vater hatte sie allerdings mit seinen aufrührerischen Ansichten grundlegend verdorben. Frauen gehörten an den Herd! Sie sollten sich um den Haushalt und die Kinder kümmern.

Er hatte die besten Aussichten eines Tages kaiserlicher Oberrichter zu werden und dazu musste er erst einmal seine Familienangelegenheiten in Ordnung bringen, denn der neue erste Geheime Minister des Markgrafen, Christoph Ludwig von Seckendorff – Aberdar, hatte ihn bei einer Audienz gerügt: „Herr Knörr, es geht nicht an, dass Eure Frau immer nur mit der Jüdin Model verkehrt, sie brüskiert damit die Frauen der anderen Hofbeamten. Bringe Er dies in Ordnung!"

„Exzellenz", versprach der Windsheimer, „wir werden so bald wie möglich abreisen und dann erledigt sich die Sache von selbst."

Als Sebastian seiner Frau mitteilte, dass sie in drei Tagen abreisen würden, freute sie sich. Seit sie sich regelmäßig mit Hannah Model traf, hatte sie gespürt, dass sie ausgegrenzt wurde und keine Einladungen der „feinen Ansbacher Damenwelt" eintrafen. Allerdings störte sie das herzlich wenig. Lästiger empfand sie da schon den Baulärm, der seit einiger Zeit von nebenan herüber dröhnte. Immer noch wurde durch den Baumeister des Markgrafen Leopold Retti weiter an der Residenz gebaut, vor allem an den westlichen Wirtschaftsgebäuden. Bald sollte auch mit der Umgestaltung der Gumbertuskirche begonnen werden. Der Markgraf wollte eine der heutigen Zeit angepasste moderne Predigtkirche haben.

Vor ihrer Abreise schrieb sie einen Brief an ihre Eltern. Die letzte Nachricht von ihrer Mutter hatte sie vorgestern erreicht, irgendwo aufgegeben und schon einige Monate länger unterwegs.

Ansbach, den 15. Mai 1737

Geliebte Frau Mutter, lieber Herr Vater!
Danke für Euren lieben Brief, liebe Frau Mutter. Ich freue mich immer, wenn ich etwas von Euch höre. Schon sehr lange ist keine Post mehr von Euch angekommen. Vor etwa zwei Monaten traf Euer Schreiben aus dem Ort Stettin, wo immer das auch sein mag, ein. Und nun kam ein Brief, den Ihr vor fast einem Jahr in Frankfurt geschrieben habt. Wir leben offensichtlich in unruhigen Zeiten und da kommt einiges durcheinander.

Liebste Mutter, Ihr schreibt vom traurigen Tode des Musikanten Alphonse Tournier. Das tut mir sehr leid. Es gibt so viel Ungerechtigkeit auf dieser Welt. Um so mehr danke ich Gott immer dafür, dass es mir so gut geht, auch wenn ich ab und zu einmal kleine Probleme mit meinem Gemahl habe. Besonders im Politischen sind wir nicht immer einer Meinung.

Ich hoffe, dass es dem Herrn Vater wieder besser geht. Gerne würde ich mit ihm wieder einmal diskutieren.

Habt Ihr nun die Fahrt nach St. Petersburg oder nach Amerika angetreten? In Eurem letzten Schreiben wart Ihr noch unschlüssig.

Die letzten Wochen waren für mich sehr aufregend. Ich durfte mit Sebastian nach Ansbach fahren. Mein Mann war vom Markgrafen Karl Wilhelm Friedrich zum Rapport bestellt worden und er sollte mich mitbringen, da die Markgräfin Friederike Luise einen Maitanz geplant hatte. Dazu waren auch die höheren Regierungsbeamten und einige vornehme Kaufleute eingeladen. Leider wurde daraus nichts, denn überraschend ist ihr kleiner Sohn Karl gestorben. Stellt Euch vor, er war erst vier Jahre alt, aber der Hofprediger in der Gumbertuskirche meinte, dem Knaben sei eine große Gnade zuteilgeworden, denn er durfte bereits in sehr jungen Jahren ins Paradies eingehen. Na ja, so kann man das auch sehen.

Gott sei Dank haben beide noch einen Sohn, nur ein wenig älter als unser Andreas Christoph. Unser Kleiner bereitet uns übrigens sehr viel Freude.

Die Wochen, die ich in Ansbach verbracht habe, waren eine sehr wertvolle Zeit für mich. Ich habe mich mit Hannah, der Frau des einflussreichen Hofjuden Elias Model angefreundet. Endlich begreife ich die Thesen, die Ihr, werter Herr Vater, von der Gleichheit aller Menschen aufgestellt habt. Erst jetzt ist mir bewusst geworden, die Juden glauben ja an den gleichen Gott wie wir! Und viele Menschen, die in der Bibel vorkommen, waren auch Juden. Sogar der von mir sehr verehrte Paulus, er war zwar Römer, aber trotzdem Jude. Ich begreife die Angst nicht, die viele Menschen vor den Andersgläubigen haben. Hannah hat mir viel über ihren Glauben und ihre Gesetze erzählt. Einiges wirkt schon sehr fremd auf mich, aber auch nicht anders als manches Katholische.

Als Beispiel nur eine kleine Geschichte: Wir sind eines Tages gemeinsam vor den Toren der Stadt in den Rednitzauen flaniert. Plötzlich kam ein wilder Reiter auf uns zu geritten und wir mussten zur Seite springen. Dabei verlor Hannah ihr Gebetbuch, aus dem sie mir gerade vorlas. Das Büchlein flog in den Fluss und sie wollte hinterherspringen. Ich versuchte sie daran zu hindern und versprach ihr ein neues Buch. Aber sie ließ sich nicht davon abbringen und stieg in das kalte Wasser und fischte das Buch heraus. Sie erklärte mir, alles Geschriebene, ob handschriftlich oder gedruckt, in dem der Name Gottes vorkommt, sowie Schriften, die in hebräischen Buchstaben verfasst sind, dürfen nicht zerstört werden. Sie wird das beschädigte Buch ihrem Mann geben, der es dann in einer sogenannten Genisa, hier in Ansbach ist das der Dachboden des jüdischen Versammlungshauses, deponieren wird.

So, jetzt muss ich Schluss machen und den Brief noch zu Hannah bringen. Sie lässt ihn mit der jüdischen Post nach Greifswald zum Juden David Schuster schicken, einem Kaufmann mit weitreichenden Verbindungen. Er wird Euch zu finden wissen und die Post nachsenden.

Ich hoffe, Ihr seid beide wohlauf, es umarmt Euch
   In innigster Liebe
     Eure Tochter Lena

Es dunkelte bereits, Lena legte ihr Tuch um, schlüpfte zur Tür hinaus und lief der gerade heimkommenden Leonore Hirsch in die Arme.

„Aber Kind, wo willst du um diese Zeit noch hin? Eine anständige Frau geht abends nicht alleine aus dem Haus." Entrüstet schüttelte Frau Hirsch den Kopf.

„Ich wollte, ich wollte nur den Brief an meine Eltern zu Hannah bringen. Sie will ihn heute noch mit zur Post geben", stotterte Lena mit hochrotem Kopf.

„Nichts da, da schicken wir einen Diener! Johann! Johann, komm Er her. Bringe Er den Brief der Frau Knörr zum Haus der Models", befahl die Hausfrau.

Sie schob das Mädchen eilig ins Haus: „Weißt du denn nicht, dass hier abends in Ansbach der Werwolf umgehen soll!"

„Aber Frau Leonore, so etwas gibt es doch nicht!"

„Doch! Glaub einer erfahrenen Frau etwas. Seit über 50 Jahren treibt dieses Unwesen seine schrecklichen Spiele hier in unserer Markgrafschaft. An den verschiedensten Orten ist er schon gesehen worden. Viele gewalttätige Mordtaten hat er schon verübt. Vor allem kleine Kinder werden von ihm aufgefressen. Aber auch junge Mädchen hat er schon angefallen.

Schnitter auf dem Felde wollen gesehen haben, wir er zu den unterschiedlichsten Frauen und Weibern sehr gehässig gewesen ist. Einmal soll man bei Neuses sogar durch List einen Werwolf in den Brunnen gestürzt und erschlagen haben", die Hirschin ereiferte sich immer mehr. „Aber diese Viecher stehen immer wieder auf, sie treiben nur nachts ihr schändliches Wesen, am Tage sind sie meist nicht zu erkennen. Stell dir vor, sie laufen mit unschuldiger Miene zwischen den normalen Menschen umher. Einmal hat man einen die Wolfschnauze kaputt geschlagen aber er konnte entwischen. Schau den Stallknecht vom Kreschmayer an, der hat ein völlig schwarzes und verunstaltetes Gesicht, gerade so als hätte man ihm die Schnauze eingeschlagen. Ich bin mir nicht sicher, ob der nicht ein Werwolf…"

„Leonore! Weib, hör endlich auf! Du immer mit deinen Gruselmärchen. Mach dem Mädchen keine Angst! Hör auf mit den Verleumdungen. Du weißt doch genau, dass Kreschmayers Knecht als Kind mit dem Gesicht ins heiße Öl gefallen sein soll", barsch machte der Hausherr den Hirngespinsten seiner Gemahlin ein Ende.

Aber nun fing die Frau erst recht zu geifern an, was ihm einfalle, sie vor dem Kind so schlecht zu machen und sie der Lüge zu bezichtigen. Lena war es unangenehm, sie verzog sich leise in ihr Zimmer.

Sie freute sich, endlich, morgen würden sie nach Hause fahren. Zuvor wollte sie allerdings noch einmal zusammen mit Hannah beim Posamentierer in der kurzen Gasse neben dem Retti – Palais noch ein paar schöne Bänder und Borten erstehen. Freilich gab es auch einen Laden in Windsheim, aber der dortige Meister fertigte seine Waren meist aus einfacher Baumwolle oder Leinengarn. Hier in der großen Stadt Ansbach gab es die kunstvollen Besatzartikel in reicher Auswahl auch aus Seide, Wolle und mit echtem Gold- und Silbergespinst verziert, Bänder und Borten eben für die feinen Damen.

Als die Freundinnen aus dem Laden in die strahlende Mittagssonne heraustraten, fiel ihnen ein neuer Stand vor einem Kramladen gleich am Eck auf. Ein fliegender Händler aus Schwabach, ein Flitterschlager, hatte hier seine Werkstatt aufgeschlagen. Die kleinen goldenen Rosen- und Sternenplättchen glitzerten und funkelten in der Sonne. Lena hatte bei der Markgräfin schon einmal so etwas gesehen. Feine Metallplättchen, meist aus Gold- oder Silberfolie hergestellte Teile mit einem Loch in der Mitte, die auf besondere Kleidungsstücke aufgenäht werden konnten.

Schnell wurden die beiden Frauen sich mit dem Flitterer einig und erstanden jeder eine kleine Handvoll der hübschen Verzierungen.

Einziehende Truppenteile des Fränkischen Kreises verhinderten allerdings die geplante Abreise am nächsten Tag. Der kommandierende Generalmajor Johann Sebastian Haller wollte die Gelegenheit nutzen, mit den anwesenden Beamten der Ansbacher Markgrafschaft über die Rekrutierung weiterer Truppen zu verhandeln. Haller wurde wie immer von seiner Frau Maria Sophia begleitet, von allen stets als „Feldmarschallin" oder „Generalin" bezeichnet. Wie viel

Einfluss seine Frau bei den Entscheidungen in den Schlachten hatte, ließ sich nie eindeutig klären, sicher war aber, dass Haller sie stets um Rat fragte. Der General hatte auf allen Schlachtfeldern seine Frau und seine Töchter samt Zofen und Kindermädchen dabei.

Endlich Ende Mai war es so weit. Die Rosse trabten heimwärts. Die aufgehende Sonne brannte schon erbarmungslos auf das ausgetrocknete Land.

„Das Getreide wird dieses Jahr bald reif werden, allerdings wird die Ernte wegen der langen Trockenheit recht gering ausfallen", stellte Sebastian fest.

Flink ging es über Flachslanden hinab ins Zenntal, hinauf auf die Frankenhöhe und wieder hinunter ins Aischtal. Abends, die Wachen wollten gerade die Tore schließen, erreichten sie ohne eine Unterbrechung Windsheim. Wie trostlos kam Lena jetzt die kleine verschlafene Stadt vor, wie viel lebendiger war da die Residenzstadt Ansbach. Nur wenige Menschen waren noch auf der Gasse. Viele hatten sich wahrscheinlich wegen der brütenden Hitze, die von den Häusern abgestrahlt wurde, in die schattigen Innenhöfe verzogen.

In den herrlichsten Farben, vom grellen Blutrot bis zum leuchtenden Orange, versank die Sonne am Abendhimmel. Vom Osten schoben sich bedrohlich schwarz aufwallende Gewitterwolken über die letzten Sonnenstrahlen.

Nachdem die Magd Christina das Bübchen Andreas ins Bett gebracht hatte, fand die junge Knörrin endlich Zeit, sich auf die Altane zu setzen. Obwohl bereits die Nacht angebrochen war, herrschte immer noch eine Schwüle, die einem den Schweiß aus allen Poren rinnen ließ. Nur knapp eine Stunde später, mittlerweile war es bereits finstere Nacht geworden, entlud sich mit ohrenbetäubendem Lärm das Gewitter. Sintflutartig rauschte der Regen herab. Im Nu verwandelten sich die Gassen in schlammige Sturzbäche. Grell zuckende Blitze erhellten den Himmel.

Kurz nach Mitternacht war der Spuk endlich vorbei. Die Sterne funkelten durch die aufreißenden Gewitterwolken. Gott sei Dank, nach den heißen Tagen der letzten Wochen, etwas Abkühlung.

17 Anna Maria   1740 - 1741

Am Morgen krabbelte Anna Maria aus ihrem Wagen vor der Stadtmauer, da gestern Abend die Tore von Stolberg schon geschlossen waren, hatten sie hier übernachten müssen.

„Habt ihr Christoph gesehen?", fragte Anna Maria Freia und Tommaso.

„Gestern Abend, als er ins Wirtshaus ging, hab ich ihn das letzte Mal gesehen", antwortete Tommaso, „ich schau nach, vielleicht liegt er dort betrunken unterm Tisch."

Nach einer halben Stunde kehrte er zurück und berichtete das Wenige, was er erst nach längerem Nachfragen in Erfahrung bringen konnte.

Der Wirt und ein paar verschlafene Zecher erzählten ihm vom Kartenspielen mit den Soldaten und, dass der Meister Bartel zusammen mit ihnen die Kneipe am frühen Morgen verlassen hatte. Sie ritten den Berg hinauf in den Wald. Preußen, meinte einer, könnten es der Uniform nach gewesen sein.

Nun waren sie bereits drei Tage in der kleinen Fachwerkstadt und hatten im Gasthaus *Goldener Adler* Quartier bezogen. Anna Maria fragte überall nach ihrem Mann, sogar im Rathaus und auf dem Schloss bettelte sie um Hilfe, aber sie wurde nur ausgelacht. „Dein Mann wird sich eine Jüngere gesucht haben", verspottete sie der Bürgermeister, nachdem sie immer wieder bei ihm nachfragte, und jagte sie aus seinem Amtszimmer.

Nach weiteren Tagen vergeblichen Wartens stand fest, dass der Meister spurlos verschwunden war. Aufgesogen von der Kriegsmaschinerie dieser unruhigen Zeiten. Die Meisterin konnte es einfach nicht glauben.

Anna Maria klagte der Wirtin ihr Leid. Die hatte sofort eine Erklärung dafür: „Das ist die Hexe Gwendolin, die haust dort oben hinter Stolberg und holt sich immer die jungen Männer."

„Aber mein Mann ist doch nicht mehr so jung", erwiderte Anna Maria der Wirtin, „und er ist auch noch einarmig."

„Na dann war´s eine andere Hexe. Ihr müsst wissen, dass bei uns auf dem Brocken der Teufel sein Unwesen treibt und der hat viele Hexen, die ihm immer wieder leichtsinnige Leute zuführen."

„Das ist doch Unsinn, die Hexen sind doch alle schon verbrannt worden", wendete die hinzutretende Freia ein.

„Nein, nicht hier bei uns, das dürft Ihr mir schon glauben", beharrte die Wirtsfrau, „schon vor fast hundert Jahren hat der Universalgelehrte Johannes Praetorius in seinem Buch über unseren höchsten Berg unter dem Titel *Blocks-Berges Verrichtung* einen ausführlichen Bericht darüber geschrieben. Darin hat er von dem berühmten Blocksberg, von der Hexenfahrt und dem Zaubersabbat berichtet. Unholde aus dem ganzen Land zelebrieren dort Hexenfahrten in der Nacht zum 1. Mai, der Sankt-Walpurgis-Nacht."

„Frau, hör auf mit dem Unsinn, der Herr Graf Heinrich zu Stolberg und später sein Sohn haben schon diesen Aberglauben verboten", wies der Wirt seine Frau zurecht, „du machst unseren Gästen nur Angst."

„Wenn du meinst. Aber trotzdem spukt es bei uns und die Zauberweiber fliegen nachts um den Hexenberg."

„Hört nicht auf meine spinnende Frau", schnitt der Wirt ihr das Wort ab.

Freia und Tommaso schlenderten durch die kleine Stadt.

„Hier ist vor fast dreihundert Jahren der Bauernführer Thomas Müntzer geboren, der hat Theologie studiert und war ein Anhänger Martin Luthers", erklärte ihnen der Bäckergeselle Alphons vom Schlossbeck, mit dem sie sich angefreundet hatten.

Aber das sagte dem Sizilianer nichts. Er hatte sich noch nie mit der Reformation hier in den deutschen Landen beschäftigt. Er wusste zwar, dass die meisten Menschen hier einen etwas anderen Glauben hatten, so wie seine Frau, aber dennoch an Gott glaubten. Zwar erkannten sie den Papst nicht als Stellvertreter Christi an, aber ansonsten war ja fast alles gleich. Er interessierte sich nicht sonderlich dafür. Sollte doch jeder das glauben, was er wollte.

Alphons erzählte ihm weiter, dass dieser Müntzer ein Sozialrevolutionär gewesen sei und dass man heute so einen Mann wieder brauchen könne. Er hatte vor fast 250 Jahren die Bauern und die einfachen Stadtbürger zum Aufstand gegen die Obrigkeit und Kirche aufgefordert. Einige Schlachten hatte dieser von ihm geführte Haufen gegen die Fürstentruppen geschlagen, aber leider zum Schluss gegen die kampferprobten Söldner und Ritter verloren. Der Prediger von Mühlhausen, wie er auch genannt wurde, berief sich auf die Bibel, in der im Evangelium von Matthäus zu lesen steht: *Ich bin nicht gekommen, um Frieden zu bringen, sondern das Schwert.*

„Im Mai 1525 wurde er nach längerer Folter und im Beisein von Herzog Georg des Bärtigen enthauptet, sein Leib aufgespießt und sein Kopf zur Abschreckung auf einen Pfahl gesteckt", Alphons begeisterte sich immer mehr. „Seit dieser Zeit geht auch der Glaube um, dass der Geist vom Müntzer hier spukt und dass der sich dann immer wieder Männer holt, die für die Freiheit mit ihm kämpfen sollen."

„Das ist ja grausam, aber Meister Bartel hätte dieser Mann sicherlich gefallen. Er hat immer von Gleichheit und Brüderlichkeit geredet", meinte Tommaso.

„Siehst du, dann hat ihn wahrscheinlich der Müntzer geholt", stellte Alphons lakonisch fest.

„Niente, sono tutte scemenze", fiel ihm der Italiener ins Wort, „nein, das ist alles Unsinn!"

„Wenn du mir nicht glaubst, denn eben nicht. Aber wenn dein Meister ein Anhänger der Aufklärung ist, dann soll er sich mit Johann Gottfried Schnabel, auch Gisander genannt, einmal treffen, falls er wieder auftaucht. Das ist ein Schriftsteller, der hier in der Stadt lebt und auch solche Gedanken in seinen Büchern schreibt. Ich kenne diese zwar nicht, ich kann nicht richtig lesen, aber viele Leute erzählen davon."

Den beiden jungen Lassanos gefiel die Stadt nicht. Freilich waren hier viele schmucke Fachwerkhäuser und auch die Menschen waren freundlich und hilfsbereit, aber immer dieser Gestank, Lärm und Schmutz von den Gruben und Gießereien. Schon seit über eintausend Jahren baute man hier Eisen, Kupfer, Silber, Zinn und Gold ab und verarbeitete es teilweise weiter. In letzter Zeit war es wohl ruhiger geworden, es gab jetzt nur noch zwei kleine unrentable Bergbaubetriebe, da es sich nicht mehr lohnte. Einige Gießereien verarbeiteten noch das Rohmaterial aus der Umgebung, vor allem Kupfer und Zinn, weiter.

Franziskus allerdings war hier in seinem Element. Überall kroch er herum, ging sogar in die Stollen, obwohl er mit seiner Größe fast auf allen Vieren kriechen musste, mühelos half er, die schweren Körbe herauszubefördern. Endlich konnte er wieder einmal körperlich schwer arbeiten, konnte Körbe und Säcke schleppen und aufschlichten. Abends kam er völlig verschmutzt im Gasthaus an. Die Arbeiter hatten ihren Spaß mit dem einfältigen Jungen, er machte ihre Arbeit buchstäblich für ein Butterbrot. Als sie ihm aber öfters einen selbstgebrannten Schnaps aufdrängten und ihren Schabernack mit ihm trieben, dass er über seine eigenen Füße stolperte, verbot Anna Maria ihm weiter dort zu helfen.

Die Zeit kroch dahin, ohne dass der Schneidermeister wieder auftauchte, noch dass sie etwas von ihm hörten. Eine Entscheidung musste getroffen werden. Das Herumsitzen brachte nichts.

„Frau Anna Maria, lasst uns weiterfahren. Wenn der Meister wiederkommt, so soll er uns nach Windsheim folgen. Lasst beim Wirt einen Brief für ihn zurück. Es ist sinnlos hier noch länger zu warten", schlug Freia eines Tages vor.

„Wie soll ich denn ohne Christoph weiterreisen?", fragte Anna Maria verzweifelt. Immer noch hielt sie jeden Tag ausschau nach Christoph, fragte jeden Reisenden, der vorbeikam, ob er ihn gesehen habe.

Sie war zwar eine aufgeklärte selbstständige Frau, viel zu selbstständig, wie ihr Mann oft bemerkt hatte, aber trotzdem hing sie noch den alten Sitten und Gewohnheiten an. Immer noch predigten Pfarrer von der Kanzel: *Eine Frau von Stand reist nicht allein. Das Reisen, insbesondere alleine, wendet sich gegen das Wesen der Frauen. Sie bringen sich durch ihre emotionale Persönlichkeit viel leichter in Gefahr als Männer. Alleinreisende Frauen erschrecken Einheimische und untergraben die alleinige Reisefreiheit der Männer. Die Eigenständigkeit, die Frauen auf der Reise erringen, schadet ihrer Weiblichkeit.*

„Ganz einfach, wir reisen gemeinsam im großen Reisewagen und verkaufen den Kleinen. Der nächsten vorbeikommenden Reisegruppe schließen wir uns dann an", optimistisch wie immer, hatte Freia eine Antwort parat.

„Du hast ja recht. Aber um die Sitten zu wahren, wirst du auf der Reise meine Tochter sein und dein Mann das Oberhaupt der Familie."

„Wenn Ihr meint! Aber glaubt Ihr, das interessiert irgendjemanden?", Freia schüttelte den Kopf.

„Die Gesetze der Kirche und die alten Sitten verlangen das – und ihr beide sagt ab sofort Frau Mutter zu mir, verstanden!", Anna Maria ließ keine weitere Diskussion aufkommen.

Leider kamen in den nächsten Tagen keine neuen Reisenden in die Stadt. Zwei Maurergesellen auf der Walz fragten, ob sie sich ihnen anschließen könnten. Man einigte sich schnell darauf, dass die beiden bei freier Kost abwechselnd mit Tommaso kutschieren sollten. Bald machte sich die kleine Reisegruppe nach Wochen des Wartens wieder auf den Weg nach Süden. Jedoch immer wieder verzögerte die Windsheimerin die Reise. Jede Rast wurde ausgiebig gedehnt. Manchmal blieben sie einige Tage an ein und demselben Ort. In jedem Dorf hinterließ sie in einem der Wirtshäuser einen Brief mit der weiteren Reiseroute.

Die angenehme Spätsommerkühle, die sonst in den dichten Wäldern herrschte, wurde zur stickigen und stehenden Moderluft. Kein Lüftchen wehte seit Tagen und sorgte für Kühlung. Heiß brannte die Sonne auf die Reisenden nieder, sobald sie das freie Feld erreichten.

„Wie bei uns in Sizilien", meinte Tommaso, wenn sich wieder jemand über die Hitze beschwerte. Anna Maria brannten die Augen, ob von der Sonne, dem Staub oder von den vielen Tränen wusste sie nicht. Auf jedem Hügel drehte sie sich um und stierte lange in die Ferne. Wenn sie eine kleine Staubwolke am Horizont wahrnahm, mussten sie eine Rast einlegen. Immer wieder wurden jedoch ihre Hoffnungen zerstört, der Meister kam nicht. Meist waren es schnell dahinreitende Soldatentrupps. Tommaso und die beiden Gesellen hatten dann alle Hände voll zu tun, den Reisewagen zu verbergen. Soldaten bedeuteten nie etwas Gutes, immer forderten sie etwas und wenn es nur Verpflegung war. Viele Soldaten bekamen ihren Sold sehr unregelmäßig und so bedienten sie sich, wo es ging.

„Frau Mutter, wenn Ihr in Zukunft wieder einmal eine Staubwolke seht, dann lasst uns erst den Wagen verstecken. Wir legen uns dann in Sicherheit auf die Lauer und warten ab", ermahnte Tommaso die Meisterin, als es wieder einmal sehr knapp geworden war.

Sie überquerten die Hügel des Kyffhäusergebirges. Eine alte Frau, die sie ein Stück des Weges mitnahmen, erzählte ihnen folgene Geschichte: „Wisst Ihr, dass in einer der Höhlen des Berges Kaiser Friedrich Barbarossa sitzt, mitsamt seinen Getreuen. Während er schläft, wächst sein Bart um einen Steintisch. Bis jetzt reicht er fast zweimal herum, und wenn die dritte Runde beendet ist, beginnt das Ende der Welt. Immer nach hundert Jahren wacht der Kaiser auf und schaut nach, ob die Raben den Berg umkreisen. Wenn die schwarzen Vögel noch fliegen, zieht er sich wieder in seinen Berg zurück und schläft weitere hundert Jahre. Aber sobald er endgültig erwacht, schlägt er die letzte Schlacht zwischen Gut und Böse, wobei diesmal das Gute gewinnt."

Skeptisch meinte Freia: „Vielleicht findet jemand einmal die Höhle und dann wird man sehen, ob das stimmt oder was es damit auf sich hat."

„Du immer mit deinen Zweifeln. Glaube mir, die Sagen und Legenden unserer Ahnen haben schon ihren wahren Kern", wies Anna Maria ihre Ziehtochter barsch zurecht.

„Ach lass sie, die Jugend von heute will von den alten Geschichten nichts mehr hören", lächelte die Frau, „sie tun alles ab, als ob wir Alten nicht ganz bei Verstand seien. Manchmal haben sie auch Recht - so gab es vor langer Zeit immer wieder Hochstapler, die sich als auferstandenen Kaiser ausgaben und viele damit täuschten. Aber seitdem sind einige Jahrhunderte vergangen", damit verabschiedete sich die Bauersfrau.

Die letzten Tümpel und Bäche waren ausgedorrt, das mitgeführte Wasser reichte zwar zum Trinken, aber nicht mehr zum Waschen. Der Schweiß lief ihnen aus allen Poren, vermischte sich mit dem aufgewirbelten Staub zu einer harten Kruste auf der Haut. Alles Kratzen half nichts, überall juckte es. Obwohl sie sich alle Tücher vor Mund und Nase gebunden hatten, schmeckte der Tag immer nach Sand und

Staub. Besonders hart war es für die im dritten Monat schwangere Freia, die nicht mehr wusste, ob sie sitzen, stehen oder laufen sollte. Alles tat ihr weh.

„Wir müssen bald mit Anna Maria reden", flüsterte sie ihrem Mann zu. „Bald wird sie es bemerken, dass ich schwanger bin."

„Nein, lass uns noch ein wenig warten, sonst findet sie wieder einen Grund um die Fahrt zu unterbrechen", antwortete dieser etwas zu laut.

„Was habt ihr gesag? – Meint ihr, ich habe das noch nicht mitbekommen, dass Freia schwanger ist? Habe mich nur gewundert, warum ihr es mir verheimlicht." Anna Maria wirkte enttäuscht.

„Wir, wir wollten doch nur, dass Ihr Euch nicht noch mehr aufregst", stotterte Freia und Tommaso nickte zustimmend.

„Wieso aufregen? – dass ist doch eine Freude!" Anna Maria nahm die junge Frau in den Arm.

Weiter ging es in Richtung Weimar, hier wollte Anna Maria unbedingt länger bleiben. Ausruhen und endlich wieder genügend Wasser zum Waschen haben. Die beiden Wandergesellen hatten den Wagen verlassen und setzten ihren Weg nun zu Fuß fort.

Wieder einmal eine Grenze mit einem Schlagbaum, nach Sachsen wollten sie nun einreisen.

„Was ist mit dem Jungen, der vorne sitzt und mit seinem Holzsäbel herumfuchtelt?", wollte der Wachposten wissen, der gerade die Papiere kontrolliert hatte.

„Das ist unser Franziskus, Herr Soldat. Ihr müsst wissen, er ist nicht ganz richtig im Kopf. Er will immer kämpfen, wenn er Soldaten sieht", erwiderte Anna Maria.

„Ist das Euer Sohn?", hakte der Wachposten nach.

„Nein, aber der gehört zu uns", erklärte die Meisterin.

„Der braucht aber auch gültige Papiere, da sind keine dabei", damit deutete der Mann auf die Ausweise und Schreiben, die Anna Maria noch in den Händen hielt, „ohne Papiere und noch dazu ein Verrückter, der kommt bei mir nicht rein!"

„Aber was soll das? Jetzt sind wir so weit gereist und immer ist er mit uns gekommen und jetzt wollt Ihr uns nicht weiterreisen lassen." Erschrocken rief Anna Maria nach Tommaso.

Aber auch durch das gute Zureden des Sizilianers, seiner Frau und anderer Reisenden, die das Ganze mitbekommen hatten, ließ sich der Soldat nicht erweichen.

„Ihr und die junge Familie könnt passieren, Eure Papiere sind in Ordnung, aber der Junge kann hier nicht herein", damit nahm der Sachse eine Drohgebärde ein, „wenn Ihr nicht wollt, dann macht den Weg frei, damit die anderen Leute durchkommen."

„Kommt, Frau Mutter, fahren wir ein Stück zurück, dort hinten ist ein Gasthaus. Lasst uns dort daneben übernachten und dann überlegen wir, wie es weiter gehen kann." Energisch wendete Freia den Wagen und fuhr zurück.

Am nächsten Morgen erkundete Tommaso den Grenzübergang und stellte fest, dass die Wache gewechselt hatte.

„Wir sollten es heute nochmals versuchen", meinte er zu Anna Maria.

„Heute hat Raimund Dienst, sagt ihm einen schönen Gruß von seiner Tante, das bin ich, und gebt ihm diese Brotzeit", damit gab die Wirtin ihnen ein kleines Bündel, „Allerdings solltet Ihr hier noch ein paar Gulden dazulegen."

Frau Bartel hatte sich am Abend vorher lange mit der resoluten Wirtin unterhalten und ihr Leid geklagt. Die alleinstehende Frau versprach ihr, zu helfen. Auch ihr Mann war eines Tages von Soldaten verschleppt worden und so wusste sie, was die Windsheimerin durchmachte.

„Wir Frauen müssen in diesen unruhigen Zeiten zusammenhalten", meinte sie.

Mit einem neuen Anlauf fuhren sie an den Grenzposten und konnten dieses Mal ohne weitere Probleme passieren.

Am Samstag den 8. Oktober 1740 erreichten sie die Residenzstadt Weimar. Viele Menschen strömten mit ihnen in die Stadt.

Heute war ein besonderer Tag. In Weimar fand der alljährliche *Viehe- und Zippelmarkt* statt. Das Landvolk verkaufte Vieh, Obst und Feldfrüchte. Vor allem die verschiedenen Sorten von Zwiebeln, die ringsherum wuchsen, wurden feilgeboten. Daher auch der Name Zwiebelmarkt, wie ihnen einer der Stadtwachen erklärte. Er bot ihnen auch gleich eine geeignete Herberge an: „Fahrt zum Schloss, gleich daneben in der Silchengasse, im Gasthof *Zum lustigen Poeten,* bei meinem Bruder könnt ihr nachfragen. Richtet einen schönen Gruß von Jakob aus", riet er Freia.

Ein großer Menschenauflauf versperrte ihnen den Weg, als sie um die nächste Kurve bogen. Die Leute klatschten und jubelten. Ein fast nackter Mann wurde von den Stadtbütteln mit der Peitsche vorwärtsgetrieben.

„Was ist den mit dem? Was hat der verbrochen?", wollte Tommaso von einem jungen Mädchen wissen, das heulend am Schluss des Menschenauflaufs hinterher trottete.

„Ach, mein Vater wusste nicht, dass seit Juni das Plakatieren in der Stadt verboten ist. Wir sind fahrende Sänger und wollten den Leuten doch nur mitteilen, wo wir auftreten. Und jetzt wird mein Vater durch die ganze Stadt getrieben, jedes Plakat muss er entfernen und bekommt dafür jedes Mal zehn Peitschenhiebe", schluchzte das Mädchen.

„Recht hat er gehabt, unser Ernst August mit seinem Verbot. Die ganze Stadt wurde wegen dieser neumodischen Unsitte zugeklebt. Überall diese grelle und unsinnige Plakatiererei!", schimpfte erbost eine gut gekleidete Bürgersfrau.

Freia war in der Zwischenzeit vom Wagen geklettert und nahm sich des schmächtigen, etwa vierzehnjährigen, heulenden Mädchens an.

Nach gut einer halben Stunde war der Spuk vorbei, den Leuten wurde es zu langweilig und sie gingen ihrer Wege. Die Büttel ließen den zusammengebrochenen, fast ohnmächtigen Mann einfach liegen und entfernten sich. Freia und Luise, so hieß die Kleine, liefen schnell zu ihm hin. Eine junge Bauersfrau, die die Sache von der gegenüberliegenden Straßenseite beobachtet hatte, kam mit einem Krug Wasser und gab dem geschundenen Mann zu trinken.

Gemeinsam halfen sie Luises Vater auf die Beine und schleppten ihn zum Wagen.

„Legt ihn hinten drauf und dann endlich zum Gasthaus. Dort schau ich mir ihn einmal an", rief ihnen Anna Maria zu.

Der Tipp des Wachpostens war Goldes wert, sollten sie im Laufe der Zeit feststellen. Der Gasthof war nicht nur ideal in der Stadt gelegen, sondern auch sauber und preiswert. Schnell war man sich einig geworden und konnte, für ein paar Gulden, eine kleine leer stehende Gesindewohnung über dem Stall beziehen. Das hatte den Vorteil, dass Anna Maria, Franziskus und die beiden Lassaner jeweils eine kleine Kammer für sich hatten, auch konnten sie sich so selbst verpflegen. Sie sollten lediglich etwas in Stall und Hof mithelfen.

Anna Maria freundete sich mit der Wirtsfrau, Josephine Nestler aus Nürnberg an. Diese freute sich, endlich wieder einmal mit jemandem aus ihrer fränkischen Heimat reden zu können. Die beiden Frauen erzählten sich gegenseitig ihre Lebensgeschichte.

Als die Windsheimerin von ihrem verschollenen Mann sprach, meinte die Weimarerin, da müsse man was tun. Sie wolle ihr, bei einem bekannten Geheimrat des Herzogs einen Termin verschaffen, vielleicht konnte der weiter helfen.

Die Reisenden lebten sich gut ein. Täglich lief Anna Maria zum Stadttor, setzte sich auf einen Stein unter einem Apfelbaum und wartete auf Christoph.

„Kennt Ihr meinen Mann, den Andreas Christoph Bartel, einen einarmigen Schneidermeister?", fragte sie ankommende Reisende und besonders auch vorbeiziehende Soldaten. Aber immer die gleiche Antwort: „Den kennen wir nicht" oder „Haben wir nicht gesehen."

Nach mehreren Wochen wurde es Freia zu dumm, hier musste etwas unternommen werden.

„Gibt doch den Wachen ein kleines Trinkgeld, die werden deinen Mann schon herschicken. Wenn du noch nicht weiterreisen willst, dann lass uns wenigsten Arbeit suchen, unser Geld wird knapp", sagte Freia zu Anna Maria.

„Ja, endlich eine vernünftige Entscheidung, die bloße Warterei hat keinen Sinn", fügte Tommaso hinzu.

„Meint ihr?"

„Also gut, ich könnte mich einmal nach einer Arbeit umschauen. Der Karl-August von der Posthalterei meinte, der Jude Simon Rosenblatt, ein Stoffhändler, braucht vielleicht eine Hilfe, denn dessen Vater und der Lehrling sind bei einem Unfall vor Kurzem ums Leben gekommen."

„Tommaso! Soll das ein Witz sein, du willst bei einem Juden arbeiten", entsetzte sich Anna Maria.

„Na hör mal, Euer Mann ist für Freiheit und Brüderlichkeit aller Menschen in die Welt gezogen", missbilligte die junge Frau di Lassano die Windsheimerin.

„Ist gut, hast ja recht. Na meinetwegen!"

Und so kam es, dass der Italiener im Stoffhaus vom Rosenblatt anfing und die beiden Frauen Anna Maria und Freia im Gasthaus der Frau Nestler halfen.

Um Franziskus brauchten sie sich keine Sorgen machen, der hatte bereits am zweiten Tag auf einer Baustelle auf der gegenüberliegenden Straßenseite angefangen sich nützlich zu machen.

„Das kann doch so nicht weiter gehen, Tommaso", flüsterte Freia eines Abends besorgt ihrem Mann zu, „die Meisterin isst aus lauter Gram fast nichts mehr, wird ja dürr wie ein Gerippe. Sollen wir einmal an Lena schreiben?"

„Ja wenn du meinst, dann musst du schreiben, ich kann das nicht. Und so von Frau zu Frau ist wohl auch besser. Aber ändern wirst du damit auch nichts", antwortete ihr Gemahl brummig.

Einen langen Brief, so viel hatte sie noch nie geschrieben, sandte Freia an die ihr unbekannte Windsheimerin. Ausführlich schilderte sie darin die Ereignisse, von der Ankunft der Bartels in Lassan bis hin zum Verschwinden des Schneidermeisters. Sie bat Lena um Hilfe, Anna Maria benötigte unbedingt wieder neuen Lebensmut.

Bereits vier Wochen später kam die Antwort, in der sich die Knörrin bei Freia bedankte. Auch ein Brief für Anna Maria war mit dabei.

Liebste Frau Mutter,

ich habe gar nicht gewusst, wie schlecht es um Euch steht. Wenn mir Freia nicht die Wahrheit geschrieben hätte, Ihr hättet sie mir noch länger verschwiegen. Das Verschwinden von Vater ist sehr schlimm und traurig. Aber ich bete zu Gott, dass er wohlbehalten zu Euch zurückkommt.

Ich bitte Euch, macht Euch so schnell wie möglich auf den Weg nach Windsheim. Vater kommt bestimmt auch hierher.

Euer Enkel Andreas Christoph ist ein wilder und aufgeweckter Junge, der den ganzen Tag herumrennt, er fragt immer wieder nach seiner Großmutter Anna Maria.

Im Moment, nachdem es endlich geklappt hat und ich wieder schwanger bin, geht es mir sehr schlecht. Ihr könnt mir hoffentlich bei der Geburt beistehen.

Ich werde für Euch ein kleines Häuschen herrichten lassen. Sebastian hat ja Gott sei Dank genug Häuser.

Was ist mit den anderen, ich meine Franziskus, Freia und Tommaso, bleiben die bei Euch in Windsheim? Gebt bitte bald Bescheid, damit ich da auch noch etwas organisieren kann…

Es folgte noch der neuste Tratsch, wer mit wem, und wer neu war in Windsheim. Lena erzählte alles sehr ausschweifend. Dann endete der Brief:

Werte Mutter und so bitte ich Euch eindringlich, kommt so schnell wie möglich nach Windsheim. Wir warten auf Euch.

Die allerherzlichsten Grüße
von Euer Tochter Lena

Mittlerweile war es bereits Anfang Dezember geworden. Immer noch schön und warm wie an einem Spätherbsttag. Die Barbarazweige trieben schon an den Bäumen und mussten nicht erst geschnitten werden. Obwohl sie die Fahrt nach Windsheim in gut 10 bis 12 Tagen schaffen konnten, wollte Anna Maria hier in Weimar noch den Winter abwarten. Man wusste ja nie, wie schnell sich das Wetter ändern würde.

„Außerdem soll man an den Raunächten nicht reisen und im Freien übernachten."

„Wer verbreitet denn solch einen Unsinn?", Freia entrüstete sich über einen solchen Aberglauben.

„Das sind Legenden und Sitten unserer Vorfahren, da ist bestimmt was dran", Anna Maria glaubte fest an diese alten Überlieferungen.

„Himmel noch mal! Bis zum Heiligen Abend sind wir doch in Windsheim, hat mir der Kutscher vom Wirt bestätigt. Ihr seid doch eine aufgeklärte Christin und glaubt immer noch an dieses Zeug von Eurer Großmutter."

„Die Alten haben sich immer daran gehalten. Wenn wir schnell packen und dann in drei Tagen losfahren, kommen wir vielleicht am 21. in Windsheim an. Das ist dann der Thomastag. Aber wenn wir Pech haben, müssen wir unterwegs noch einmal übernachten…"

„Na und", unterbrach Freia Anna Maria, „wir haben einen schweren Reisewagen und mit etwas Glück können wir irgendwo in einem Hof den Wagen abstellen." Freia ließ sich nicht abbringen und drängte zur Abfahrt.

„Aber da beginnt doch die Wilde Jagd. Luzifer soll in dieser Nacht aus dem Himmel verstoßen worden sein und Wotan soll mit seinem Gefolge eine Rumpelnacht abhalten."

„Schluss, aus, mit dem blöden Geschmarre. Sag doch klar, Ihr wollt hier noch bleiben und gebt nicht solche Schauermärchen als Grund an", wutentbrannt drehte sich Freia um, ging davon und ließ die Meisterin einfach stehen. Freia schüttelte empört den Kopf, wie konnte man nur an solche Geschichten glauben!

So kam es, dass sie noch einige Zeit in der Stadt verblieben. Diese gehörte zum Herzogtum von Ernst August, einem Spross aus dem Hause Wettin. Man sagte, er solle den schönen Künsten gegenüber offen sein, besonders, wenn diese von hübschen Frauen dargeboten wurden.

Allerdings war die Residenzstadt eine einzige Baustelle. Der prunkliebende Herrscher trieb durch seine Eskapaden sein Land in den Ruin. Berüchtigt war er dafür, ehemalige

Vertraute des Hofes, auf deren Vermögen er ein Auge geworfen hatte, ohne jeden Grund verhaften zu lassen, und erst, wenn sie ihm ihr Vermögen überschrieben hatten, kamen sie wieder frei. So fanden sich einstige Minister in der Gosse wieder.

Immer mehr murrte das Volk und wer konnte, verließ das Land. Warum Anna Maria gerade hierbleiben wollte, konnte das Ehepaar di Lassano nicht verstehen.

„Alle Ordnungen die vorschreiben, wie viel Lehrlinge und Gesellen ein Meister haben darf, oder welche Rohstoffe er verarbeiten und welche Preise er erheben soll, sind nur ein Schutz für die Faulen und Rückständigen, aber ein Hemmschuh für die Tüchtigen." Ein großer kräftiger Mann, in seiner Kluft leicht als Steinmetzmeister erkennbar, wetterte auf einem Holzklotz stehend zu ein mehren Dutzend Leuten auf dem Platz vor dem Zunfthaus. „Unser Herrscher von Gottes Gnaden beutet uns aus. Die Armen werden immer ärmer. Wir einfachen Handwerker zahlen immer mehr Steuern nur für die Prunksucht der Obrigkeit. Wir sollten…"

Weiter kam der Mann nicht. Ein Schuss peitschte über die Menschenmenge und der Aufwiegler fiel um wie ein gefällter Baum. Aus allen Gassen stürmten die Dragoner auf den Platz und hieben mit ihren Säbeln auf die Menschen ein. Ohne Rücksicht auf Frauen und Kinder. Wer konnte, floh um sein Leben. Überall lagen Verletzte und Tote auf dem Platz. Das Schreien der Menschen wurde vom Gebrüll und Johlen der Soldaten übertroffen. Die hochschwangere Freia, die zufällig vorbeigekommen war, drückte sich in die Nische eines Hauseinganges. Plötzlich wurde sie, buchstäblich in letzter Minute, von einer Frau ins Haus gezogen, als die Soldateska erneut heranstürmte.

Erst Stunden später, es wurde bereits dunkel, schlich sich die junge Frau zurück ins Gasthaus. Hier hatte man sich schon Sorgen gemacht und war froh, als sie unverletzt zur Tür hereinkam.

Über 40 Tote und fast doppelt so viele Verletzte hatte das Massaker gefordert. Es gärte in der Bevölkerung, aber niemand traute sich, offen etwas gegen die Brutalität der Soldaten zu sagen.

„Frau Anna Maria, Tommaso, ich will hier weg", bettelte Freia, „so schnell wie möglich."

„Also Ende des Monats reisen wir weiter. Allerdings sollten wir den Wagen für die Reise gut auspolstern und winddicht machen. Tommaso, frage mal deinen Herrn Rosenblatt, vielleicht kann er uns dabei behilflich sein."

„Ihr solltet lieber noch warten, Ende Januar ist keine gute Reisezeit. Der Schäfer Melchior hat prophezeit, dass der Winter hart und kalt werden soll", wandte der Wirt ein, „fahrt im März, wenn die Sonne schon wärmer scheint."

„Nein so schnell wie möglich, bitte! Ich möchte mein Kind nicht hier in so einer ungastlichen Stadt bekommen", flehte Freia ihren Mann an.

Dann Ende Januar 1741 war es so weit, alle Vorbereitungen waren abgeschlossen. Den Wagen hatten sie vor der Fahrt nochmals ein wenig umgebaut, er war jetzt hervorragend ausgestattet, im hinteren Bereich hatten sie rechts und links von einem sehr schmalen Durchgang je zwei Kojen übereinander angebracht. Ausgepolstert mit einer großen Menge von dicken Decken. Den Wagen konnte man durch eine winzige Tür an der Rückseite bequem über eine kleine Treppe verlassen. So einfach, dass sogar während der Fahrt ein- und aussteigen möglich war. Im vorderen Teil, gleich hinter der Trennwand aus Planen und Decken zum Kutscher, war ein kleiner Tisch auf der einen Seite den man hochklappen konnte und auf der anderen ein winziger Herd.

„Das ist ein Wagen, mit dem können wir bis nach Sizilien fahren", meinte Tommaso zu seiner Frau.

Am Vorabend ihrer Abreise kam Luise, die Tochter des fahrenden Sängers, der bei ihrer Ankunft ausgepeitscht worden war, vorbei.

„Mein Vater schickt mich und lässt fragen, ob wir uns euch anschließen können. Wir haben einiges gespart und können uns einen eigenen Wagen kaufen. Wir liegen euch bestimmt nicht auf der Tasche", bettelte das Mädchen.

Anna Maria schaute Freia und Tommaso an, und als beide nickten, gab sie ihr Einverständnis: „Gut ihr könnt uns begleiten, aber ihr müsst euch beeilen, wir möchten so schnell wie möglich aufbrechen."

„Pfui Teufel, ist das ein Sauwetter", schimpfend und sich den Schnee vom Mantel klopfend betrat der Wirt Nestler den Schankraum, „es stürmt und schneit, bleibt lieber hier in der warmen Stube."

„Ich sage doch schon die ganze Zeit, sie sollen später fahren, aber sie wollen ja nicht hören", meinte seufzend seine Frau.

Der Wirt schenkte sich einen Schnaps zum Aufwärmen ein: „Kurz vor Weihnachten soll der Preußenkönig Friedrich die Österreicher aus Schlesien vertrieben haben, hat der Magister Pfeifer erzählt. Vielleicht ist der Krieg vorbei und euer Mann kommt bald wieder."

„Aber der sucht Euch doch nicht hier, Frau Mutter", wandte Freia ein, bevor die Schneidersfrau etwas sagen konnte, „der wird Euch in Windsheim vermuten."

Trotzdem sollten nochmals zehn Tage vergehen bis zur Abreise. Dann war es soweit. Beim ersten Hellwerden ging es los, mit drei Kaufleuten und ihren Berittenen hatten sie sich zusammengeschlossen. Vorne weg drei Soldaten, dann die fünf Fuhrwerke der Kaufleute, der riesige Zigeunerreisewagen der Bartels von den vier Maultieren gezogen und zum Schluss der kleine Wagen mit Luise und ihrem Vater Bertel. Die Nachhut bildeten zwei altgediente Soldaten, die heim nach Nürnberg wollten.

Eisige Kälte ließ den Atem gefrieren, die Tiere schnaubten unter der Last der schweren Decken, die sie schützen sollten. Nur mühsam ging es vorwärts. Zwar hatte es die letzten Tage nicht mehr geschneit, aber immer noch waren alle Wege mit Schnee bedeckt.

„So ein Mistwetter. Wir hätten doch noch einen Monat warten sollen", brummte der Italiener auf dem Kutschbock vor sich hin. Der kleine Sizilianer hatte alle Hände voll zu tun. „Zwei Pferde hätten auch gereicht, nein es müssen ja unbedingt vier Mulis sein. Diese blöden Viecher, die lassen sich viel schlechter lenken", Tommaso wurde immer grantiger.

„Was hast du gesagt?", rief seine Frau aus dem Wageninneren.

„Niente! Nichts!", erwiderte Tommaso. „Die Frauen haben es schön, sitzen im Wagen auf heißen Steinen in Decken eingehüllt und ich darf mich hier plagen", grummelte er weiter in sich hinein.

Tommaso trieb die Mulis an, bereits mittags waren die Tiere so erschöpft, dass sich die Reisenden entschlossen, so bald wie möglich eine zweckmäßige Unterkunft zu suchen.

Immer wieder waren sie in den nächsten Tagen und Wochen gezwungen, die Etappen zu verkürzen und länger zu rasten. Im Thüringer Wald stürmte und schneite es unaufhörlich. Eisig blies der Wind aus dem Osten und ließ jedes Leben erstarren. Dann endlich nach über vier Wochen kamen sie ins Fränkische. Bei Kronach legten sie eine größere Rast ein. Mittlerweile war der letzte Schnee geschmolzen und ließ die Bäche und Flüsse gewaltig ansteigen. Hinter der fürstbischöflichen Residenzstadt Bamberg trennte sich die Reisegruppe. Zusammen mit einem jüdischen Händler, der Waren nach Rothenburg und Zürich lieferte, zogen sie weiter. Nachdem sie Höchstadt und Neustadt passiert hatten, standen sie Mitte März des Jahres 1741 endlich vor den Mauern der alten Reichsstadt Windsheim.

Tränen liefen Anna Maria bei diesem Anblick über das Gesicht. Nach sechsjähriger Odyssee hoffentlich endgültig angekommen? Anna Maria war aufgeregt, was erwartete sie, war Christoph schon da, wie ging es ihrer Tochter, wie würden sie aufgenommen werden?

Es war später Nachmittag, als sie sich vor dem Seetor von dem Juden verabschiedeten, der wollte heute unbedingt noch bis Rothenburg. Anna Maria stand zögernd vor dem Tor.

„Was ist jetzt Frau, wollt Ihr rein oder nicht? Wenn nicht, so macht den Weg frei, damit die anderen Leute durch können", drängte der ältere Wächter ungeduldig.

„Ja, gleich", beruhigte ihn Anna Maria, „Tommaso lenke den Wagen nach dem Tor an die Seite. Ich gehe erst einmal zu Fuß hinein und frage nach, wo wir hin müssen. Viele Gassen hier in der Stadt sind für einen Vierspänner zu eng."

So machte sich Anna Maria zusammen mit Freia auf den Weg zu ihrem Haus, das heißt, jetzt war es ja das Haus ihrer Tochter Lena. Welch eine Überraschung, die Türen waren verschlossen, erst nach längerem Klopfen und Rufen öffnete eine ältere ungepflegt wirkende Dienstmagd.

„Was wollt Ihr! Ist niemand da!", schnauzte die Frau mürrisch.

„Ich bin Anna Maria Bartel, die Mutter von Magdalena Knörr, meldet Eurer Herrschaft, dass wir da sind!"

„Die Herrschaft ist in Ansbach und ich kenne euch nicht, hier kommt Ihr nicht rein. Ich habe Anweisung niemanden ins Haus zu lassen." Rums, damit flog die Türe wieder zu.

Verdutzt schauten sich Freia und Anna Maria an.

„Na so was ist mir auch noch nicht passiert. Komm, Freia, lass uns zum Haus von Meister Krauß gehen."

Geschwind legten sie die paar Schritte zum Anwesen des neuen Stadtmaurermeisters zurück. Vor dem Haus saß in Decken eingewickelt Barbara, die Frau des vor vier Jahren verstorbenen Johann Nikolaus Krauß, eine gebeugte und verhärmte, zum Skelett abgemagerte Alte. Anna Maria erschrak, die war doch fast so alt wie sie, was war mit der geschehen?

„Grüß Gott Barbara. Ich bin's, die Anna Maria Bartel."

Keine Regung, kein Zeichen des Erkennens, alle Versuche von Anna Maria, ein Gespräch zu beginnen, scheiterten. Sie schaute sich Hilfe suchend um und entdeckte den gerade aus der Tür tretenden Michael Krauß.

„Ach, Frau Bartel, da seid Ihr ja endlich. Ich hatte mich gerade gewundert, wer mit meiner Mutter redet. Ihr müsst wissen, sie spricht seit dem Tode meines Vaters nicht mehr, isst fast nichts, sitzt nur abwesend auf ihrem Stuhl. Jetzt kommt erst mal mit rein, in der Stube ist es warm."

Nachdem Anna Maria Freia vorgestellt hatte, servierte die Hausfrau einen heißen Würzwein.

„Die Familie Knörr ist vor zwei Tagen mit der gesamten Dienerschaft in ihr neues Haus in die Residenzstadt Ansbach gezogen. Die nächsten Monate hat Sebastian dort zu tun. Nur die Kuni, eine seltsame schrullige Alte ist zum Haushüten hier geblieben. Gerne können Sie hier bei uns im Hause einstweilen unterkommen", bot Frau Krauß an, „es ist dir doch recht, Michael?"

„Aber gerne, meinetwegen", stimmte er zu.

„Aber wir sind fei zu viert", wand Anna Maria besorgt ein.

„Das macht nichts, wir haben Platz, seit die Kinder aus dem Haus sind."

„Danke Meister Krauß."

„Aber, aber, ich bin immer noch der Michael für Euch, lasst den Meister weg."

„Dann bin ich aber auch die Anna Maria, ich bin ja fast wie eine Tante zu dir", entgegnete sie lachend und erhob sich von ihrem Stuhl, „Der Mann von Freia, Tommaso, wartet immer noch zusammen mit Franziskus in der Seegasse mit dem großen Reisewagen. Ich wusste nicht, wohin wir mit dem Fuhrwerk sollten."

„Bleib ruhig hier bei meiner Frau", sagte Michael, „ich kümmere mich darum und lotse Tommaso mit Eurem Wagen erst mal zu uns auf den Holzmarkt. Ich werde meine Leute anweisen, sie sollen sich um die Tiere kümmern. Kommst du mit Freia?"

Es wurde eine lange Nacht, viel hatten sie sich zu erzählen. Bereitwillig räumte die Familie Krauß ein paar Zimmer für den einstweiligen Verbleib, und gewährte den Gestrandeten großherzig Gastfreundschaft.

„Michael, das kann so nicht weiter gehen. Wir wollen euch nicht länger auf der Tasche liegen. Ich werde nach Ansbach zu Lena reisen. Sie hat doch für uns eine Unterkunft herrichten lassen", meinte Anna Maria einige Tage später, „und außerdem würde ich meine kleine Enkelin gerne sehen." Lena hatte vor sechs Wochen ihr zweites Kind, ein Mädchen mit dem Namen Helena Maria bekommen.

„Ja, wenn Ihr meint, ich habe zwar mit meinen Leuten einige Häuser für den Ratsherrn Knörr ausgebessert, weiß aber nicht, welches für Euch bestimmt ist."

„Ich möchte dich um eure kleine Kutsche bitten, unser Reisewagen ist für die kurze Strecke nicht geeignet."

„Gerne, ihr könnt den Korbwagen benutzen, erinnert Ihr Euch, den habe ich damals von Christoph abgekauft, als Ihr Windsheim verlassen habt."

Bei der Erwähnung von Christophs Namen liefen Anna Maria Tränen über die Wangen. Schluchzend brach sie zusammen. Die Anspannungen der letzten Tage - am Ziel angekommen zu sein und trotzdem nicht zu wissen, wie es weiter gehen sollte - war einfach zu viel.

Freia nahm die Meisterin in den Arm und entschied: „Wir kommen mit, wir lassen euch nicht alleine fahren." Tommaso und auch Franziskus brummten zustimmend.

Franziskus war der Einzige, der in den letzten Tagen bereits eine Beschäftigung gefunden hatte. Er ging mit den Männern des Krauß auf die Baustellen und schleppte Säcke und Steine. Hier war er in seinem Element. Er schlief noch im großen Reisewagen. Kein gutes Zureden, auch nicht von Anna Maria, konnte ihn bewegen, ins Haus zu ziehen.

„Franziskus, du musst nicht mitkommen", meinte Anna Maria. Als der Junge den Kopf schüttelte, setzte sie nach, „der Michael braucht dich. Sei lieb und hilf ihm und seinen Leuten. Du bekommst bestimmt auch immer eine große Brotzeit extra."

Michael nickte: „Du kannst essen, soviel du willst, und darfst auch im Wagen wohnen bleiben."

Das war ein Argument, das den kräftigen Burschen überzeugte.

Am nächsten Tag machten sich Anna Maria, Freia und Tommaso nach Ansbach auf. Kurz nach der Mittagszeit erreichten sie die aufblühende Stadt an der fränkischen Rezat. Umständlich fragten sie sich durch, niemand kannte den Ratsherrn Knörr aus Windsheim. Erst der Diener eines Kaufmanns konnte ihnen den Weg weisen. Die Knörrs hatten vor einiger Zeit ein kleines Palais nahe dem Herriedenertor in der Neustadt erworben.

Sichtlich beeindruckt von der Größe des Hauses läutete Anna Maria an der prachtvollen Haustür.

Ein in einer hellblauen Livree gekleideter Diener öffnete:

„Was wollt ihr, bei uns wird nicht gebettelt!" Unwirsch wollte er die ungebetenen Gäste verscheuchen.

„Nein halt, nicht zuschlagen", bremste die Meisterin den jungen Mann und schob ihren Fuß in den Türspalt. „Ich bin die Mutter von Frau Knörr."

„Frau Amalie, meldet der Herrschaft, hier steht eine Frau, die behauptet die Mutter der jungen Madame zu sein", beauftragte der Hausdiener eine Dienstmagd.

Lena riss die Tür auf: „Ja, das ist ja … Mutter Ihr seid´s wirklich?" Sie fiel ihrer Mutter störmisch um den Hals.

„So eine Überraschung, kommt rein. Mein Mann ist leider nicht da, er ist mit dem Seckendorff ins Jagdschloss zum Markgrafen bestellt worden. Es geht wieder einmal um irgendwelche Steuersachen und kann länger dauern. Auch Sebastian wird sich freuen das ihr da seid. Ihr bleibt doch ein paar Tage, genügend Platz haben wir." Lena nahm den Arm ihrer Mutter und führte sie die Treppe hinauf.

„Albrecht, lade Er das Gepäck aus der Kutsche und bringe es in den gelben Salon", befahl sie noch.

Der Diener holte die abgewetzten Taschen und trug diese angewidert hinauf.

„Oh, das ist ein schönes Zimmer, gerne bleibe ich noch ein paar Tage, aber ich habe wenig zum Anziehen dabei", wandte Anna Maria ein.

„Macht nichts, dann gehen wir morgen einkaufen. Und für deine beiden Begleiter", damit deutete sie auf Freia und

Tommaso, die Anna Maria in der Zwischenzeit vorgestellt hatte, „findet sich bestimmt noch etwas in unseren Kisten."

Als sie das vertraute Verhältnis zwischen den Dreien mitbekam, spürte sie, wie ein Gefühl von Eifersucht in ihr aufkeimte. Sie wollte es verscheuchen, aber es gelang ihr nicht. Besonders, wenn in den nächsten Tagen die Geschichten der Reise erzählt wurden, fühlte sie sich ausgeschlossen.

Nach ein paar Tagen kam der Hausherr von seinen Besprechungen zurück. Begleitet wurde er von einem kleinen dicklichen Mann mit Schweinsäuglein, seine. braune Haut verriet, dass er sich viel im Freien aufhielt. Nach der allgemein herzlichen Begrüßung stellte Sebastian Knörr den um gut zehn Jahre älteren Mann vor:

„Meister Leopold Retti ist der angesehene Hofbaumeister des Markgrafen. Er hat auch dieses Haus hier nach der neuesten Mode errichten lassen."

„Also du siehst, liebe Mutter, uns geht es gut. Mein Mann kann sich sogar ein Haus vom Baumeister des Markgrafen leisten", setzte Lena sichtlich stolz noch hinzu.

„Das freut mich für euch. Da hat meine Lena ja wirklich eine gute Partie gemacht", scherzte Anna Maria.

„Ja sicher!", entgegnete ihr Schwiegersohn, „Ihr seht, uns mangelt an Nichts. Darum bitte ich Euch, werte Schwiegermutter, bleibt einfach noch ein paar Wochen bei uns. Erholt Euch von der langen anstrengenden Reise der letzten Jahre."

„Ich weiß nicht? Vielleicht. Reden wir heute Abend noch mal darüber."

Als alle sich in ihre Zimmer zurückgezogen hatten, bedrängte Lena ihren Mann, er möge die jungen Leute nach Windsheim zurückschicken.

„Ich will sie nicht hier haben. Überlasse ihnen das kleine Haus in der Langen Gasse, das müssen sie erst noch herrichten. Einstweilen können sie noch unser Gästezimmer benutzen. Gib ihnen Anweisungen für die alte Kuni mit."

„Willst deine Mutter für dich alleine haben", grinste Sebastian seine Frau an und schnürte ihr das Nachthemd auf.

Der Säugling, der im Nebenzimmer schlief, fing laut zu weinen an. Lena wehrte ab: „Lass, die Kleine schreit!"

„Nein bleib hier! Die Amme kümmert sich schon darum und die Kindsmagd ist auch noch da."

Diesmal hatte Sebastian darauf bestanden, dass Lena nicht selbst stillte, und eine Amme eingestellt. Das kleine zierliche vierzehnjährige Mädchen war von vorbeiziehenden Soldaten vergewaltigt wurden. Ihr Kind der Schande war bei der Geburt gestorben und Lena tat damit ein gutes Werk an ihr. Diese Argumente überzeugten seine Frau. Sie bezweifelte allerdings immer noch, ob die schmalbrüstige junge Frau überhaupt genügend Milch hatte.

18 Bastardo   1741

Am nächsten Tag reisten die Lassanos aus Ansbach ab und versprachen, sie würden alles so herrichten wie abgemacht. Das kleine Haus für sich und das für die Bartels bestimmte Haus an der südlichen Stadtmauer.

Übermütig trieb Tommaso die Pferde an, sodass sie geschwind dahinflogen. Ein herrlicher Tag, die Zukunft stand unter einem guten Zeichen.

„Endlich werden wir ein eigenes Zuhause haben. Wir können uns selber einrichten, wie wir wollen", erleichtert blickte Freia ihren Mann an und schmiegte sich an seine Schulter. Beide hatten nur Augen für den anderen, die herrliche fränkische Landschaft, die an ihnen vorbeizog, interessierte sie überhaupt nicht, sie waren glücklich.

„Ich hoffe nur, dass die Arbeit beim Stoffhändler Merklein das Richtige für dich ist. Den Brief vom Knörr hast du doch dabei?"

„Ja, hier ist er", Tommaso klopfte auf seine linke Jackentasche, gerade in dem Moment, als sie die scharfe Kurve von der Frankenhöhe hinab auf Egenhausen fuhren. Er verlor einen Zügel, versuchte nach ihm zu greifen und zog dabei den anderen zu straff an. Die Pferde scheuten und rasten nach rechts den Hang hinab. Der kleine offene Korbwagen kippte in den Graben. Beide flogen in hohem Bogen ins weiche Moos.

„Freia fehlt dir was, ist dir was passiert?"

Die Schwangere spürte erleichtert ihr Kind im Bauch strampeln: „Nö, uns beiden geht's gut- alles gut und bei dir?"

„Niente, tutte bene!"

Beide begutachteten sich gegenseitig, die Kleidung von oben bis unten verschmutzt, nur ein paar Kratzer, sonst nichts. Aufatmend fielen sie sich in die Arme.

„He, was ist mit Euch? Seit Ihr verletzt?", rief ihnen ein von unten heraufreitender Mann zu.

„Uns ist Gott sei Dank nichts passiert. Nur ein Ungeschick beim Lenken", Tommaso rappelte sich auf und schaute nach dem Wagen. Der lag auf der Seite, die Pferde standen, als wäre nichts gewesen, ruhig davor.

„Wartet, ich helfe Euch."

Gemeinsam kippten sie den Wagen wieder auf die Räder.

„Da habt Ihr aber großes Glück gehabt. Ich bin übrigens Johann Hieronimus Mechtersheimer, Amtmann im Dorf da unten", stellte sich ihr Helfer vor. Mit lang ausgestrecktem Arm deutete er bergabwärts, „Und Ihr?"

„Ich bin Tommaso di Lassano und das ist meine Frau Freia", der Italiener streckte die Hand hin, „Danke, wir sind auf dem Weg..."

„Tomasso!" ächzte Freia, „das Kind, ich glaube es kommt!"

„Schnell in den Wagen, wir fahren runter zu meiner Frau."

Sie halfen der jungen Frau auf den Wagen und fuhren ins Dorf.

Im Amtshaus in Egenhausen kam die Schwangere gerade noch auf einen Stuhl im Flur und schon kam die nächste Wehe. Einige eilig herbeigerufene Mägde und die Frau des Amtmannes kümmerten sich rührend um Freia.

„Na sowas, da hat´s aber jemand eilig", brummte die herbeigerufene Hebamme, die ruhig die Anweisungen erteilte.

„Ihr Männer tragt die Frau vorsichtig mit dem Stuhl hinauf ins große Stübchen, da gib´s einen Ofen und am Gang gleich den Abort, legt sie auf das Sofa. Dann macht ihr, dass ihr fortkommt, ihr steht uns soundso nur im Weg und hierbei seid ihr eh nicht zu gebrauchen, das ist Frauensache!"

„Prost! Nun seid doch nicht so nervös, die Frauen machen das schon", und schon wieder schenkte der Amtmann nach, „Prost! He, ich bin der Hannes."

„Sasasalute! Un ich - ecco To-too-maaso", lallte der Sizilianer nach dem fünften Obstbrand und rutsche von einem Eck aufs andere. Er konnte einfach nicht mehr ruhig sitzen. Normalerweise trank er fast nie und war Alkohol überhaupt nicht gewöhnt.

Als die Mechtersheimerin den jungen Vater das Neugeborene zeigen wollte, schlief dieser schnarchend am Tisch.

„Johann Hieronimus! Was hast du mit dem Jungen angestellt!", tadelte sie ihren Mann.

„Ich, - ich konnte doch nicht wissen, dass der nichts verträgt. Es waren doch nur vier, oder vielleicht auch fünf kleine Stamperl", stotterte der Mechtersheimer kleinlaut.

„Soso, na dann bring den Kerl nach oben in die Gästekammer, dort kann er seinen Rausch ausschlafen. Hoffentlich hast du nicht vergessen, die Pferde ausspannen und versorgen zu lassen. Die junge Mutter werden wir ins kleine Schlafzimmer bringen. Heute können die sowieso nicht mehr weiter fahren." Missbilligend schüttelte sie den Kopf über soviel Dummheit.

„Männer! Haben nichts Besseres zu tun, als sich zu besaufen."

Mit schwerem Kopfbrummen wachte Tommaso am nächsten Morgen auf.

„Wo bin ich, was ist los?" Er schaute fragend um sich. Schlagartig sprang er hoch.

„Freia!" Das Kind - fiel ihm wieder ein. Das Brummen im Kopf und Übelsein im Magen verstärkte sich. Langsam tastete er sich die Treppe nach unten.

„Ja da schau her! Der Herr Gemahl! Hast deinen Rausch ausgeschlafen? Man trinkt halt nichts, wenn man nichts verträgt!", fauchte ihn die Amtmännin an.

Tommaso zuckte zusammen, brachte aber kein Wort heraus, die Zunge klebte am Gaumen.

„Hier trinkt, frische Milch von unserer Kuh. Und dann kommt, eure Frau wartet schon."

Sie schob den jungen Vater zur Wöchnerin ins Zimmer. Freudestrahlend nahm Tommaso Mutter und Kind behutsam in den Arm.

„Mio Bambino!"

„Wir haben eine kleine süße Tochter. Schau nur!" Die Kleine räkelte sich im Arm ihrer Mutter.

„Wie soll sie heißen?"

„Sieglinde, nach meiner Mutter", meinte Freia.

„Ich dachte aber an Francesca nach meiner Mutter", entgegnete Tommaso.

„Nun, dann soll sie beide Namen haben." Tommaso nickte, glücklich strahlten sich die jungen Eltern an.

„Aber ich dachte, da sie bei uns geboren wurde, werde ich Taufpatin und dann heiße sie üblicherweise nach mir", meldete sich die Mechtersheimerin, als sie bei den letzten Worten leise ins Zimmer trat.

„Und wie heißt ihr?", fragte Freia schlagfertig.

„Ich bin Kunigunde Berta", erwiderte die Frau des Amtmanns.

„Also dann heißt unsere Tochter eben Sieglinde Francesca Kunigunde Berta di Lassano, basta", entschied Tommaso, „was für ein Name für ein Kind einfacher Leute. Klingt eher wie für eine reiche Contessa."

„Es wird am besten sein, ihr legt ein paar Tage Pause ein, auf euch wartet ja niemand und am nächsten Sonntag werden wir euer Kindlein taufen lassen. Ich rede gleich mit meinem Mann, der muss alles organisieren. Das gibt endlich wieder einmal ein kleines Fest im Dorf."

Bevor Freia und Tommaso etwas erwidern konnten, war die überglückliche Mechtersheimerin schon verschwunden.

Bereits am nächsten Tag hatte der Amtmann Gelegenheit, das Fest abzuklären. Der Baron von Seckendorff kam mit einer kleinen Jagdgesellschaft zu einer Rast vorbei. Tommaso wurde ins Amtszimmer gerufen.

„Soso, Ihr seid also Tommaso di Lassano? Nun stehe Er schon bequem", der Baron von Unternzenn musterte den sich tief verbeugenden Italiener, „Er stammt also aus Sizilien? Ich hatte einmal einen General in der Verwandtschaft, der hat für irgendeinen Kaiser dort unten im Süden einige Schlachten ausgefochten. Di Lassano, ist Er von Adel?"

Schweiß lief den jungen Mann über Gesicht, wie sollte er das jetzt erklären? Nach kurzem Zögern antwortete er: „Nicht direkt, Herr Baron, ich bin ein Bastardo des Conte Paolo Alessandro de Cardinali."

„Soso, ein Grafenbankert. Und was will Er dann hier bei uns?"

„Das ist eine lange Geschichte, Herr Baron. Ich bin ..."

„Schon gut, dass interessiert uns nicht. Womit verdient Er sein Brot?"

„Ich habe Kaufmann gelernt." Wieder verbeugte sich Tommaso.

„Also gut Mechtersheimer, schickt nach dem Pfarrer, er soll das Kind taufen. Zahlen muss Er das allerdings selber", meinte der Patronatsherr mit Blick auf den jungen Mann.

„Danke, Euer Hochwohlgeboren", verneigte sich der Amtmann, „ich werde alles vorbereiten lassen."

Am nächsten Tag sandte der Baron seinen Leibjäger mit einer kleinen frisch erlegten Wildsau vorbei. „Mit einem schönen Gruß vom Baron. Das Grafenbürschel soll sehen, dass auch in Franken Gastfreundschaft großgeschrieben wird, und man soll das Dorf dazu einladen."

Fünf Tage später, am 26. März 1741, dem Palmsonntag, fand in der kleinen Kirche in Egenhausen die Taufe statt. Auch wenn man die magere Sau mit viel Füllung strecken musste, damit sie für alle reichte, wurde es ein schönes Fest. Im Morgengrauen ging so mancher Zecher direkt zu seinem Tagewerk über.

Anfang April fuhren sie nach Windsheim weiter. Spät begann dieses Mal das Frühjahr, zögernd wurde es etwas wärmer.

„In meiner Heimat blüht um diese Zeit schon alles und die Erdbeeren sind schon reif. Vielleicht sollten wir uns nicht auf Dauer hier einrichten. Gerne würde ich noch mal nach Sizilien reisen, schauen, wie es den Eltern geht. Mutter wird dich bestimmt gleich ins Herz schließen, Freia", lächelte der Sizilianer seine junge Frau an.

„Ich weiß nicht? Ich kann immer noch kein richtiges Italienisch."

„Ich bringe es dir bei."

Die nächsten Tage und Wochen vergingen. Erst auf Intervention vom Knörr konnten die beiden jungen Leute in Windsheim bleiben. Er zahlte vorläufig eine Kaution für ein „Gastrecht".

Nun galt es, erst einmal die Unterkünfte einzurichten, die Lena und Sebastian vorbereitet hatten. In einem Monat wollten diese mit Anna Maria aus Ansbach zurückkommen.

Tommaso hatte dem Conte de Cardinali geschrieben und um eine gütliche Lösung gebeten. Daraufhin kam ein Brief vom jungen Conte Christiano, in dem dieser mitteilte, dass sein Vater gestorben sei und er und seine Mutter keinen Groll gegen Tommaso hegen würden. Er könne frei entscheiden, ob er heimkommen möchte, sie würden ihm nichts in den Weg legen und auch keine Forderungen an ihn stellen.

Endlich war der Weg zurück frei. Er könnte seiner kleinen Familie seine Heimat zeigen.

19 Spreewald   1743

Mühsam quälten sich etwa 30 Planwagen und ein gutes Dutzend Berittener durch die Sümpfe. Hatten sie noch geglaubt, nach dem Oderbruch würde es besser werden, so täuschten sie sich. Hier im weiten verzweigten Netz der vielen Spreearme wurde es noch schlimmer. Immer wieder versackte einer der Wagen im bodenlosen Schlamm.

Freilich hatten sie die Schlacht gewonnen, behaupteten zumindest die Offiziere, doch sie hungerten, waren vom ununterbrochenen Regen der letzten Wochen bis auf die Haut durchnässt und der Sold des letzten halben Jahres stand noch aus. Mit knurrendem Magen, verschmutzt und übermüdet schleppte sich Andreas Christoph Bartel, von allen nur Schneiderfähnrich genannt, hinter einem mit einer bunt bemalten Plane gedeckten Wagen her, der von einer Frau gelenkt wurde.

Seit Jahren mühte er sich in diesem Krieg ab. Er wusste nicht einmal richtig, wer hier gegen wen kämpfte und um was es überhaupt ging. Ob um Machtansprüche des Preußenkönigs auf die polnische Krone oder um Schlesien, das Maria Theresia, die Kaiserin von Österreich, nicht verlieren wollte. Sie kämpften jedenfalls gegen die Polen, die Österreicher, die Schweden und Russen. Manchmal auch mit einem gegen die anderen. Ab und zu waren auch die Franzosen mit von der Partie.

Wenn es die Wegstrecke erlaubte, lief Christoph gerne hinter dem Wagen her, so hatte er viel Zeit zum Nachdenken - über den Krieg, die Welt und über seine missliche Lage. War das alles seine Schuld? Er machte immer wieder die anderen dafür verantwortlich, die Mächtigen die Krieg führten, den Soldaten die unbescholtene Bürger zum Kriegsdienst pressten. Kam aber dann doch zu dem Schluss, dass er sein Unglück selbst verschuldet hatte, er hatte gespielt.

Als vor fast drei Jahren nach der durchzechten Nacht wieder zu sich gekommen war, hatte er zusammengebunden auf einem einfachen Bauernwagen gelegen, der rumpelnd durch die dichten Wälder des Harz Richtung Norden fuhr. Angestrengt hatte er nach oben gestarrt und am hohen Sonnenstand bemerkt, dass es bereits auf Mittag zu ging.

„Anhalten, halt, sofort anhalten! Wo bin ich? Was geht hier vor?", hatte er in die Runde gerufen. Schallendes Gelächter war die Antwort.

„He seht, der Herr Fähnrich ist aufgewacht", hatte einer der neben dem Wagen reitenden Soldaten gerufen.

Dunkel, mit brummendem Schädel hatte sich Christoph erinnert, dass er am Vorabend mit den Soldaten im *Schwarzen Raben,* einer Spelunke vor Stolberg, Karten gespielt und getrunken hatte. Auch hatte er damit angegeben, dass er einst Fähnrich in der Stadtwache von Windsheim gewesen sei. „Sofort anhalten, bindet mich los", hatte er gerufen.

„Ha, das könnte dir so passen, dann läufst du uns noch davon. Du gehörst uns!", hatte ihn ein Soldat angeschrien.

Nach und nach erfuhr er dann, dass er viel verspielt hatte und dass der Leutnant von Katzebuh ihn einen Soldvertrag unterschreiben ließ und er sich nun mit dem gesamten Trupp auf dem Weg nach Magdeburg befand.

„Aber was wollt Ihr mit mir anfangen, ich bin ein einarmiger Krüppel. Zu nichts mehr nutze, schon gar nicht als

Soldat. Bitte lasst mich gehen. Meine Frau und die Kinder warten doch auf mich", hatte sie Christoph angefleht.

„Was geht uns das an, das hättest du dir vorher überlegen sollen und außerdem, die Weiber darf man schon mal warten lassen", hatte ihn der Offizier angegrinst. „Du bist doch ein geschickter Schneider, auch mit einem Arm, wie du uns gestern Abend versichert hast. Wir stecken dich zur Marketenderei und da kannst du dann unsere Klamotten wieder zusammenflicken. Mit dem, was du gestern verloren hast, gehört mir sowieso dein Sold für die nächsten zwei Jahre", hatte der Leutnant lachend noch hinzugefügt.

„Ich warne dich, solltest du versuchen zu fliehen, wirst du standrechtlich erschossen. Du hast freiwillig für vier Jahre unterschrieben, das wird jeder der hier anwesenden Soldaten bezeugen. Wir fangen dich wieder ein, als Fahnenflüchtling lassen wir dich Gassen laufen und am Ende wirst du hingerichtet."

Immer noch benebelt und entsetzt über das, was ihm widerfahren war, hatte sich der Schneidermeister vorerst seinem Schicksal ergeben.

Mehrere Fluchtversuche waren gescheitert. Jedes Mal hatten sie ihn recht schnell wieder eingefangen. Glücklicherweise war der Feldwebel der Marketenderei ihm wohlgesonnen, sodass er glimpflich davon kam. Mehrere Tage bei Brot und Wasser im Bau und ein paar Peitschenhiebe war die zu ertragende Bestrafung gewesen. Der Feldwebel war ein eitler Geck, der gerne eine schöne bunte Uniform trug, ganz eng anliegend, sodass seine Figur besonders betont wurde.

Die bekam er natürlich nur vom Schneiderfähnrich maßgeschneidert.

Christoph hatte sich mit Gwendolin, die ihrer Sprache nach aus dem tiefsten Bayerischen Wald stammte, angefreundet. Sie war eine der fünf Huren, die in der rückwärtigen Versorgungsabteilung mitfuhren. Sie war allein, die anderen hatten ihre Männer vorne in der kämpfenden Truppe. Gwendolin war sehr schweigsam. Keiner wusste genau, wo sie herkam und wie ihr richtiger Name lautete. Die Jahre als Hure hatten die etwa 25-jährige Frau abgestumpft, sie lachte nicht mehr, war eine der billigen Hübschlerinnen. Nur ihren Stolz hatten sie nicht brechen können. Irgendwie hatte sich Christoph mit ihr arrangiert. Vielleicht weil beide ein ähnliches Schicksal hatten, beide waren nicht freiwillig hier, hatten sich aber ihren Stolz bewahrt, wollten nur überleben.

Auf den langen Märschen fuhr er auf ihrem Wagen mit, und wenn sie ein Lager aufschlugen, baute er sein Zelt in unmittelbarer Nähe zu ihrem Wagen auf. Wenn einmal ein Freier zu rabiat wurde, rief sie um Hilfe und Christoph verscheuchte den Mann. Gemeinsam halfen sich beide so über die Runden. Allerdings hatte er kaum mehr als drei zusammenhängende Sätze mit ihr gesprochen. Sie konnten stundenlang fahren, ohne auch nur ein Wort miteinander zu reden.

Plötzlich kam Christoph die Gegend bekannt vor. Hier war er doch vor über sieben Jahren mit seiner Frau Anna Maria aufgebrochen. Nach Russland wollten sie, frei sein und unabhängig. Und nun war er Soldat in preußischer Uniform.

Was hatte er hier überhaupt zu suchen, er sollte bei seiner Frau sein? Ist sie schon in Windsheim? Wie gerne wäre er jetzt bei ihr, vermisste sie ihn? Ob es ihr gut ging? Viele Fragen drängten sich ihm auf. Sicher, auf Tommaso konnte er sich damals verlassen, der würde die beiden Frauen schon wohlbehalten in die kleine Reichsstadt zurückgeführt haben.

Da - was war das? Liefen da nicht Menschen auf der kleinen Insel herum? War das der Hochreuther, der damals hiergeblieben war?

„Halt Gwendolin, ich kenne die Gegend hier. Freunde von mir wohnen dort drüben über dem Wasser", Christoph deutete hinüber, „irgendwo müsste hier eine Furt sein."

Knarrend hielt der Wagen, der Rest der Kolonne zog an ihnen vorüber. Niemand fragte etwas, keiner interessierte sich für sie. Jeder war sich selbst der Nächste. Alle waren zu müde und zu erschöpft. Wer stehen blieb, musste selber sehen, wie er weiter kam und Anschluss fand. Christoph rutschte den kleinen Hang hinunter ans Wasser.

„He, ihr da! Melchior Hochreuther, ich bin´s, der Andreas Christoph Bartel", rief er laut, seine Hand als Sprachrohr benutzend, hinüber.

„Peng, peng", peitschten zwei Schüsse als Antwort. Christoph warf sich in den Schlamm.

„Macht, dass ihr fortkommt, bei uns gibt es nichts zu holen!", schrie eine jugendliche Männerstimme herüber.

„Aufhören, ich bin´s, der Andreas Christoph Bartel aus Windsheim", antwortete der Schneidermeister.

Wieder antworteten Schüsse.

„Schöne Freunde hast du. Die scheinen dich nicht in guter Erinnerung zu haben", stichelte Gwendolin, die sich neben ihn in den Dreck geworfen hatte. Sie gingen zum Wagen zurück und richteten alles für eine kleine Mittagsrast her.

„Ich muss irgendwie da hinüberkommen", brummte Christoph vor sich hin.

Einige Stunden später hatte er einen geeigneten Baumstamm gefunden, mit dem wollte er über den Spreearm rudern, sobald es dunkel wurde.

„Bleib hier, die knallen dich nur über den Haufen. Heute Nachmittag hatten wir so einen schönen Tag, die Truppe ist weiter gezogen, alles ist ruhig. Lass uns hier noch ein paar Tage rasten und dann machen wir uns aus dem Staub. Der Krieg ist dann für uns vorbei", bettelte die junge Frau.

„Nein, wenn es dämmert, mache ich mich auf den Weg", entgegnete Bartel.

Dieser Sturkopf, auf ihre Art hatte sie den Schneidermeister gern. In all den Jahren, in denen sie gemeinsam unterwegs waren, hatte er sie kein einziges Mal bedrängt. Wenn er sie jemals begehrt hatte, so hatte er es nie gezeigt. Hatte er kein Verlangen oder nichts in der Hose, sie traute sich nicht, ihn zu fragen. Offensichtlich genügte es ihnen beiden, wenn sie Arm in Arm einschliefen, gemeinsam aufwachten und den Tag fast wortlos zusammen verbrachten. Manchmal fragte sie sich, ob er sie vielleicht verachtete wegen ihres Gewerbes. Aber er ließ sich nie etwas anmerken.

Mit beiden Beinen klammerte er sich an den Stamm. Auch mit dem Stumpf seines rechten Armes versuchte er, sich so gut es ging festzuhalten, mit der Linken ruderte er, ganz leise glitt er auf die Insel zu. Plötzlich krachte er an einen halb versunkenen Kahn und rutschte vom Holz ins sumpfige Wasser.

Da Christoph nicht schwimmen konnte, planschte er wild um sich, bekam dann aber irgendwie einen überhängenden Ast zu fassen und zog sich aufs Ufer.

„Halt! Steh auf und nimm die Hände hoch", wurde er barsch angerufen.

„Nicht schießen, ich bin nicht bewaffnet, ich bin ein Freund", zitternd folgte Christoph der Aufforderung.

„Steh auf und nimm endlich die Hände übern Kopf - beide Hände!"

„Geht nicht, ich habe nur eine!"

Meister Bartel gehorchte schlotternd, nur in der patschnassen Unterwäsche stand er da, er hatte die Uniform drüben abgelegt.

Ums Hauseck kam jemand mit einer erhobenen Fackel auf ihn zu, leuchtete ihm ins Gesicht.

„Na so was, das ist ja der Christoph, der Andreas Christoph Bartel aus Windsheim", rief die Frau nach hinten.

Im Nu war er von Leuten umringt, die ihn freundlich begrüßten.

„Komm erst einmal rein, du erkältest dich so noch." Hochreuther legte den Arm um Christoph und drängte ihn ins Haus.

„Nein, ich bin nicht allein, eine Bekannte wartet drüben auf dem Weg", erwiderte der Meister.

„Komm ins Haus, die Männer kümmern sich darum", drängte Elisabeth Hochreuther.

Mit einem großen, flachen Kahn wurden umgehend Gwendolin und das Fuhrwerk auf die Insel geholt. Da das Gewerbe der Frau offensichtlich war, wurde die junge Frau sehr zurückhaltend behandelt. Mit ihrer offenen unkomplizierten Art gewann Gwendolin jedoch schnell das Vertrauen der Spreewäldler und sie wurden etwas umgänglicher.

Es folgten Tage des Erzählens. Alles - und das bis ins kleinste Detail - wollte Elisabeth wissen. Mehrmals entschuldigte sich Hochreuther, dass sie auf ihn geschossen hatten. Aber man konnte in diesen Tagen nicht vorsichtig genug sein. Immer wieder trieb sich hier Soldatengesindel herum. Schon vor zwei Jahren hatten sie deshalb die Furt abgegraben und waren nun nur mit dem Kahn erreichbar. So konnte sie wenigsten in Ruhe ihrer Arbeit nachgehen. Zusammen mit den zwei Nachbarn waren sie weitgehend unabhängig auf dieser Insel im Spreewald.

„Warum hast du deiner Frau nicht geschrieben?", wollte Elisabeth wissen.

„Es ging irgendwie immer nicht und links kann ich sowieso nicht so gut schreiben, das bereitet mir immer noch Mühe", stotterte Christoph.

„Ach, papperlapapp, alles nur faule Ausreden. Anna Maria macht sich bestimmt Sorgen. Die muss doch denken, du bist tot, jetzt nach fast drei Jahren. Noch heute setzt du dich hin und wirst ihr schreiben! Andreas, unser Ältester wird den Brief dann morgen nach Lübbenau bringen, dort gibt es eine Poststation."

Niedergeschlagen saß Christoph den ganzen Nachmittag vor dem leeren Bogen Papier. Was sollte er schreiben? Er schämte sich immer noch, wie sollte er erklären, was damals passiert war und warum er sich die letzten Jahre nicht gerührt hatte. Na ja, er hatte ja auch keine Zeit gehabt zum Schreiben

– oder? Obwohl, ab und zu hatte er den Versuch unternommen. Doch es fehlten ihm die Worte und wieder und wieder fand er für sich Ausreden, warum es gerade jetzt im Moment ungünstig war, so verschob er das Schreiben auf später.

Hatte er seine Frau überhaupt vermisst? Anfangs ja – aber später, er stellte sich oft diese Frage. Er hatte sich seinem Schicksal gefügt, hatte sich eingerichtet, war bequem geworden, hatte den Kampf und Widerstand aufgegeben. Gwendolin machte es ihm leicht, keine Fragen über das woher und wohin. Sie interessierte sich nur für das Heute, nur für sich, überleben und das so gut wie möglich, war ihre Devise. Halt, stimmt nicht ganz, damit tat er ihr Unrecht, oft genug hatte sie ihn geweckt, tröstend in den Arm genommen und beruhigt, wenn er wieder einmal schweißgebadet aus seinem Albtraum aufgeschrien hatte.

Nacht für Nacht kamen die Erinnerungen an jenen Tag der großen Oderschlacht in seinem Traum zurück:

Sie verirrten sich mit ihren fünf Wagen, plötzlich gerieten sie, als sie aus dem Wald herausfuhren, in das Trommelfeuer einer schweren Mörserbatterie. Die Pferde bäumten sich auf und rasten auf das Schlachtfeld zu. Alle Versuche Christophs, den Wagen zu bremsen, schlugen fehl. Der Wagen schleuderte, er verlor den Halt und flog vom Kutschbock. Gwendolin schrie gellend und schon sauste das Gespann in eine dichte Hecke.

Benommen wollte er aufstehen, als knapp neben ihm erneut eine Granate einschlug. Er warf sich in den Dreck. Überall krachte es, Menschen schrien, Staub, Rauch, wieder Einschläge ganz in der Nähe, Pulverdampf vermischte sich mit dem Geruch des Todes. Ich muss

Deckung finden, sonst ist es aus mit mir, schoss es ihm durch den Kopf. Vorsichtig sah er auf und entdeckte einen Krater in einigen Metern Entfernung, er sprang auf, rannte die paar Schritte und sprang in das Loch.

„Au, pass doch auf du Depp", schrie ihn einer an. Christoph wich erschrocken zurück. Als sich der Qualm der letzten Explosionen verzogen hatte, sah er einen Österreicher mit blutunterlaufenen Augen.

„Tschuldigung", murmelte Christoph. Er tastete an seinen Gürtel, wo war sein Messer? Saudumm, jetzt war er mit einem Feind in einem Loch und hatte keine Waffe.

„He, Kamerad, wer bist du?", fragte der feindliche Soldat im breiten fränkischen Heimatdialekt.

Verdutzt antwortete der Meister: „Ich bin der Andreas Christoph Bartel aus Windheim."

„Was der Bartels Christoph, Mensch, erkennst du mich denn nicht? Ich bin´s, der Joseph Heilmeier aus der Langen Gasse." Mit einem lauten Krachen schlug erneut eine Granate in unmittelbarer Nähe ein. Tiefer kroch Christoph in das Loch.

„Und wie kommst du zu den Österreichern?"

„Die haben mich abgefangen und zu den Soldaten gepresst."

„Fast wie bei mir, jedoch mich haben die Preußen reingelegt." Die beiden kicherten hysterisch.

Plötzlich Ruhe, unheimliche Ruhe breitete sich aus, nur unterbrochen von dem Wimmern und Schreien der verwundeten Soldaten. Endlich nach langer Zeit des Wartens kamen die Sanitäter, Gott sei Dank preußische, dachte Christoph. Sie halfen ihm herauf und wickelten einen Verband um seine paar kleinen Kratzer am Kopf. Ungeduldig wollten sie weiter.

„Halt da liegt noch einer, den hat´s auch erwischt."

„Der geht uns nichts an, das ist ein Österreicher."

„Aber das ist ein Freund aus meiner Heimatstadt! Helft ihm doch", bettelte er.

„Schöne Freunde hast du, das ist für uns ein Feind und der geht uns nichts an", damit sprang einer der Sanitäter in den Krater und erstach den Heilmeier.

Die anderen lachten. „Feind bleibt Feind - nur ein toter Österreicher ist ein Freund." Damit wandten sie sich ab und ließen den erschütterten Christoph allein.

Immer wieder sah er im Traum in die ungläubig weit aufgerissen Augen, in das fragende Zweifeln, schreckte im Schlaf hoch, weil er die Klinge auch an seinem Hals spürte.

Er starrte auf das Blatt Papier, was sollte er nur schreiben? Am besten die Wahrheit, lügen konnte er sowieso nicht. Anna Maria würde ihn sofort durchschauen. Und so fing er an und schrieb sich die letzten Jahre von der Seele. Viele Seiten kamen so zusammen.

Vor allem seine Zweifel an diesem sinnlosen Krieg. Besonders das Erlebnis mit Joseph Heilmeier brachte ihn zu der Überzeugung, dass hier Nachbarn gegen Nachbarn und Bruder gegen Bruder kämpften. Für die Könige und Fürsten ging es nur um Macht und Gier. Das ist kein heiliger Krieg gegen den katholischen Glauben, wie ihnen der Berliner Bischof bei ihrer Verabschiedung ins Feld eingepaukt hatte. Sie sind auch nicht mit dem Segen Gottes hinausgegangen, das war ein menschlicher Wunsch. Nichts wert, nur ein Alibi zum Töten. Bei der erstbesten Gelegenheit wollte er sich absetzen, aber immer wieder fehlte ihm der Mut dazu.

Nach über vier Wochen hatten sich Christoph und Gwendolin wieder erholt, sodass sie sich für die Weiterreise rüsten konnten.

„Christoph ich bleibe hier. Melchior und Elisabeth bieten mir eine Stelle als Magd an", verkündete freudig eines Abends Gwendolin.

„Bist du sicher? Hier ist es einsam und als Dienstmagd hast du keine Chancen mehr im Leben, hast keinerlei Aufstiegsmöglichkeiten, komm doch besser mit", versuchte Christoph, sie zu überreden.

„Wo soll ich hin? Nach Windsheim? Zu deiner Frau? Du bist mit einer Hure durch den Krieg gezogen. Die glaubt doch nicht, dass wir nichts miteinander gehabt haben." Tränen liefen der jungen Frau über das Gesicht.

Sachte nahm sie Christoph in den Arm und sie verbrachten ihre erste und einzige gemeinsame Nacht miteinander. Müde von ihrem nicht enden wollenden Verlangen nacheinander, schliefen sie erst gegen Morgen erschöpft ein.

Spät erwachte Christoph, die Sonne stand schon hoch am Himmel. Hatte er jemals mit Anna Maria solch eine gegenseitige Hingabe, solche Höhepunkte erlebt? Er konnte sich nicht erinnern. Aber das hier mit Gwendolin war etwas anders gewesen, sie hatten nur die gegenseitige Begierde erfüllt, das Ganze hatte nichts mit Liebe oder Gefühlen zu tun gehabt.

Christoph drängte Gwendolin nicht weiter, mitzukommen, und so reiste er Ende September 1743 alleine heimwärts nach Windsheim.

Melchior Hochreuther hatte ihm gegen ein geringes Entgelt einen Platz in einem kleinen Handelszug von Lübbenau bis Leipzig besorgt.

Problemlos ging die Reise vonstatten, lediglich an den Grenzen musste der Meister sich verstecken oder versuchen unbemerkt hinüberzukommen. Er hatte keine Papiere, nur sein Soldbuch, aber keinen Entlassungsschein und somit war er ein Deserteur. Jeder Grenzposten konnte ihn verhaften. Selbst die sächsischen und fränkischen Grenzen bildeten eine Gefahr. Ein Fahnenflüchtiger war in jedem Land ein Verräter, solche Leute mochte man nicht. Jemand ohne Papiere war immer verdächtig, hier halfen oft nur ein paar Gulden an der richtigen Stelle, aber Christoph hatte nichts mehr, war arm wie eine Kirchenmaus.

So versteckte er sich meist unter der Ladung. Manchmal versuchte er auch den Grenzposten zu umgehen. Die Angst saß ihm im Nacken, würde er heimkommen oder doch noch als Drückeberger erschossen?

In Leipzig konnte er glücklicherweise eine Mitfahrgelegenheit bei einigen jüdischen Händlern ergattern, die über Coburg und Bamberg nach Nürnberg wollten.

Christoph wurde vom lauten Rumpeln der Wagen über eine hölzerne Brücke wach. Mit lautem Quietschen kamen die Fahrwerke jäh zum Stehen.

„Halt! Grenze - Coburg! Alle dort rüber fahren – Wagenkontrolle!", forderte unhöflich ein Soldat die Händler auf.

20 Magdalena Knörr   1741

Sie hatten viel Zeit, jetzt nach dem die Lassanos abgereist waren, wollte Lena alles wissen. Nach den Entbehrungen der langen Reise musste sich Anna Maria erst wieder an das Leben in einem großen Haus gewöhnen. Träumend starrte sie vor sich hin.

„Komm, heute machen wir einen Einkaufsbummel und anschließend besuchen wir meine Freundin Hannah", brach Lena das Schweigen.

Zusammen mit Christina und einem bewaffneten Hausdiener machten sich die beiden Frauen nach dem Mittagessen auf den Weg. Mit dem kleinen zweirädrigen Wagen fuhren sie ein kurzes Stück die lange Gasse hinunter Richtung Schloss. Vorbei an vielen Baustellen. Jeder, der etwas auf sich hielt und es sich leisten konnte, ließ sein Haus nach der neuesten Mode umbauen oder gleich neu errichten. Vor dem Geschäft einer Hutmacherin befahl Lena anzuhalten.

„Was, sind wir schon da, dann hätten wir auch zu Fuß gehen können!"

„Nein Mutter, in Ansbach läuft eine Dame nicht auf der Straße, schau doch nur, den Schmutz von den vielen Baustellen. In dem Dreck schleifen dann unsere Kleider, das ist ekelhaft."

„Ich bin keine feine Dame!"

„Darum halten wir jetzt hier. Mit deiner Dienstbotenhaube und dem schweren Wollrock schaust du schlimmer aus als eine Bauersfrau. Lass uns mit einem schönen Hut für dich anfangen." Gut gelaunt ließ sich Lena vom Kutscher aus dem Wagen helfen und stürmte in den Laden. Die junge Windsheimerin hatte sich ganz an die Mode der Residenzstadt angeglichen, immer fein angezogen, wie aus dem Ei gepellt. Ihr Mann war ja schließlich ein kaiserlicher Beamter und ein angesehener Bürgermeister. Freilich, im Gegensatz zu der vornehmen Gesellschaft hier am Hof, halt nur jemand aus der tiefsten Provinz.

An den Höfen, selbst den kleineren Residenzen, hatte sich die französische Mode verbreitet, vorbei waren die Zeiten, in denen der jeweilige Herrscher vorschrieb, was seine Untertanen tragen durften.

Die elegante Lena trug eine *Robe Battante*, über einem kuppelförmigen Reifrock, der hinten und vorne abgeflacht war, ein taubenblaues gemustertes, an Rücken und Brust gefälteltes Kleid aus Brokatstoff mit angearbeiteter weißblauer Schnürbrust, einem tief ausgeschnittenen, spitzenbesetzten Dekolleté, das mehr zeigte, als verbarg. Darüber einen weiten, in viele Falten gelegten, dunkelblauen Mantel mit weiten, dreiviertellangen Puffärmeln. An den Füßen seidene Schuhe, die meist nur kurz die Strapazen der schlechten Wege aushielten. Ein kleiner mit Stoffblumen und Bändern besetzter Hut aus geflochtenem Stroh, der keck etwas schief auf ihrem Kopf saß, vervollständigte die Garderobe.

Anna Maria trug einfachere Kleidungsstücke, in unmodischen graubraunen Farben, ohne Reifrock, aus Wolle. Das Leinenmieder war schlicht und ohne Spitzen. Auch schloss es züchtig oberhalb des Busens ab, dazu eine einfache weiße Haube. Statt eines Mantels hatte sie ein großes kariertes Schultertuch umgelegt. Die Kleidung war sauber, aber man sah ihr die lange Tragedauer an.

„Bonschur Madaam Knörr", rief die kleine rothaarige Verkäuferin der jungen Frau in einem fränkischen

Französisch zu. Abschätzend musterte sie die etwas später eintretende Anna Maria: „Halt, Sie können hier nicht rein!"

„Nein, ist schon richtig so!" unterbrach sie Lena.

„Ach, eine Ihrer neuen Bediensteten." Abfällig drehte sich die Hutverkäuferin weg.

„Das ist meine Mutter! Sie hat eine große lange Reise hinter sich und braucht etwas Anständiges zum Anziehen. Und mit dem Hut fangen wir bei Ihnen an." Entwaffnend, mit hochgezogenen Augenbrauen grinste Lena die Frau an, die sich mit knallrotem Kopf verlegen entschuldigte.

Sie probierten die verschiedensten Hüte.

„Was soll ich mit so etwas Aufgeputztem", flüsterte Anna Maria ihrer Tochter zu.

Sie zogen von einem Laden zum anderen, überall wurde probiert und gemessen. Die meisten Kleidungsstücke sollten schon in gut einer Woche geliefert werden. Glücklicherweise konnten sie bei einer Schneiderin ein fertiges passendes Nachmittagskostüm ergattern, welches Anna Maria auf Anweisung ihrer Tochter gleich anbehielt.

„Eine Rücklieferung von einer der Hofdamen", erklärte die Verkäuferin. Die grün-gelbe Musterung hatte der Dame nicht gefallen. Anna Maria war begeistert, Samt mit Spitzen, so etwas Feines hatte sie noch nie besessen, obwohl ihr Mann ein Schneidermeister war und immer Kleidung nach der neuesten Mode auch für die Familie nähte.

„Wir machen noch eine Dame aus dir", lachte Lena, als sie den Laden verließen.

„Aber Lena, das ist alles so teuer, wie soll ich das bezahlen?"

„Ach Mutter hör auf, ich habe dir schon heute früh erklärt, dass ich das übernehme." Lena schob ihre Mutter in den nächsten Laden, „Mein Mann kann sich das leisten."

Am späteren Nachmittag statteten sie Lenas Freundin Hannah einen Besuch ab. Herzlich wurden sie begrüßt, man setzte sich zum Kaffee in einen mit Glasfenstern verkleideten Pavillon in den Garten. Hannah interessierte sich sehr für Anna Marias Reise und ließ sich ausführlich berichten.
Später tauschten die jungen Frauen den neuesten Ansbacher Tratsch aus.
„Stell dir vor Lena, du kennst doch den Hofmaler Zierl, seine Tochter, erst sechzehn Jahre alt, hat sich mit dem Markgrafen vergnügt. Dazwischen auch noch mit dem Hofjuden Isaak Nathan Ischerlein, du weißt schon den hübschen großen Mann, den wir letzte Woche auf der Reitbahn getroffen haben." Lena nickte. „Das ist noch nicht alles, auch einige Adlige vom Hofe beglückte sie. Dabei hat sie nicht nur den Markgrafen mit einer Geschlechtskrankheit angesteckt."
„Na und jetzt?"
„Jetzt sitzen sie und ihr Vater im Gefängnis und beide werden verhört. Man will herausbekommen, wer nun wen angesteckt hat." Schadenfroh kicherten die beiden jungen Frauen.
„Vielleicht ist es dem Carl Friedrich eine Lehre", meinte Lena.
„Das glaube ich nicht, der ist immer noch hinter jedem Rock her. Wilde Schäferspiele sollen sich im Hofgarten abspielen."
„Na ja, so schön ist der nun auch wieder nicht."

„Das nicht, aber er ist nun einmal der Markgraf und damit der mächtigste Mann bei uns hier." Hannah winkte ab.

„Wenn´s eine braucht", gab Anna Maria abfällig ihren Kommentar dazu.

„Ach Mutter, was soll das? – Aber was sagt seine Frau Friederike Luise dazu und erst seine Frau zur linken Seite, die schöne Müllerknechtstochter Elisabeth Wünsche?"

„Die Preußin lebt schon lange allein und zurückgezogen von ihrem Mann in ihrem Schlösschen Unterschwaningen, die beiden sollen sich hassen. Gegensätzlicher können zwei Menschen nicht sein, erzählt man sich, der Markgraf bäuerlich und bodenständig, die Prinzessin arrogant und dünkelhaft. Ich glaube, deswegen versteht er sich so gut mit der Wünsche. Er hat für sich und Elisabeth bei Haundorf das Schlösschen Georgenthal errichten lassen. Beide sollen dort wie jung Verliebte turteln. Doch die kluge Frau lässt dem Mann die notwendige Freiheit, besonders für seine Leidenschaft der Falkenjagd und schaut über so manchen Seitensprung hinweg."

„Das wäre nichts für mich", meinte Lena.

„Was meinst du jetzt? Der Markgraf in deinem Bett oder wenn dein Mann treulos ist?", belustigte sich Hannah.

„Die Seitensprünge natürlich. Übern Markgrafen könnte man nachdenken", scherzte Lena, die beiden jungen Frauen amüsierten sich köstlich.

Ihre Mutter drohte schelmisch mit erhobenem Zeigefinger: „Na, na, für vornehme Damen schickt sich so ein Gerede nicht."

„Wieso, was hast du, schließlich ist der doch im besten Alter, gerade mal fünf Jahre älter als ich und nicht so alt wie mein Mann", setzte Lena noch eins drauf.

„Schluss jetzt mit dieser Blödelei, bevor es peinlich wird", energisch unterbrach Anna Maria der jungen Frauen.

„Ihr habt ja recht, Frau Anna Maria, wir tratschen nun mal gerne und am besten zieht man über andere Leute her. Nun was ganz anderes, Hedwig, Hedwi-ig!", laut rief sie nach dem Dienstmädchen, „bring mal ein paar Teile vom neuen Service. Das müsst ihr euch ansehen. Fayencen aus der Manufaktur in der ehemaligen Wasenmühle. Die Markgräfin hat diese Produktion von chinesischen Arbeiten gefördert. Sogar die Küchen in der Residenz sollen mit dort hergestellten Fliesen gekachelt sein."

Unverzüglich wurden verschiedene Teller, Tassen und Schüsseln mit einfachen blauen Verzierungen sowie im schlichten Weiß gebracht und ausgebreitet.

„Einfach schön, nicht wahr", meinte Hannah, „und teuer. Mein Mann beteiligt sich an der Fabrik und da bekommen wir das etwas günstiger, meine ich zumindest. So ein Stück soll einen Gulden kosten", damit hielt sie einen einfachen weißen Teller hoch, „die farbigen bestimmt ein Vielfaches davon."

„Was, so teuer! Da bekomme ich ja ein Scheffel Roggen für einen weißen Teller", Anna Maria schüttelte den Kopf. Sie war mit ihren einfachen, gedrechselten Holztellern für ein paar Kreutzer oder denen aus Zinn völlig zufrieden. Sie konnte auf diesen neumodischen Schnickschnack getrost verzichten.

Dieser Luxus, dachte Anna Maria, meine Tochter hat wirklich das große Los gezogen. Erst allmählich sollte sie merken, wie eingeschränkt die junge Frau war, eingesperrt in einen goldenen Käfig. Jeder Ausgang musste mit dem Hausherrn vorher abgesprochen werden. Dieser entschied, ob seine Frau gehen durfte oder nicht. Hatte er einmal zugestimmt, so wurde noch überlegt, mit welchem Personal und Begleitung die junge Frau das Haus verlassen durfte.

„Sag mal Lena, warum immer dieser Aufstand, wenn du einmal ausgehen willst?", fragte eines Tages Anna Maria, „kannst du nicht selber entscheiden, wohin du gehen willst?"

„In Windsheim schon, aber in Ansbach nicht, früher konnte ich auch hier gehen, wohin ich wollte, aber ich habe laut Sebastian immer wieder gegen die guten Sitten verstoßen. Es ist schon eine seltsame Clique von Beamten und ihren Damen, die wähnen sich vornehmer als der gesamte Adel, bilden sich ein, ohne sie gehe ja gar nichts in der Markgrafschaft. Bereits mehrmals wurde Sebastian von *wohlmeinenden Herren* darauf hingewiesen, dass sich seine Frau unschicklich verhält. Um Ärger zu vermeiden, füge ich mich nun meinem Gemahl und gehe nur noch *schicklich* aus."

Nachdem Anna Maria nun auch die entsprechende Garderobe besaß, wusste Lena nichts Besseres, als ihre Mutter zu allen möglichen Damenrunden zu schleppen. So sollten es noch viele unterhaltsame Nachmittage in Ansbach werden. Es war in Mode gekommen, dass sich das gesellschaftliche Leben in sogenannten Salons abspielte. Jede Dame, die etwas auf sich hielt, richtete einen Solchen bei sich ein. Lena bedauerte es, dass sie sich nur noch eine kurze

Weile in Ansbach aufhalten würden. Gerne hätte sie weiter hier gelebt und sich auch so einen Salon eingerichtet.

Wie im Flug war die Zeit vergangen und die Abreise nach Windsheim stand bevor, als Sebastian eines Abends seiner Frau freudig mitteilte: „Der Krieg um Schlesien ist vorbei. Die Preußen haben über die Österreicher gesiegt. Vielleicht kommt dein Vater jetzt wieder heim."

„Das wäre schön, besonders für meine Mutter", meinte Lena und lief gleich zu ihr, um die gute Neuigkeit zu erzählen.

Gemeinsam besuchten die beiden Frauen am Vorabend des Abreisetages noch einmal Hannah Model. Die Jüdin hatte ein dringendes Billett gesandt, indem sie noch um einen Besuch vor der Abreise bat.

„Lena, ich habe schlechte Nachrichten aus Prag bekommen. Die Kaiserin Maria Theresia hat alle Juden aus der Stadt ausweisen lassen. Sie sollen im letzten Krieg die Preußen unterstützt haben. Aber das stimmt nicht. Wieder einmal müssen wir Juden für das Unvermögen anderer den Kopf hinhalten. Mein Mann hat schon einem seiner Geschäftspartner in Prag Gelder überwiesen, damit auch arme Leute ausreisen können."

„Aber das ist doch schrecklich. Wo sollen die Leute denn hin", fragte Lena dazwischen.

„Anfangs glaubten die Ältesten noch, sie könnten die Prager Gemeinde auf ganz Böhmen aufteilen, nun aber heißt es, dass die Juden das ganze Land verlassen müssen."

„Wie können wir Euch helfen?", fragte Anna Maria spontan.

„Vielleicht könnt Ihr ein gutes Wort für die Flüchtlinge einlegen. Die Stadt und die jüdische Gemeinde Fürth haben sich bereit erklärt, einige aufzunehmen. Auch hier bei uns werden welche unterkommen. Könnte nicht auch Windsheim einigen jüdischen Familien ein neues Zuhause geben."

„Ich verspreche dir, wir werden versuchen die Ratsherren zu beeinflussen. Mit Sebastian werde ich gleich auf der Heimfahrt reden."

„Einige der Herren kenne ich noch gut von früher, die versuche ich zu überzeugen, wir brauchen immer noch Leute und gute Handwerker in unserer Stadt." Anna Maria überlegte sich schon, wen sie alles ansprechen würde.

Sie umarmten sich zum Abschied und versprachen, in regem Briefkontakt zu bleiben.

Ende April 1741 erreichte man die Stadt Windsheim zusammen mit einigen französischen Cavallerie- und Infanteriedivisionen. Diese schlugen vor der Stadt ihr Lager auf, bevor sie weiter in den Krieg um das polnische Erbe zogen.

„Wieder diese Belästigung durch die Soldaten, hört das denn nie auf", schimpfte Lena.

Die Gemeinen durften zwar die Stadt offiziell nicht betreten, aber trotzdem zogen besonders abends immer wieder grölende Gruppen besoffen durch die Gassen. So mancher Offizier langte auch mal unter die Röcke der Frauen und Mädchen und meinte, mit ein paar Groschen sei das abgegolten.

21 Coburg   1743 - 1744

„Na los, macht schon, alles ausladen", herrschte einer der Coburger Wachsoldaten die Kaufleute an. Die Grenze zum Fürstentum Coburg-Gotha hatten sie zwar schon vor einiger Zeit passiert, aber hier am Tor der Residenzstadt Coburg wurde nochmals kontrolliert und kassiert.

„Aber Herr Soldat, wir zahlen doch unseren Zoll freiwillig. Das ist wertvolle Ware, lasst sie auf dem Wagen", versuchte es der Stoffhändler Rotkehl. „Hier ein paar Gulden extra", flüsterte er dem Soldaten noch zu.

„Aha, auch noch Bestechung! Das haben wir gerne - nichts da, euch Juden kann man nicht trauen. Habt immer teurere Waren geladen, als ihr angebt. Wir haben strenge Order, alles genauestens zu kontrollieren." Damit schob der Soldat den Mann zur Seite und warf den ersten Ballen hernunter.

Dieses Mal hatte sich Christoph nur notdürftig in einem der Wagen versteckt. Zu spät hatte er den Kontrollposten bemerkt. Er hörte das Geschrei und der Angstschweiß lief ihm aus allen Poren, immer tiefer kroch er unter die Ballen, er traute sich fast nicht zu atmen. Mit einem Ruck wurde der Stoffballen über ihm weggezogen.

„Ja da schau her, was haben wir da?" Grobe Soldatenhände packten ihn und zogen ihn aus seinem Versteck.

„He Sergeant, ich hab einen gefunden!"

„Elendes Judenpack, schmuggelt da Leute rein und meint, wir würden es nicht merken."

„Bitte Herr, lasst den Kaufmann, er wusste nichts von mir. Ich habe mich beim letzten Halt hier heimlich verkrochen." Christoph versuchte alle Schuld auf sich zu nehmen, um den Händler Rotkehl, der ihm geholfen hatte, zu schützen.

Rotkehl schaltete schnell: „Herr Soldat, ich habe nicht bemerkt, dass sich jemand hier versteckt hat."

Der herzugerufene Sergeant war etwas freundlicher: „Soso, Ihr wollt nichts gewusst haben? Was hat euch der Mann bezahlt?"

„Nichts habe ich bezahlt, Herr. Der wusste wirklich nichts." Christoph versuchte, sich aus dem Klammergriff des Soldaten loszureißen.

„Sergeant glaubt dem Judenpack und dieser Kreatur hier nicht, die ..."

„Ach hör auf, du mit deinen Vorurteilen", sein Vorgesetzter wies zum Wachgebäude. „Bring den Mann in die Zelle. Und ihr zahlt einen Gulden Strafe, dann macht, dass Ihr weiterkommt", entließ er Rotkehl.

Nachdem sich Christoph nicht ausweisen konnte, warf man ihn ins Stadtgefängnis, ein finsteres Verlies im untersten Keller des Rathauses.

Er bekam viel Zeit zum Nachdenken. Was hatte er falsch gemacht in seinem Leben? „Gab es etwas zu bereuen – nein nichts – oder doch?" Immer wieder sprach er laut mit sich selbst. Allein in dem feuchten dunklem Loch, nur unterbrochen vom täglichen Scheppern des Schlüssels in der Tür und der Frage des Gefängniswärters: „Lebst du noch?" Auf seine Antwort und wenn es nur ein Brummen war, gab es eine riesige Kelle voll Suppe oder Eintopf in seinen Blechnapf, so richtig konnte er nicht feststellen, was dieser ungenießbare Fraß war.

Anfangs hatte er noch den Willen: „Du überlebst das! Du stehst das durch!" Er aß widerwillig dieses Saufutter.

Aber mit der Zeit schwand aller Lebensmut.

„Hätte ich doch mein Maul gehalten, nicht aufbegehrt gegen die Obrigkeit! Wäre ich dann noch glücklich in Windsheim? Nein, das wäre immer so gekommen. Sich nicht einmischen in anderer Leute Angelegenheiten? Zu allem Ja und Amen sagen? Gegen meine Natur – mich verstellen? Nein, ich wäre mir und auch Anna Maria gegenüber nicht ehrlich gewesen." Laut sprach er seine Gedanken vor sich hin. Er musste sich hören, sonst wurde er noch verrückt hier unten in dem einsamen Loch. Mit der Zeit fiel ihm das laute Sprechen immer schwerer. Oft kreisten nur noch die Gedanken.

Wochen, Monate vergingen, nichts geschah. Er wusste nicht, wie lange er hier schon saß, längst hatte er das Zählen der Tage aufgegeben, offensichtlich hatte man ihn vergessen. Er wurde von der immerwährenden Dunkelheit fast verrückt. Die feuchtkalten Wände seines Kerkers machten ihn krank, er schien bei lebendigem Leibe zu verfaulen. Die Zähne fielen ihm aus, Fieber schüttelte seinen geschwächten Körper. Er lag nur noch teilnahmslos auf dem verfaulten Strohsack und schreckte nur hoch, wenn eine Ratte an ihm nagen wollte. Aus seinem Mund kam nur noch ein Pfeifen und Röcheln.

Mit Schlüsselrasseln näherte sich einer der Gefängniswärter die Stiege herunter, sperrte auf und fauchte ihn an: „Los auf! Mach, dass du raus kommst!" Er scheuchte Christoph mit Fußtritten auf, fasste ihn unter dem Arm und schleifte ihn die Treppe hoch.

Die Angst schnürte Christoph die Kehle zu, jetzt holten sie ihn zum Erschießen. Er wollte noch nicht sterben!

„Nein, nein, ich bin unschuldig!", wollte er schreien, aber es kam nur ein leises Grunzen heraus.

Eine innere Stimme flüsterte ihm zu: „Aber vielleicht ist es besser so. Du bist zu nichts mehr nutze. Besser tot, als lebendig in einem verfaulenden Körper gefangen."

Wieder kam die Angst, Todesangst, er merkte, wie er am ganzen Körper zitterte, und wie es zwischen seinen Beinen nass wurde.

Im Gefängnishof wartete einer der Stadtwachen mit einem Handkarren, auf den warf man den ehemaligen Schneidermeister und karrte ihn vor das Stadttor. Nach etwa fünfzehn Minuten Fußweg wurde er einfach in den nächsten Straßengraben gekippt.

„Mach, dass du weiter kommst, und lass dich hier nicht mehr blicken." Damit drehte sich der Mann um und verschwand hinter dem Stadttor.

Obwohl schon spät am Abend, war es immer noch hell genug, sodass es Christoph blendete. Seine Augen brannten wie Feuer. Nur schwer konnte er sich an die Helligkeit gewöhnen.

„Ich habe überlebt, die haben mich rausgeschmissen", waren seine letzten Gedanken bevor ihm die Sinne schwanden und der Tod nach ihm griff.

„Herr Vater, schau, da liegt einer. Ich glaub, der ist tot", lispelte eine Mädchenstimme.

„Lass den, fass ihn nicht an, siehst du nicht, wie verdreckt der ist und einen Ausschlag hat der auch." Damit schob der etwa 30-jähriger Bauer seine Tochter zur Seite. „Jesses, der lebt doch noch, bring mir schnell den Krug mit dem Wein."

Er flößte, dem leblos Daliegenden, etwas von dem mit Wasser verdünnten Wein ein. Christoph schluckte und erbrach sich.

„Ich glaube, den nehmen wir mit und liefern ihn im Kloster bei Bruder Heinrich ab. Bring einmal den Wagen her."

Der Bauer war gestern mit seinem Karren nach Coburg gefahren und hatte eine Fuhre bestes Weißkraut abgeliefert. Er gehörte zu den Häuslerfamilien, die auf den Feldern des Klosters Banz arbeiteten.

So kam Christoph in das mächtige Benediktinerkloster, das nördliche Bollwerk der Fürstbischöfe von Bamberg gegen die evangelischen Coburger. Hoch über dem Tal beherrschte die Anlage das obere Maintal.

Bereits im 10. Jahrhundert gegründet, hatten nach den großen Kriegen die Äbte begonnen, die Anlage wieder aufzubauen. Unter Abt Otto de la Bourde ging es finanziell schnell aufwärts. Der Baumeister Johann Dientzenhofer gestaltete nun die Klosterkirche um.

Aber erst mit Abt Gregor Stumm brach die Blütezeit für das Kloster an. Er förderte die Wissenschaft, gründete Sammlungen, schuf eine gute und teuer ausgestattete Bibliothek an.

Hartnäckig hatte sich das Kloster hier am Rande der überwiegend evangelischen Gegend behauptet. Aber es kamen nicht mehr so viele Pilger wie früher vorbei.

Bruder Heinrich, zuständig für alle kranken Pilger, hatte seit langer Zeit keinen mehr behandelt. Um so liebevoller sorgte er für Christoph, froh, seine ärztliche Kunst wieder einmal unter Beweis stellen zu können.

Das Kloster war früher für seine Heilkunst berühmt gewesen, aber als vor fast zehn Jahren einige ungeklärte Todesfälle aufgetreten waren, traute sich keiner der evangelischen Bauern mehr hierher in Behandlung, man nahm lieber den viel weiteren Weg nach Lichtenfels in Kauf. Dort gab es ja wenigstens einen rechtgläubigen Arzt. Man traute den Katholischen einfach nicht über den Weg und schon gar nicht den Benediktinern.

Immer noch kam aus dem zahnlosen Mundloch kein Wort heraus. Nur durch Laute und Gesten konnte sich der Schneidermeister verständlich machen. Am Heiligabend 1743, schob Bruder Heinrich Christoph das erste Mal in die mächtige Klosterkirche. Es ging aufwärts mit ihm, die Wunden heilten.

Die einfühlsamen Gespräche mit Bruder Heinrich, der ihm oft die Antworten von den Lippen ablas, wenn Christoph um Worte rang, trugen zur Besserung bei. Jeden früh wurde Christoph vom Hämmern der Steinmetze wach, er zählte die Schläge, bis einer der Brüder kam und ihm aufhalf, im Moment war er noch sehr schwach.

Mit der Zeit merkte Bruder Heinrich, dass Christoph evangelisch war.

„Ich mach euch schon noch katholisch", meinte er wohlwollend verschmitzt zu Christoph.

Als der Schneidermeister wieder normal sprechen konnte, folgten lange Gespräche über Gott und die Welt. Jeder legte dem anderen seinen Glauben dar und sie merkten, dass sie gar nicht so viel trennte, denn im Grunde glaubten sie beide an den gleichen Gott. Die Verschiedenartigkeit der Gottesdienste waren nur die von Menschen geschaffenen Äußerlichkeiten. Was spielte es für eine Rolle, ob der Wein nun zum wahren Blute Christi verwandelt wurde oder ob dies nur symbolischen Charakter hatte, das sollte jeder für sich selbst entscheiden können. Gewaltsam jemandem den Glauben aufzuzwingen war keine Lösung. Was wirklich zählte, war doch nur die Liebe zum Nächsten.

Die Klosterbrüder, zumindest der Abt, der Bibliothekar und der Medicus waren den Gedanken der Aufklärung gegenüber aufgeschlossen und lasen Schriften von Shakespeare, Gellert, Gottsched und vielen anderen. Die reinen Themenschriften und journalistischen Traktate oder Zeitungen wurden seit einiger Zeit von Erzählungen, Romanen und lyrischen Texten abgelöst. Man verpackte die Gesellschaftskritik in der „vernunftgemäßen" Literatur. Bruder Heinrich las Christoph manches daraus vor und sie diskutierten ausgiebig darüber.

Bereits seit Ende des letzten Jahrhunderts hatte sich eine Form der persönlichen Frömmigkeit herausgebildet. Der Gläubige sollte Gott gefühlsmäßig erfahren, ob im Zwischenmenschlichen oder in der Natur: Er könnte auf die kirchliche Vermittlung verzichten.

„Dies sehen wir natürlich etwas anders, Gott zwingt niemanden, er lässt jeden Menschen frei entscheiden. Doch ich bin überzeugt, nur der katholische ist der wahre Glaube", wandte Bruder Heinrich ein und ergänzte lächelnd, „denn diese Art religiöser Bindung aktiviert die eigenen Kräfte, man richtet den Blick auf das eigene Innenleben. Die Gefühle erhalten jetzt den gleichen Stellenwert wie die Vernunft."

Natürlich war das nicht die offizielle Einstellung der Benediktiner, aber einige von ihnen akzeptierten diese Gedanken.

„Es gibt viele Wege zu Gott, Hauptsache man geht einen davon und bleibt nicht im Jammertal des Erdendaseins stehen", war der Standartsatz des aufgeschlossenen toleranten Bruders Heinrich.

Christoph sog diese Ansichten und Gedanken in sich auf wie ein Schwamm das Wasser. Gerne würde er davon noch mehr lesen, aber noch machten seine Augen nicht so richtig mit, er wurde schnell müde.

Laute Orgelklänge hallten durch die Kirche und den Kreuzgang. Christoph saß ihm Garten des Innenhofs und lauschte. Bruder Valentin Rathgeber spielte mit inbrünstiger Hingabe seine Stücke. Das war der schönste Moment seit langer Zeit, der Meister schöpfte wieder neuen Mut – Mut, den Bruder Heinrich ihm vergebens zu vermitteln versuchte.

„Schmeiß dein von Gott geschenktes Leben nicht so einfach weg, schau mit Zuversicht in die Zukunft!", ermahnte er ihn immer wieder.

„Hör mir auf mit deinem Gott! Wo war er, als es mir dreckig ging? Wohin hat er mich gebracht?" Christoph schüttelte jedesmal energisch seinen Kopf.

„Gott hat nicht Karten gespielt – sondern du. Du hast dein Leben in die Hand genommen und bist am Ende gescheitert. Gib Gott nicht die Schuld - aber sei gewiss, *ER* vergibt dir deine Schuld."

„Ach hör auf! So kommen wir nicht weiter, du weißt, dass wir dann wieder ewig im Kreise herumdiskutieren. Ich glaube nicht mehr an so einen Gott!"

„Sei nicht überheblich! Es interessiert niemanden ob *DU* an Gott glaubst – viel wichtiger ist doch, *ER* glaubt an dich. Gott braucht dich nicht – du brauchst Gott."

Man schrieb das Jahr 1744, wo war die Zeit hingekommen?

„Mit deinen 49 Jahren kannst du noch immer was Neues anfangen", meinte der Mönch und unterbrach das Sinnieren des Meisters.

„Ja schon, aber was, schau mich doch an, zu nichts mehr zu gebrauchen."

„Du kannst reden, setzt dich ein für die Menschen, besonders für die Armen und Unterdrückten. Außerdem kannst ja immer noch zum wahren Glauben wechseln und Mönch werden", lachte der Klosterbuder schelmisch.

„Ach hör auf, du mit deinem wahren Glauben, mir reicht mein eigener und ich glaub, das mit dem Reden ist keine gute Idee, du siehst doch, was das aus mir gemacht hat", missmutig hob Christoph seinen Armstumpf an, „und wohin mich das gebracht hat."

Die Märzsonne brannte heiß auf seinen geschundenen Körper. Langsam heilten die hartnäckigen Wunden, besonders der Armstumpf, der faulig geworden war. Bruder Heinrich verstand wirklich was von der Heilkunst.

Nachdem seine gebrochenen Finger an der linken Hand krumm zusammengewachsen waren, konnte Christoph nicht mehr schreiben. Doch hatte er letzte Woche dem Bitten von Bruder Heinrich nachgegeben und dem Schreiber, Bruder Andreas, einen kurzen Brief an seine Frau diktiert.

22 Windsheim   1744 - 1750

Unendlich zog sich die Zeit hin. Plötzlich stand sie eines Tages im März 1744 vor ihm - seine Anna Maria. Bruder Markus hatte ihn mit dem Handkarren zum Vorhof gefahren. Erst wenige Schritte konnte er ohne helfende Hand alleine gehen.

„Christoph!", ein Aufschrei und seine Frau viel ihm um den Hals. Beiden liefen die Tränen übers Gesicht.

„Es wird alles gut, ich nehme dich mit nach Hause." Sanft streichelte sie ihrem Mann übers Gesicht.

Sorgsam betteten sie den Meister in die Kutsche, mit der die Windsheimerin gekommen war. Nach über acht Jahren hatte das Suchen und Hoffen auf eine bessere Welt ein Ende gefunden. In einem kleinen Häuschen an der südlichen Stadtmauer, nicht weit vom Spital, hatte Anna Maria für beide schon seit einiger Zeit ein bescheidenes Heim eingerichtet.

Als sie losfahren wollten, fehlte Klein Franziskus. Er hatte sich nicht davon abbringen lassen, Anna Maria zu begleiten. Bruder Heinrich suchte den jungen Mann. Nach gut einer halben Stunde fand er ihn in der großen Kirche. Andächtig kniete Franzikus vor dem Marienaltar und murmelte immer wieder vor sich hin: „Ave Maria - Eldermutter Anna, Mutter Maria und Klein Jesus lieben Klein Franziskus."

„Franziskus komm, Meister Bartel und seine Frau warten draußen. Sie wollen losfahren", flüsterte der Mönch dem jungen Mann zu.

„Nein! Nein, Klein Franziskus bleibt bei Eldermutter Anna, Mutter Maria und Klein Jesus." Kreischend sprang

Franziskus auf. Als Bruder Heinrich auf ihn zuschritt, verkroch er sich unter den Nebenaltar.

Der Mönch bat Anna Maria zu Hilfe: „Frau Bartel, Ihr müsst den jungen Mann selbst holen. Ich komme in meinem Alter nicht mehr unter den Altar."

„Wieso Altar?"

„Seht selbst, er hat sich versteckt, als ich ihn angesprochen habe."

„Ja, unser Franziskus ist etwas merkwürdig, Bruder Heinrich. Er ist uns in Frankfurt an der Oder auf einem Kahn quasi zugelaufen, seit damals zieht er mit uns durch die Lande."

„Ich weiß, Frau Bartel, Euer Mann hat mir die ganze Geschichte schon erzählt."

„Dann wisst Ihr auch, dass der Junge seltsam auf manche Situationen reagiert, besonders wenn ihn ein Fremder anspricht."

Eilig schritt Anna Maria auf die Kirche zu, Bruder Heinrich hatte Mühe mitzuhalten.

„Dort hinten, unterm Marienaltar," wies ihr der Mönch den Weg.

„Franziskus komm hervor, wir wollen heim!", lockte die Frau.

„Nein Klein Franzikus bleibt bei Jesus." Immer weiter zog sich der Junge unter den Altar zurück.

In diesem Moment läuteten die Glocken und riefen die Gläubigen zur Vesperandacht. Bruder Heinrich sandte Anna Maria hinaus: „Geht Ihr zu euren Mann. Nach der Vesper werden wir weiter sehen."

Als die Mönche in Zweierreihe zum Hochaltar zogen, reihte sich Franzikus mit ein. Auf den fragenden Blick des Abtes zuckte Bruder Heinrich nur mit den Schultern, dirigierte den jungen Mann aber auf einen Platz hinter dem Chorgestühl.

Während der Andacht beobachtete ihn Heinrich. Franzikus konnte alle lateinischen Gebete und Gesänge auswendig und sang mit so lauter Stimme, dass sich die Mönche nach ihm umdrehten.

Nach der Andacht begleitete Abt Gregor Bruder Heinrich zu den wartenden Bartels.

„Sagt, wo kommt dieser Junge her?", wollte der Abt wissen.

„Soviel wir herausbekommen haben, Bruder Abt, stammt er aus einem Franziskanerkloster in Oberschlesien, in dem er als Findelkind abgegeben wurde. Die dortigen Mönche haben seine Erziehung übernommen und er wuchs bei einem Bruder Barnabas in der Küche auf."

„Soso, aus einem Franziskanerkloster!" Weitere gemeinsame Bemühungen, Franziskus zum Verlassen der Kirche zu bewegen, blieben erfolglos. Er wollte einfach nicht.

Sie beratschlagten gemeinsam und Bruder Heinrich schlug vor: „Vielleicht sollten wir den Jungen vorläufig hier behalten, offensichtlich ist er ja katholisch erzogen worden. Wenn Meister Bartel dem zustimmt, könnte er hier bei uns im Garten mithelfen, offensichtlich fühlt er sich hier im Kloster wohl."

„Gut, aber Ihr seit für ihn verantwortlich, Bruder Heinrich." Damit verabschiedete sich der Abt.

„Ist es recht so?" Fragend sah Bruder Heinrich den Meister an.

„Von mir aus. Und was meinst du?", fragte Christoph seine Frau.

„Ich weiß nicht, all die letzten Jahre ist er mit uns gereist, aber wenn er nicht will, zwingen können wir ihn nicht. Ich habe auch das Gefühl, er ist endlich daheim angekommen. Ihr habt ja unsere Adresse, Bruder Heinrich, wenn was ist, schreibt bitte und wir können ihn dann holen."

So kam es, dass die Bartels ohne Franziskus zurück nach Windsheim fuhren.

„Das ist vielleicht die beste Lösung", meinte Anna Maria auf der Heimfahrt, „so habe ich mehr Zeit mich um deine Wunden zu kümmern."

Christoph nickte nur, er hatte sowieso nicht viel mit dem Jungen anfangen können, Franziskus hatte immer Distanz zu ihm gehalten.

Der einst stolze und unbeugsame Schneidermeister kam als gebrochener Mann zurück nach Windsheim. Ein Krüppel, alle Glieder krumm und schief zusammengewachsen, einarmig, zahnlos, mit mangelnder Sehkraft, Sprachproblemen, aber mit einem hellen Geist. Er hatte neuen Mut gefasst, das gute Zureden von Bruder Heinrich hatte gefruchtet. Die größte Hilfe in dieser schweren Zeit war ihm seine Frau. Immer noch war er auf Hilfe angewiesen. Jeden Sonntag früh schob sie ihn zum Stammtisch, anfangs noch in das Gasthaus *Zur Sonne* und jetzt, seit das Wetter schöner geworden war, auf den Kornmarkt. Eifrig diskutierte Christoph mit den Meistern und Stadtoberen, aber seine

Reden hatten keinen Biss mehr, oft fehlten ihm auch noch die richtigen Worte oder er brachte sie nicht heraus.

Im Herbst dann war er soweit wiederhergestellt, dass er auf den Rollstuhl, den er vom Meister Krauß bekommen hatte, verzichten konnte. Sein rechter Armstumpf war gut geheilt und zumindest drei Finger der linken Hand konnte er wieder gebrauchen. Aber als Schneider arbeiten, das konnte er vergessen, ab und zu hatten Michael Krauß und sein Schwiegersohn eine leichte Arbeit für ihn.
„Vater Christoph, Ihr ward doch bei der Stadtmiliz, vielleicht könnte ich Euch dort wieder unterbringen. Am Johannitertor brauchen wir jemanden, der die Akzise, das heißt, das Besuchs- bzw. Handgeld für den Tag kassiert und die Steuern für die Waren und Ähnliches taxiert. Wäre das nicht etwas für Euch", fragte Sebastian eines Tages. „Versteht mich nicht falsch, Ihr müsst nicht arbeiten, ich kann es mir leisten auch für Euren Unterhalt zu sorgen, aber vielleicht würdet Ihr gerne etwas tun, Euch nützlich fühlen? So kommt Ihr auch wieder unter die Leute."
Jeden Tag saß nun der Schneidermeister in der Uniform der Stadtwachen am Johannitertor und taxierte und kassierte die Gebühren der Aus- und Einreisenden.

Viel hatte sich ja während seiner fast neunjährigen Abwesenheit in der kleinen Stadt im Aischgrund nicht verändert. Immer noch beherrschte eine Handvoll Patrizier und Händler den Rat. Besonders den Inneren hatten die mächtigen Familien unter sich aufgeteilt, in den Äußeren wurde schon ab und zu einmal einer der vielen Handwerksmeister hineingewählt.

Die Frau des Bürgermeisters Melchior Adam Pastorius hatte das schon vor über 70 Jahren angeprangert und wurde damals als Pasquillenmacherin, Verfasserin von Schmähschriften, entlarvt. Ihr Mann musste deshalb zurücktreten. Sie hatte in ihren Schriften die Ratsherren sogar als Vetterleinsrat bezeichnet, in dem eine Krähe der anderen kein Auge aushackt. Viele behaupteten, das sei heute nicht viel besser. Im Gegenteil, von manchen Familien saßen mehrere Familienmitglieder gleichzeitig im Rat. Auch Sebastian Knörr baute nach und nach seinen Machteinfluss aus. Immer mehr Häuser und Grundstücke kaufte er auf und machte Bürger durch Darlehen von sich abhängig.

Alle Schäden der großen Brandkatastrophe von 1730 waren beseitigt, nichts erinnerte mehr daran. Viele Häuser waren nach der neuesten Mode, dem Ansbacher Stil, umgebaut worden. Ein paar einfache Bürger und Handwerker kritisierten immer noch den Rat, die Verteilung der Hilfsgelder sei ungerecht gewesen.

Seit Karl Albrecht von Bayern deutscher Kaiser geworden war und die Preußen gegen Österreich einen großen Sieg erkämpft hatten, war es etwas ruhiger in Windsheim geworden. Die letzten Einquartierungen waren über drei Jahre her. Französische Einheiten waren das – hatten damals recht gehaust und eine ganze Reihe von kleinen Franzosen da gelassen. Trotzdem herrschte noch Krieg, weit weg, in Schlesien und Pommern war der Erbfolgekrieg noch im

Gange. Im Herbst dann kamen die Truppen des Kurfürsten von Bayern und lagerten vor der Stadt.

Diesmal wetterte Christoph wieder gegen die Einquartierungen und die Stadtherren gaben ihm sogar Recht.

Zur gleichen Zeit bekamen die Bartels einen Brief von Bruder Heinrich. Er teilte ihnen mit, dass sich Franzikus in das Klosterleben gut einfügt habe und sich besonders, als man ihm einen Habit verpasst hatte, glücklich fühlte. Die Bartels bräuchten sich keine Gedanken um ihren Schützling zu machen. Sie könnten ihn ja gerne einmal besuchen.

„Da siehste nun, du brauchst dir keine Sorgen mehr um den Jungen zu machen", brummte Christoph, den das Gejammer seiner Frau nervte. Immer wieder: „Geht es Franziskus gut? Hat er genug zu essen, ist er gut versorgt? Hat er Heimweh?"

„Ich gebe dir ja recht, aber ich mache mir halt Sorgen. Er ist mir doch wie ein eigenes Kind ans Herz gewachsen. Versprich mir, dass wir ihn bald einmal besuchen werden", bettelte sie.

„Ja im nächsten Frühjahr können wir mal eine Reise einplanen", murmelte er.

„Das sagst du nur, damit du deine Ruhe hast."

„Nein, nein, das meine ich wirklich so."

Auf Befehl der Kaiserin Maria Theresia wurde Windsheim, trotz energischer Proteste, 1747 als Sammelplatz für die fränkischen Truppen bestimmt. Im Bethaus und dessen großer Scheune richtete man eine Kaserne ein.

Christoph, der jeden Tag daran vorbei musste, wenn er zum Stadttor ging, schimpfte die Soldaten: „Es ist eine Schande, wie Ihr euch aufführt, wir sind doch eine verbündete Stadt. Wir sind doch auch Franken. Ihr seid schlimmer als die ärgsten Feinde."

Die Soldaten lachten ihn aus: „Geh weiter, du alter Krüppel!"

Endlich zogen sie ab und die Belästigungen der Bevölkerung hatten ein Ende. Auch die Frauen und Mädchen konnten wieder auf die Straße gehen, ohne Angst haben zu müssen, irgendwo hinter ein Hauseck oder ins Gebüsch gezerrt zu werden.

Allerdings hatten die vielen Truppendurchzüge Spuren hinterlassen, viele Nahrungsmittel waren knapp geworden. Die städtischen Metzger erhöhten die Preise, acht Kreutzer wollten sie nun für ein Pfund Rindfleisch haben.

„In den umliegenden Städten und Dörfern verkaufen sie das Pfund Rindfleisch um die Hälfte!", erzählten die Dörfler in der Stadt.

„Wir verkaufen unser Fleisch nicht zu diesem Spottpreis! Dann gibt es eben keins mehr!", die reichstädtischen Metzger weigerten sich, die Ochsen zu schlachten, und traten in den Streik. Die Windsheimer Bevölkerung murrte und verlangte vom Rat schnelle Hilfe.

Die Ratsherren ließen sich von der Metzgerzunft nicht erpressen und erlaubten jedem, Fleisch zollfrei in die Stadt einzuführen. Nach etwa drei Wochen waren die Stadtmetzger bereit ihren Preis anzugleichen.

Anno 1748 feierte man ein großes Dankfest. Vor 100 Jahren war der große Krieg mit dem Frieden in Westphalen beendet worden.

Im Oktober fand der Österreichische Erbfolgekrieg mit dem Frieden von Aachen seinen Abschluss und gab Anlass zur Freude. In die über acht Jahre dauernden Auseinandersetzungen waren auch immer wieder die Windsheimer mit hineingezogen worden. Christoph war offiziell immer noch Soldat in der preußischen Armee oder, genauer gesagt, eigentlich ein Deserteur. Er war nie aus dem Dienst für den Preußenkönig entlassen worden. Bestandteil des Friedensvertrages war auch eine allgemeine Amnestie, damit endete glücklicherweise auch für Christoph die ständige Angst, er könnte doch noch als Drückeberger hingerichtet werden.

Im trockenen Sommer desselben Jahres fielen dann Teile der Stadtmauer ein. Stimmen aus dem Rat forderten deren Beseitigung.

„Sie nützen eh nichts mehr, einer gut ausgerüsteten Kriegsmacht bieten sie kein Hindernis."

Trotzdem kam man überein, die Stadtbefestigung mit erheblichem finanziellen Aufwand notdürftig zu reparieren.

Ein Jahr später hatte man Glück im Unglück, nachdem schon ein Großteil der Ernte eingefahren worden war, fielen riesige Heuschreckenschwärme über die Felder.

Gott sei Dank folgte ein milder Winter und das Frühjahr begann bald.

Freudestrahlend kam Anna Maria angelaufen: „Stell dir vor", rief sie schon von Weitem ihrem Mann zu, der im Hof saß und die ersten warmen Sonnenstrahlen genoss, „der Rat ist verurteilt worden. Hier steht´s", las sie aus einer Druckschrift vor, „bis zum dritten Grad darf der Rat nicht mehr untereinander verwandt sein. Das gilt für jedes Amt. Im Rathaus darf kein Wein und Bier mehr getrunken werden."

Schadenfroh kommentierte sie: „Endlich hat die Sauferei ein Ende, bei der die Herren immer auf die unmöglichsten Ideen kommen, wie sie aus uns kleinen Leuten mehr Geld rauspressen können. Auch die Völlerei mit Fischschmäusen und ähnlichen soll unterbleiben."

Sie zitierte weiter: „Die Fischerei soll gerecht verpachtet werden. Das Spital …"

Weiter kam sie nicht, Christoph riss ihr das Flugblatt aus der Hand. Endlich hatte er seine Genugtuung, seine Reden der letzten Jahre hatten gefruchtet, die Maßlosigkeit des Rates war verurteilt worden.

„Das ist aber noch lange kein Grund zur Freude! – Vor sechs Jahren haben wir dem Reichshofrat in Frankfurt die Beschwerden übergeben, und jetzt? - Hier steht nichts von der Gleichheit der Bürger, von der gerechten Verteilung der städtischen Güter. Von Rechten auch für die Armen oder für die Frauen."

Sichtlich enttäuscht legte Christoph das Blatt zur Seite und starrte müde vor sich hin. Wie hatte Frau Pastorius schon vor Jahrzehnten geschrieben, eine Krähe hackt der anderen kein Auge aus.

„*Nono, molte triste*, Opa bist du traurig?", fragte ihn Francesca.

Für die mittlerweile achtjährige Tochter von Freia und Tommaso war Christoph der Großvater, bei dem sie oft saß und der mit ihr spielte. Die Kleine besuchte ihren Nono sogar bei seiner Arbeit am Tor und leistete ihm Gesellschaft.

„Nein, ich habe nur nachgedacht. – Aber Franca, du sprichst ja schon perfekt italienisch", lächelte er das aufgeweckte Mädchen an.

„Nono warum sprichst du eigentlich nicht italienisch?"

„Mein Kind, vor langer, langer Zeit habe ich das auch etwas gesprochen. Aber ich habe keinen sizilianischen Vater wie du."

Christoph besann sich an seine Lehrjahre in Verona und Firenze. Ach wie gerne würde er dort noch einmal hinreisen. Gedankenversunken träumte er vor sich hin.

„Nono, bist du wieder weit weg, dann lass ich dich jetzt alleine, ciao." Schon rannte Franca davon. Ihre Mutter hatte ihr den Rat gegeben: „Lass den Großvater in Ruhe, wenn er in Gedanken versinkt, dann besinnt er sich an früher und ist weit weg."

Anfang Dezember 1749 kamen Freia und Tommaso eines Abends zu Anna Maria und Christoph.

„Wir müssen mit euch reden. Tommaso will heim", fiel Freia gleich mit der Türe ins Haus.

„Was wollt ihr? Aber ihr seid doch hier zu Hause – oder nicht?", fragte Anna Maria.

„Nun setzt euch erst einmal. Anna Maria, bring den Schnaps und etwas zum Essen, dann redet es sich leichter", damit drängte der Meister die Lassanos in die gute Stube und setzte sich auf seinen Stammplatz.

Nachdem die Flasche vom selbstgebrannten Zwetschgenschnaps das dritte Mal gekreist war, fing Christoph an zu reden: „Also, ich habe mir schon so etwas gedacht.

Tommaso hatte, als wir letzte Woche im Wald waren, so Andeutungen gemacht. Ihr wollt also nach Sizilien? Eine lange Reise - aber ich kann euch verstehen. Unsere Unterstützung habt ihr."

„Was soll das Mann – die Kinder sind hier zu Hause!", Anna Marie schnaufte tief durch, „Überleg doch Freia, was willst du dort? Du kannst doch kein italienisch? Und die Leute sind dir alle fremd!"

„Aber ich gehöre doch dort hin, wo mein Mann ist! Und außerdem habe ich schon seit Jahren die Sprache von ihm gelernt. Gerne möchte ich einmal dieses fremde Land kennenlernen. Tommaso hat mir schon so viel davon erzählt." Freia war fest entschlossen, so bald wie möglich aufzubrechen.

„Leider haben wir ja den großen Reisewagen verkauft, aber es wird sich was anderes finden lassen", Christoph war schon voll im Planen.

„Der war doch sowieso zu schwer und außerdem will ich nicht wieder mit einem Vierspänner losziehen, viel zu umständlich", entgegnete Tommaso mit hochrotem Kopf – immer noch vertrug er keinen Schnaps.

„Prost!" Christoph erhob erneut sein Glas, „Noch heute werde ich an die Familie Rosenzweig schreiben. Der ehemalige Kaufmann und Patrizier in Nürnberg hat noch gute Verbindungen. Sicherlich kann er euch eine geeignete Mitreisegelegenheit verschaffen. Auch die notwendigen Empfehlungsschreiben stellt er euch bestimmt aus. Das Finanzielle werden wir mit dem Goldschmied Großmann aus der Judengasse abklären."

„Christoph, du legst dich ja ins Zeug, als ob du froh wärst, die Kinder endlich los zu werden", entrüstete sich Anna Maria.

„Ach das ist doch Quatsch, ich will den beiden nur helfen. Du weißt doch selbst, dass die Vorbereitungen sich noch eine ganze Weile hinziehen werden. Du hast noch genug Zeit dich daran zu gewöhnen. Die beiden benötigen jetzt unsere Unterstützung!"

Am letzten Tag im März 1750 war es so weit. Christoph hatte einen bequemen Reisewagen besorgt und gemeinsam mit Tommaso einige praktische Einbauten für die lange Reise vorgenommen.

Einige Nürnberger Händler hatten den jungen Kaufmann Tommaso di Lassano beauftragt, bis Firenze einen Wagentreck zur Familie De Medici zu führen. Hauptsächlich Pelze und Wolle sandten die Nürnberger dieses Mal nach Italien und erhofften sich ein gutes Geschäft. Vor allem setzten sie auf das Verhandlungsgeschick von Tommaso, kannte er doch Land und Leute - nahmen sie zumindest an. Dank seiner guten Beziehungen zu den Stoffhändlern von Nürnberg hatte Tommaso über seinen Arbeitgeber Merklein auch einen Folgeauftrag nach Genova ergattert. Von dort wollten sie dann mit dem Schiff nach Siracusa.

„Freia, schreib mir bitte so oft es geht. Und wenn Probleme entstehen oder etwas Unvorhergesehenes passiert - ihr wisst, ihr könnt immer zurückkommen", schluchzte Anna Maria.

„Ich wünsche euch eine glückliche und vor allem gesunde Reise", etwas steif verabschiedete sich Lena von den beiden.

Sie hatte es nie zu einer Herzlichkeit für die Familie Lassano gebracht. Die Eifersucht nagte ständig an ihr und so blieb sie spröde und zurückhaltend.

Andreas Christoph, ganz wie der Vater, der Ratsherr Knörr, ein guter Schüler in der Lateinschule, wischte sich versteckt ein paar Tränen weg. Ein Bursche wie er weinte doch nicht mehr! Er hatte gerne bei Tommaso gesessen und Geschichten aus der ganzen Welt gehört, die dieser so spannend erzählen konnte. Die beiden Kinder Andreas und Franca hatten viel Zeit zusammen verbracht, der Knörrsohn hatte die fünf Jahre Jüngere schon als seine zukünftige Braut angesehen.

„Andreas, ich komme wieder", flüsterte Franca dem Freund zu.

Die Peitsche knallte und der Wagen setzte sich in Bewegung, da kam Lenas Mann angehetzt, wie immer in letzter Zeit nahm die Politik seinen ganzen Einsatz in Anspruch. Sebastian reichte Tommaso noch Geleitschreiben der Stadt Windsheim und vom Markgrafen in Ansbach.

Ihr erstes Ziel war Egenhausen. Die Lassanos wollten sich von den Amtsleuten verabschieden, besonders Franca wollte ihre Patin noch einmal sehen.

Ächzend kam der Wagen am Schlossberg oberhalb von Ickelheim auf der Frankenhöhe an. Voll beladen hatten die Tiere viel zu ziehen und so gönnten sie ihnen hier eine kurze Verschnaufpause.

„Schaut mal, dort hinten eine riesige Rauchwolke", Franca, die den Wagen verlassen hatte und an die Lichtung vorgegangen war, deutete Richtung Obernzenn.

„Da brennt es, hoffentlich müssen wir dort nicht vorbei", Tommaso scheuchte alle wieder in den Wagen und weiter ging die Fahrt.

Kurze Zeit später, vor der Abfahrt ins Tal von Egenhausen, sahen sie, dass es mitten im Ort brannte und qualmte.

Das Mädchen kreischte angstvoll: „Das brennt bei meiner Patin!"

Qualmende Trümmer, schwarzverkohlte Balken ragten wie mahnende Finger in den Himmel. Die aufgeregten Egenhäuser wurden von den Leibjägern des Barons zurückgedrängt. Plötzlich krachte der Giebel in den Hof, heißer Staub wirbelte auf.

„Was ist hier passiert?", fragte Tommaso den Nachbarsbauern.

„In der Nacht hat es zu brennen angefangen, wir haben bis zum Morgen versucht zu löschen. Aber Ihr seht: Vergebens, alles ist niedergebrannt. Im Dienstbotenzimmer soll es losgegangen sein, hat der Amtmann gesagt."

„Ja, da schau her, das Grafenbürschlein mit seiner Sippe", wurden sie vom Baron begrüßt, der die Bauern zur Seite drängte.

„Herr Baron, wo finde ich die Amtsleute?", Tommaso sprang vom Wagen.

„Niedergebrannt haben´s mein Haus, der Büttel hat sie schon abgeholt. Hätte halt besser aufpassen müssen, der Mechtersheimer", donnerte der Baron von Seckendorff in die Runde, damit es auch ja jeder hören konnte.

Freia wollte widersprechen, aber ihr Mann hielt sie zurück: „Komm lass! Hier kannst du nichts mehr tun. Wir werden dem Knörr einen Brief schreiben und dem Hofrat Seckendorff in Ansbach Bescheid geben. Zumindest einen ordentlichen Prozess sollen die Mechtersheimer bekommen."

„Aber wir …"

„Nein, komm!", fiel ihr Mann ihr erneut ins Wort und zog seine Frau auf den Kutschbock und dann setzten sie die Fahrt fort.

Franca heulte vor sich hin und jammerte: „Meine Patin im Gefängnis, das darf doch nicht sein!"

„Jetzt gib Ruhe – wir können jetzt nichts ändern", Freia nahm ihre Tochter in den Arm. „Dein Vater wird in Ansbach Hilfe für sie organisieren."

22 Familie 1762 - 1764

Die Zeit flog nur so dahin, über zwölf Jahre waren vergangen, seit die Lassanos abgereist waren.

Aus dem Ratsherrn Knörr war der kaiserliche Oberrichter, das heißt der höchste Beamte in der freien Reichsstadt Windsheim, geworden. Er gewann immer mehr an Macht, Ansehen und Reichtum.

Seit fast sechs Jahren wütete nun schon der Krieg im Land. Die Windsheimer waren glücklich, sie waren bisher von Kampfhandlungen verschont geblieben. Es ging wieder einmal ums Gleiche, um Macht und Einfluss, um Schlesien, um Provinzen und um viel Geld - Geld, das auch die Windsheimer Bürger aufbringen mussten, denn auch die Kaiserin Maria Theresia ließ sich die Reichsfreiheit von der Stadt bezahlen.

Plötzlich eines Morgens Ende November 1762 kamen Soldaten von Norden auf die Stadt zugeritten. Der Wachposten auf dem Weinturm hatte offensichtlich geschlafen und die Stadt nicht frühzeitig mit dem Signalhorn gewarnt. Trotzdem schafften es die Windsheimer gerade noch, die Tore rechtzeitig zu schließen.

„Was wollt Ihr", schrie Andreas Merklein, einer der Windsheimer Hauptleute von der Stadtmauer zu dem Trupp hinunter.

„Schnell, lasst uns ein, wir sind Bamberger Stadtwachen. Die Preußen haben unsere Stadt eingenommen und verfolgen uns", riefen die Männer durcheinander hinauf. Nach eingehender Überprüfung ließ man die etwa zwanzig Soldaten ein.

Als dann nachmittags gegen drei Uhr der Wachposten vom Weinturm viele fremde Soldaten signalisierte, wurden alle Tore verbarrikadiert und die Wehrmauern und Basteien besetzt.

Etwa 200 berittene preußische Grenadiere zogen vor das Johannitertor.

„Ich bin Rittmeister von Frankenstein, Hauptmann in der großen Armee des Königs Friedrich von Preußen und ich befehle Euch, sofort die Tore zu öffnen", brüllte ein junger Offizier auf einem ungeduldig tänzelnden Pferd den Windsheimer Wachen zu.

„Nein, die Tore bleiben geschlossen! Wir sind eine Freie Reichsstadt und stehen unter dem Schutz der Kaiserin Maria Theresia", widersprach Hauptmann Merklein.

Aber das beeindruckte den Preußen überhaupt nicht, sie lachten nur hämisch.

„Ruft doch eure Kaiserin zu Hilfe oder ihr könnt euch auch danach beschweren, im Moment haben jedenfalls wir das Sagen und fordern euch letztmalig auf: Öffnet die Tore!"

Die Windsheimer waren sich uneins.

„Lasst sie rein, dann verschonen sie uns und wir zahlen noch einige Gulden dazu", war die Meinung der einen, andere, allen voran der Innere Rat, entgegneten: „Macht ja nicht auf, die plündern uns aus."

Nach einer knappen Stunde begannen die feindlichen Soldaten, die Palisaden des Vortores mit Hilfe von Seilen und ihren Pferden einzureißen. Unschlüssig warteten die Windsheimer noch ab. Hofften immer noch auf ein Einlenken. Der Rat schickte zwei Abgesandte ans Tor.

Derweil erklommen feindliche Soldaten den Wall, hatten die Windsheimer in aller Eile doch vergessen, die Aisch umzuleiten und die Wallgräben zu fluten. Schon hallten die Axtschläge vom Zwingertürlein bis in die Stadt. Mit einem fürchterlichen Krachen sprengten die Preußen dies endgültig aus den Angeln. Im Handstreich entwaffneten sie die Stadtwachen und drangen mit bloßen Säbeln auf die beiden Abgesandten, Bürgermeister Engerer und Sendicus Rücker, ein. Glücklicherweise raubten sie ihnen nur die Uhren, das Geld, die Schnallen und die Ringe.

Als der Bub vom Bierbrauer Hirsching zum Fenster herausschaute, schoss einer der Soldaten ihm in den Kopf, der kleine Kerl stürzte, ohne einen Ton von sich zu geben, aus dem Fenster. Schreiend lief seine Mutter aus dem Haus auf die Gasse, sank in die Knie und beugte sich schluchzend über ihr totes Kind.

Hatten die Windsheimer bisher noch auf eine gütliche Beilegung gehofft, so wurden sie nun eines Besseren belehrt. Gegen die kampferprobten und brutalen Söldner hatte die kleine Schar ungeübter Stadtwachen keine Chancen.

Christoph hielt seinen Armstumpf hoch und rief den preußischen Soldaten zu: „Haltet ein, ich war einer von euch. Ich habe mit euch für den König von Preußen in Schlesien gekämpft und meine Knochen dafür hingehalten." Aber es half nichts, man schlug ihn mit einem gezielten Hieb des Gewehrkolbens auf den Kopf.

„Kann jeder behaupten, jetzt stehst du jedenfalls auf der falschen Seite." Blutüberströmt sackte Christoph zusammen.

Grölend und alles niederschlagend, was sich ihnen in den Weg stellte, zog die Bande durch die Stadt. Sie drangen gewaltsam in die Häuser ein und stahlen alles, was nicht nagelfest war. Was sie nicht wegschleppen konnten, wurde zerstört.

Der Rittmeister von Frankenstein besetzte mit einem Trupp das Rathaus, nahm die anwesenden Ratsherren gefangen und fledderte sie aus.

„Gebt uns Quartierscheine für alle Mann sowie ausreichende Verpflegung", forderte Frankenstein, „dann hört das auf."

„Ihr bekommt alles, was Ihr wollt, aber ruft Eure Soldaten zurück", versprachen die Stadtoberen unterwürfig.

Leider hörten die wildgewordenen Preußen nicht auf ihren Hauptmann. Wie im Rausch streiften die Männer weiter plündernd durch die Stadt und vergewaltigten Frauen und Mädchen. Wer sich in den Weg stellte, wurde niedergestreckt.

„Haltet ein", mit weit ausgebreiteten Armen stellte sich Kaplan Roth in den Weg.

„Ja schaut euch den Zwerg an, der will sich mit uns anlegen", scheinbar belustigt streckten sie ihn grausam nieder und raubten ihn aus.

Viele wurden verletzt, ein Bürger und die Witwe Reiß starben an den Folgen der Misshandlungen.

Spät am Abend befahl der Rittmeister die Ratsdeputierten zu sich: „Ich verlange für die Offiziere und die Mannschaft 4000 Reichstaler, für den General von Kleist 5000 und für den König Friedrich von Preußen 100.000 Reichstaler."

Die Ratsleute waren entsetzt, nachdem die Preußen alles geplündert hatten, war diese Summe nicht mehr aufzutreiben.

„Herr Hauptmann, diese Summen können wir nicht so schnell aufbringen", meinte Oberrichter Knörr, „Eure Leute haben doch schon das ganze Geld …"

„Was haben die? Die haben nur etwas zum Essen und Trinken geholt. Untersteht euch, uns hier zu beschuldigen", schnauzte Frankenstein den Ratsherren an, „zahlt oder wir nehmen Geiseln."

Fassungslos schauten sich die Windsheimer an. Betretenes Schweigen machte sich breit. Was sollte man tun? Woher so viel Geld nehmen?

„Also gut, du und du", damit deutete der Preuße auf den Ratsherren Horlacher und den Senator Eilfa, „ihr kommt als Geißeln mit. Morgen früh bei Sonnenaufgang steht ihr abfahrtbereit auf dem Marktplatz!"

Frankenstein ließ die verzweifelten Ratsherren stehen, drehte sich um und begab sich in den „Roten Ochsen", wo schon seine Offiziere recht wild hausten.

Am nächsten Morgen standen die beiden Windsheimer mit der besten Kutsche, die man in aller Eile auftreiben konnte, bereit. Beim Abmarsch nahmen die Preußen aus dem Waffenlager der Windsheimer noch 14 Kanonen, einige Haubitzen, 250 Musketen und über 50 Pferde mit.

Die Bürgermeister wollten widersprechen.

„Ruhe!", unterbrach sie der Rittmeister, „oder ich lasse die Stadt in Schutt und Asche schießen." Er grinste: „Genug Kanonen haben wir ja nun."

„Wo kommen die Geiseln hin?", fragte Sebastian Knörr besorgt. „Und wohin sollen wir das Lösegeld schicken?"

„Die nehmen wir mit nach Bamberg. Sendet euren Unterhändler auch dort hin zum Generalmajor von Kleist."

Frankenstein schwang sich in den Sattel und trabte an.

„Und wagt ja nicht uns zu hintergehen, dann sind eure beiden hier tot und wir holen uns mit Gewalt das, was ihr uns schuldet", rief er dem Rat im Davonreiten noch zu.

Die Geißeln wurden in Bamberg ins Gefängnis gesteckt. Der Generalmajor von Kleist ließ dem Unterhändler Conrektor Daumenlang, den die Windsheimer eine Woche später in die Domstadt geschickt hatten, ausrichten, wenn nicht unverzüglich 12.000 Gulden gezahlt würden, kämen die Geißeln in den Kerker nach Spandau bei Berlin.

Verzweiflung machte sich breit, nachdem Daumenlang die Forderung überbracht hatte. Selbst diese reduzierte Summe hatten die Windsheimer nicht.

„Meister Merklein, das Beste wird sein, ihr reitet nach Nürnberg und bittet um Hilfe. Allein schaffen wir das nicht."

„Ja, aber der Ernst Kernstock soll mich begleiten, der hat gute Verbindungen zu den Händlern in Nürnberg. Vielleicht brauchen wir deren Hilfe."

„Dann also los und keine Zeit verlieren."

Bereits einige Tage später konnte der Windsheimer Daumenlang dem General melden, dass der Kaufmann Feuerlein aus Nürnberg die Summe bezahlen würde.

Aber immer wieder stellten die Preußen neue Forderungen und es mussten nochmals größere Summen aufgebracht werden, bis die Geißeln endlich freigelassen wurden.

Es sollte viele Jahre dauern, bis die Schulden in Nürnberg beglichen waren.

Trotz dieses großen Unglückes forderten am Jahresende die Truppen des fränkischen Kreises und die französischen Verbündeten noch fast 6000 Gulden als Beitrag der Reichsstadt für den Krieg.

In der ersten Januarwoche 1763 kam Lena abends zu ihrer Mutter in die Küche und wedelte schelmisch mit einem Brief vor ihrer Nase rum: „Seht mal, was ich da habe, Frau Mutter - Albrecht hat geschrieben. Wo ist der Herr Vater?"

„Der sitzt nebenan in der guten Stube am Ofen, ich glaube, er schläft, lass ihn."

Lena faltete den Brief auseinander: „Soll ich ihn Euch vorlesen?"

„Ja bitte, du weißt doch, dass ich beim Kerzenlicht so schlecht sehe. Meine Augen wollen einfach nicht mehr so wie früher."

„Ich habe Euch schon oft gesagt, wir lassen Euch beim Doktor Sperling in Ansbach eine Brille anfertigen."

„So´n neumodischer Quatsch, das ist nichts für mich. Das ist was für die Studierten, die Pfarrer und solche, aber nichts für eine einfache Handwerkersfrau."

„Immer Eure rückständigen Ansichten! - Also, hört zu, Albrecht geht es gut, Marcella und die Kinder lassen Euch grüßen.

Hier schreibt er weiter: *Nachdem im letzten Sommer meine Dienstzeit zu Ende gegangen war, habe ich mit dem Schreiben für eine kleine Zeitung in Baltimore angefangen. Bisher konnte ich schon ein paar kleinere Berichte aus den Feldzügen gegen die Franzosen und*

Indianer veröffentlichen. Nun möchte ich dies zu meinem Beruf machen. Aber leider ist diese Zeitung nun verboten worden. Aber der Verleger hat mir ein Empfehlungsschreiben für eine kleine Zeitung in Germantown gegeben. Die suchen einen deutschstämmigen Reporter. Die von einem Franz Daniel Pastorius ... "

Anna Maria unterbrach den Redefluss von Lena: „Was Pastorius, das ist doch der Sohn vom ehemaligen Windsheimer Bürgermeister und Oberrichter Melchior Adam Pastorius. Vor fast 100 Jahren soll der nach Amerika ausgewandert sein." „Jetzt laß mich doch weiterlesen, das ist doch schon so lange her. Also er schreibt: *Die von einem Franz Daniel Pastorius gegründete Stadt* Deitscheschteddel *ist nun „amerikanisch" geworden und heißt nun richtig Germantown und ein James Melchior Caurs hat eine Druckerei und gibt seit Kurzem ein Journal heraus mit dem Namen* „Germantown News". *Jedenfalls sucht der für seine Redaktion noch einen ehemaligen Soldaten, der für ihn Berichte über die Indianerkriege in Deutsch und Englisch schreibt. Das ist eine einmalige Chance für mich. Allerdings gefällt das Marcella gar nicht, weil wir deshalb so weit umziehen müssen. Über 100 englische Statute Miles, ein gutes Fuhrwerk soll die Strecke jedenfalls in etwa zehn Tagen schaffen. Ich habe Mister Caurs geschrieben und gestern kam die Antwort. Er verspricht mir eine Anstellung. Und wir bekommen Land, lediglich mit der Verpflichtung, es urbar zu machen und zu bestellen. Eigenes Land – viel Land für Eure Verhältnisse, nun ist auch Marcella begeistert und jetzt bereiten wir uns auf den Umzug vor."*

Lena faltete den Brief zusammen: „Er schreibt noch viele Grüße an alle und das wars."

„Was nichts weiter? Der Junge ist immer so schreibfaul und das will ein Reporter werden", enttäuscht wollte Anna Maria aufstehen.

„Jetzt bleib doch sitzen", mit diesen Worten faltete Lena einen weiteren Brief auf: „Dieser hier kam mit der gleichen Post an, obwohl er etwa vier Wochen später geschrieben wurde."

„Dann hat Albrecht bestimmt den anderen vergessen und beide zusammen aufgegeben. So genau nimmt er …"

„Mutter jetzt gib doch Ruhe!", brauste Lena genervt auf, „Das kann doch auch an der Post liegen, ist doch ein weiter Weg von Amerika bis zu uns. So zuverlässig gehen die Schiffe und die Post auch nicht immer."

„Ja, ja, ist schon gut - jetzt lies weiter."

Lena brach den Brief auf und rückte näher ans Licht:

"Liebe Lena, liebe Eltern!

Seit zwei Monaten sind wir nun in Germantown, das ist eine seltsame kleine Stadt, ganz wie ein fränkisches Straßendorf, eine einzige über zwei Meilen lange Hauptstraße und rechts und links davon stehen Häuser im fränkischen Baustil. Ihr wisst schon, was ich meine, das Wohnhaus mit spitzem Dach, Giebel zur Straße, rechts oder links daneben durch einen Hof mit einer Mauer getrennt die Stallungen und quer dahinter die Scheune. Es wohnen hauptsächlich deutschstämmige Familien hier. Die meisten sind Quäker und Mennoniten, eine andere Form von Evangelischen - glaube ich zumindest. Wir haben am Rande der Stadt ein Grundstück bekommen. Alle haben beim Bauen mitgeholfen, sodass wir schnell in unser Haus einziehen konnten. Die Stadt wird einfach für jeden neuen Bewohner um ein Stück verlängert. Unser Grundstück ist an der Straße etwa 100 Nürnberger Ruten breit. Nach hinten erstreckt es sich so weit, wie wir wollen. Im Moment bestellen wir etwa fünf Tagewerke. Das reicht zum Leben. Marcella bemüht sich mit den Kindern redlich um die Äcker und den Garten. Ich verdiene das Nötigste mit meinem Schreiben dazu, so kommen wir gut zurecht. Nächste Woche muss ich mit einer Abordnung Politiker zu den Algonkin-Indianerstämmen am Fort Duquese reisen. Das sind etwa 300 Meilen und ich bin dann mehrere Wochen unterwegs. Diese Reise zu den Friedensverhandlungen ist nicht ungefährlich, aber spannend. Für mich ist das eine Herausforderung, ich darf erstmals von einem großen Ereignis berichten.

Ich werde Euch in meinem nächsten Brief ausführlich davon schreiben.

Marcella und die Kinder müssen leider lange Zeit ohne mich zurechtkommen. Gerade jetzt im Frühjahr wäre ich gerne noch zu Hause geblieben und hätte bei der Aussaat mitgeholfen.

Wir denken viel an Euch und hoffen, dass Ihr alle gesund seid.

Euer Albrecht mit Familie."

„Was hast du?", fragte Lena, als sie sah, wie sich ihre Mutter Tränen aus dem Gesicht wischte.

„Ach nichts, ich hätte ihn so gerne noch einmal gesehen."

Still nahm Lena sie in den Arm.

„Und wenn ich so recht darüber nachdenke, wäre es nach unseren Plänen gegangen, hätten wir jetzt auch so ein Stück Land in Amerika", dachte Anna Maria laut, „Christoph wäre gesund, er hätte noch seinen Arm. Wir würden vielleicht in Germantown eine Schneiderwerkstatt betreiben, ganz nah bei Albrecht und seiner Familie."

„Mutter, das sind doch Träumereien. Unser Leben liegt in Gottes Hand. Zurückblicken, was wäre wenn – bringt überhaupt nichts, außerdem wärst du dann von mir weit fort."

Bartel hatte durch die angelehnte Tür alles mit angehört. Das Leben ist schon seltsam, sinnierte er vor sich hin. Was können wir wirklich beeinflussen? Wir schmiedeten große Pläne und was wurde daraus? Freilich hat Lena recht, es bringt nichts mehr, jetzt zu hadern, hätte ich mich damals zurückgehalten, meinen Mund gehalten? Dann hätten wir hier in Windsheim vielleicht ein ruhiges, erfülltes Leben führen können, ohne diese Odyssee mit Schmerzen und Schrecken. Aber wäre das mein Leben gewesen? Nein, ich war nie ein Duckmäuser. Andernteils, wenn damals mehr Menschen wie ich gegen die Ungerechtigkeiten dieser Welt rebelliert hätten, würden vielleicht Gleichheit und Freiheit herrschen. Oder ändert sich diese Welt nie? Wird es immer Reiche und Arme sowie Freie und Unfreie geben? Vielleicht hat die heutige Jugend mehr Courage und kann in Zukunft einiges verändern.

Andreas Christoph Bartel erholte sich trotz aufopfernder Pflege seiner Frau nicht mehr. Der ohnehin schon angeschlagene Zustand des ehemaligen Schneidermeisters und die Verletzung durch die Preußen im letzten Jahr verkraftete sein ausgemergelter Körper nicht mehr. Am 18. Oktober 1763, früh morgens, rief Anna Maria die Familie und die engsten Freunde zusammen und gemeinsam saßen sie am Sterbebett.

„Nun finde ich die Freiheit und Ruhe, die ich mein Leben lang gesucht habe. Anna Maria vergib mir! Ich habe dir viel Leid zugemutet. Dort wo ich jetzt hingehe, wird alles gut sein, wir werden uns wiedersehen …", hauchte der Sterbende noch und verschied in den Armen seiner Frau.

Viele Leute waren beim Leichenzug, das lag vor allem daran, dass man dem Herrn Oberrichter die Ehre erweisen wollte. Freunde hatte Andreas Christoph Bartel in den letzten Jahren in Windsheim nicht mehr viele, er hatte sich von allen zurückgezogen. Sparsam war allerdings der Leichenschmaus.

„Geizkragen!", flüsterte man über Sebastian Knörr hinter vorgehaltener Hand. „Da sieht man es wieder einmal, von den Reichen kann man das Sparen lernen."

Trost fand die Schneiderswitwe in dieser schweren Zeit bei ihrer Tochter. Nach dem Tod von Christoph hatte Lena ihre Mutter zu sich ins Haus geholt. Unterm Dach hatte man ihr ein Stübchen eingerichtet, hier in dem Haus, in dem sie mit ihren beiden Männern glücklich gewesen war.

Nachdem Johann Sebastian Knörr vor neun Jahren zum Oberrichter aufgestiegen war, gehörte Lena als dessen Frau zu den einflussreichsten Damen in der kleinen Reichsstadt. Sie nahm ihre Mutter nach deren Trauerzeit zu vielen gesellschaftlichen Ereignissen mit. Auch nach Ansbach begleitete Anna Maria ihre Tochter ab und zu einmal. Besonders ihre beiden erwachsenen Enkel heiterten manchmal die alte Frau auf. Dennoch versank sie immer wieder mal in eine Depression. Dann saß sie meist teilnahmslos auf der Bank vor dem Haus. Setzte sich jemand zu ihr, so erzählte sie immer wieder, was für ein ungewöhnliches Glück sie erfahren hatte. Von ihrem ersten Mann, den sie aus Liebe geheiratet hatte, wenn auch gegen den Willen der Eltern. Glücklicher war sie dann allerdings mit ihrem zweiten Mann Andreas Christoph, obwohl dies zuerst eine Vernunftehe war. Gemeinsam erlebten sie Höhen und Tiefen in ihrer über 36-jährigen Ehe.

Sie erzählte besonders ihrem Enkel Andreas Christoph viel aus dem Leben seines Großvaters, dessen Namen er trug.

„Ich will auch in die Welt reisen, Großmutter. Mir ist es hier viel zu eng", meinte der nun schon fast 28-jährige.

Er war groß und breitschultrig wie sein Vater, hatte aber die rotblonden Haare und das verschmitzte Lachen von seiner Mutter geerbt.

„Hat es dir noch nicht gereicht? Seit du nach dem Studium in Halle, Leipzig und Weimar wieder zuhause bist, redest du nur vom Weggehen. Such dir lieber eine junge hübsche Frau und gründe eine Familie, ich will Urgroßmutter werden und dein Vater wartet schon lange darauf, dass du endlich richtig in die Kanzlei einsteigst."

„Großmutter, du weißt doch, ich träume immer noch von Franca. So viele Jahre sind nun vergangen, aber fast jeden Monat kommt ein Brief von ihr. Hilf mir, ich will nach Italien reisen, aber Vater ist dagegen."

„Ach Junge wie soll ich dir helfen, gegen den Willen deines Vaters? Ich habe auch kein Geld, um dir einen Reisezuschuss zu geben", seufze Anna Maria, „Ich werde noch mal mit deiner Mutter reden."

Der junge Mann fiel ihr um den Hals und bedankte sich: „Großmutter, du bist die Beste!"

Auch zu Helena Maria, der Jüngsten der beiden Knörrkinder hatte sie ein inniges Verhältnis. Vor drei Jahren half sie ihrer Enkelin, dass diese ihren geliebten Harald heiraten durfte. Der Kaufmann war wiederholt für die Nürnberger Gilde in Windsheim gewesen. Der Oberrichter hatte ihn zu einem Abendessen eingeladen, dabei hatten sich die beiden kennengelernt. Nach der Hochzeit zog Helena Maria zu ihrem Mann nach Nürnberg. Anna Maria freute sich immer auf die ausführlichen Briefe, die sie von ihr bekam.

Sorgen bereitete ihr der Gesundheitszustand ihres Ältesten. Gerne hätte sie ihn und seine Familie einmal noch gesehen. Aber die Reise nach Amerika war einfach zu anstrengend und zu teuer. Der mittlerweile 52-jährige arbeitete immer noch bei der Zeitung *Germantown News* als Journalist. Stolz zeigte sie den Windsheimern die Zeitungsartikel, die er ihr immer wieder schickte. Auch ein gemaltes Bildmedaillon von der ganzen Familie - mittlerweile hatten Albrecht und Marcella sechs Kinder - reichte sie gerne im Freundeskreis herum. Ihre Schwiegertochter hatte in ihrem letzten Brief, der zur Weihnachtszeit angekommen war, von einer Krankheit geschrieben, die sich Albrecht bei den Friedensverhandlungen zwischen Franzosen, Algonkin-Indianern und Engländern eingefangen hatte. Die Indianer hatten an der Seite der Franzosen gekämpft. Erst nach seiner Heimkehr erfuhr er, dass die Engländer dem Indianerstamm Decken geschenkt hatten, welche sie mit Blattern, auch schwarze Pocken genannt, vorher verseucht hatten. Sie machte sich sehr große Sorgen, schrieb Albrechts Frau, hoffentlich überstehe er die Krankheit. Nachdem Marcella Grüße an Christoph ausrichten ließ, war offensichtlich die Nachricht von dessen Tod noch nicht bei ihnen angekommen.

Wieder einmal bekam Anna Maria einen ausführlichen Brief von Bruder Heinrich. Er hatte dem immer noch kindlichen Mann erzählt, dass Christoph gestorben sei, aber

Franziskus wusste nicht mehr, wer dieser gewesen war. Alles Erlebte vor dem Klostereintritt war offensichtlich aus seinem Gedächtnis gelöscht. Für ihn zählte nur noch der klösterliche Tagesablauf. Zu seiner Aufgabe gehörte die Wegepflege im Klostergarten – kein Grashälmchen hatte eine Chance, sich durch den gepflegten Kiesbelag zu drücken. Sonst war für ihn nichts von Bedeutung.

Anna Marie zog ihr Tuch tiefer ins Gesicht, es war sehr kalt, aber trotzdem besuchte sie, wie jeden Vormittag das Grab von Christoph. Wie üblich hielt sie Zwiesprache mit ihrem Mann:
„Heute habe ich dir endlich etwas Erfreuliches zu erzählen. Stell dir vor, seit Tommaso die Handelsgeschäfte für den Conte Christiano de Cardinali übernommen hat, wohnen sie in der prächtigen Barockstadt Siracusa. Im Palazzo der Cardinali an der Piazza del Duomo haben sie eine großzügige Wohnung, mit einem herrlichen Blick über den Hafen.. Sie haben schon sieben Kinder, Freia meint, es reiche nun, und sie nimmt schon heimlich Tinkturen, um eine erneute Schwangerschaft zu verhüten. Wenn es klappt, kommen sie im Frühjahr nach Windsheim. Tommaso wird einen großen Handelszug selbst heraufführen, denn er muss in Nürnberg einiges geschäftlich erledigen. Sie nehmen die Franca mit auf die Reise, denn das Mädchen bereitet ihnen im Moment Sorgen, sie ist jetzt schon 23 Jahre alt und keiner ist ihr gut genug. Tommaso und Freia möchten sie endlich verheiraten, allerdings ist sie eine gute Hilfe im Haushalt und betreut ihre jüngeren Geschwister. Ach Christoph, ich freue

mich so sehr auf ein Wiedersehen, du weißt doch, Freia ist mir wie eine Tochter ans Herz gewachsen."

Anna Maria streichelte über das schlichte Holzkreuz und machte sich auf den Heimweg.

Im Februar kam ein Brief von Tommaso, dass die Reise sich verzögern würde. Leider war der Conte Christiano bei der Wildschweinjagd am Ätna tödlich verunglückt. Nachdem die Principessa Alessandra einen Duke aus Palermo geheiratet hatte, würde nun die Familie de Cardinali nach über 600 Jahren aussterben. Für Tommaso bedeutete das Unglück trotz aller Trauer ein großes Glück, da der alte Conte auf seinem Sterbebett sich zu seinen unehelichen Kindern - Tommaso und seiner Schwester - bekannt hatte. Die Contessa Albertina ließ Tommaso nun als rechtmäßigen Erben einsetzen. Er bekam jedoch nur die Ländereien der Fattoria Ladro und den Palazzo in Siracusa. Alles Vermögen und die Ländereien an der Westküste von Sizilien fielen an Alessandra. An uneheliche Nachfolger wurde nur ein geringerer Adelstitel vergeben und so wurde aus Tommaso der Barone de Cardinali. Die notarielle Bearbeitung und die Besitzübernahme erforderten Tommasos Anwesenheit.

Besonders Anna Marie und Andreas Christoph waren über die Nachricht sehr enttäuscht. Wie lange würden sie wohl wieder warten müssen?

Endlich - Ende Juli 1764 - trafen die Sizilianer ein. Seit einiger Zeit gab es sogar eine schnelle Schiffsverbindung, einen Toppsegelschoner, der von Messina nach Genova bei günstigem Wetter nur noch drei Tage benötigte. Allerdings hatte sich der Weg über Milano, hier hatte der Kaufmann einige Tage geschäftlich zu tun, und dem San Bernardino noch fast vier Wochen hingezogen.

Anna Maria strahlte, endlich war wieder einmal die ganze Familie beieinander.

„Ach, wenn das Christoph noch erleben könnte", seufzte sie, „wie würde er sich freuen."

Lena stand dem Besuch skeptisch gegenüber, musste sie doch ihre Mutter mit diesem teilen.

Freia, die Lenas Ablehnung spürte, versuchte zu erklären: „Lena, ich will dir deine Mutter nicht wegnehmen, ganz im Gegenteil, ich habe dich immer wie eine Schwester empfunden."

Von dieser Seite hatte es Lena noch nicht betrachtet, eigentlich hatte sie sich schon immer eine Schwester gewünscht. Versöhnlich erwiderte sie: „Wir können es ja`mal miteinander versuchen, weißt du, ich liebe meine Mutter."

Anna Maria lachte seit langer Zeit wieder öfters und freute sich besonders über Franca und Christoph. Die beiden verbrachten jede freie Minute miteinander und planten schon ihre Hochzeit. Aber es gab in beiden Familien Widerstand. Sebastian drohte seinem Sohn an, dass er ihn enterben wollte, worauf dieser ihn anschrie, er solle sein Geld behalten.

Tommaso konnte sich auch nicht mit einem deutschen Schwiegersohn anfreunden: „Meiner Ältesten soll es einmal besser gehen. Ich habe schon eine exzellente Partie aus einer der ältesten Familien und dem führenden Handelshaus in Milano ins Auge gefasst. Aber alles schlägt sie aus, es ist zum Verzweifeln."

Erst Anna Maria schaffte es, die Wogen zu glätten und ihre Kinder zu überzeugen, dass sie dem Glück der jungen Leute nicht im Wege stehen dürften. So wurde die Hochzeit auf den 15. September festgelegt. Danach wollte das junge Paar nach Firenze reisen, wo Christoph eine Anstellung bei einer deutschen Handelsfirma erhalten hatte. Auch Tommaso musste dann dringend zurück, seine Geschäfte ließen sich nicht auf Dauer aus der Entfernung führen.

Sie setzte sich auf die Bank vor ihrem Haus um die letzten Stahlen der Abendsonne zu genießen. Zufrieden mit sich und der Welt, besonders mit ihrer Familie, seufzte sie: „Ach Christoph wie schön wäre es, wenn du jetzt bei mir wärst."

Anna Maria schlief ein. Ihre Enkelin fand sie mit einem glücklichen Lächeln im Gesicht friedlich auf der Bank sitzend.

Gemeinsam schritten Lena und Freia langsam zum Gasthaus *Zum Roten Ross*, die Männer waren bereits mit der restlichen Familie zum Leichenschmaus vorausgegangen.

„Ich bin so traurig, dass meine Mutter das nicht mehr erleben darf, wenn Andreas Christoph und Franca heiraten", schluchzte Lena.

„Sollen wir die Hochzeit verschieben? Immerhin schickt es sich nicht, so kurz nach einer Beerdigung ein Freudenfest zu feiern." Freia legte den Arm um sie.

„Nein lass, die Kinder müssen doch abreisen und was gehen uns die anderen Leute an. Ich habe schon mit meinem

Sohn gesprochen, die beiden wollen kein großes Fest. Wir werden bei uns zu Hause im kleinen Kreis feiern."

Arm in Arm betraten die beiden Frauen das Gasthaus und setzten sich zu den anderen an den Tisch.

Nach einer kleinen Weile und einigen kräftigen Schnäpsen hob sich die Stimmung. Erinnerungen wurden ausgetauscht. Tommaso hob sein Glas: „Trinkt mit mir auf Mutter Anna Maria, die nichts und niemand unterkriegen konnte."

Lena stand auf: „Und auf Christoph, unseren Meister Bartel, nur er konnte in ihre Augen dieses besondere Glitzern zaubern – auf das Wohl der beiden!"

23   Epilog

Winkend standen Lena und Sebastian am Rothenburger Tor und verabschiedeten die kleine Reisegruppe.

Was hätte jetzt Vater wohl dazu gesagt, überlegte Lena, er, der immer für die Gleichheit und Brüderlichkeit aller Menschen eingetreten war, sogar sein Leben dafür aufs Spiel gesetzt hatte. Und nun - seine Kinder, auch wenn es nur angenommene und Stiefkinder waren, in so angesehenen Positionen.

Sein Ziehsohn Tommaso mit Frau, ein erfolgreicher wohlhabender Kaufmann und nun auch noch ein Baron. Ich - mit einem mächtigen und reichen Mann der Stadt verheiratet, seine Enkel ebenfalls in guten Partien. Keiner von uns kämpft allerdings wie er für Freiheit, Gleichheit und gegen Ungerechtigkeit oder setzt sich für die Armen ein - wir sitzen alle wie die Maden im Speck.

Wird sich je etwas verändern? Einmal eine gerechtere Verteilung der Vermögen herrschen? Werden überall die Menschen friedlich zusammenleben, ohne Angst vor Not, Hunger und Kriegen? Vielleicht schaffen es unsere Enkel einmal?

„Anna Marie hätte sich gefreut, alle ihre Kinder sind glücklich. Wie hatte sie immer gesagt: *Wie die Wildgänse sind wir kreuz und quer durch die Welt gezogen, um doch letztendlich wieder zu Hause anzukommen*", Lena schmiegte sich an ihren Mann und gemeinsam gingen sie in ihr Haus.

Anhang

Anmerkungen und Dank des Autors:

Bei der vorliegenden Geschichte handelt es sich um einen Roman. Manche Personen und Handlungen sind real aus der Geschichte entnommen worden.

Ich erhebe aber keinen Anspruch auf detailgetreue Wiedergabe der geschichtlichen Ereignisse. Einige Ereignisse und Personen sind für den Roman verändert worden, andere wiederum frei erfunden.

Mir ging es auch darum, dem Leser das Leben und Reisen zu dieser Zeit verständlich zu beschreiben.

Bedanken möchte ich mich vor allem bei meiner Frau, die immer wieder das Buch gelesen und korrigiert hat, und bei meinem Sohn Denny für Korrektur, Tipps und Anregungen. Ein herzliches Dankeschön auch an Dr. Norbert Autenrieth, Kerstin Kellermann und Erika Dietrich-Kämpf.

Weiter Informationen zum Buch unter:
www.wildgaense.info

Informationen zum Autor und Maler Thomas Spyra:
www.spyra.info

Leipzig und Taucha (zur Geschichte von Seite 109)

Die beiden Städte, damals etwa gleich groß, haben in der letzten Hälfte des 12. Jahrhunderts fast gleichzeitig das Marktrecht erhalten. Rasant entwickelte sich in Leipzig ein reger Handel und führte zu Wohlstand. Die Tauchaer glaubten, als sie das Marktrecht erhielten, dass der Aufschwung auch bei ihnen einsetzen würde. Doch die Händler blieben aus. Die schadenfrohen Leipziger aber machten sich über die Hoffnungen der Tauchaer lustig und dachten sich einen derben Scherz aus.

Sie verkleideten sich als Fürsten und Händler aus dem Morgenland in langen Umhängen, teils Turban oder Fez auf dem Kopf, und fuhren so mit großem Gefolge mit Haremsdamen, Wächtern und Dienerinnen in Taucha ein.

Die Tauchaner, die nichts ahnten, empfingen sie freudig und bewirteten sie aufs Köstlichste. Die vornehmen Gäste wurden in den besten Gasthäusern einquartiert. Bier und Wein flossen in Strömen.

Die Ratsherren von Taucha meinten hinter vorgehaltener Hand: Die Kaufleute aus dem Morgenland saufen ja wie die Ochsen, dürfen die das überhaupt? Verbietet der Koran nicht den Alkohol? Es blieb nicht aus, dass abends, als die Becher schon reichlich geleert waren, der Schwindel auffliegt. Der Fürst aus Afghanistan wischte sich mit dem Jackenärmel die verschwitzte Stirn ab, dabei ging allerdings nicht nur der Schweiß, sondern auch die schwarze Gesichtsfarbe ab. Die Tauchaer erkannten nun wutschnaubend Hohn und Spott, sodass eine wilde Schlägerei einsetzte. Jeder prügelte sich mit jedem. Keiner wusste mehr, wo vorne und hinten war.

Seitdem bestand eine Abneigung zwischen den beiden Städten, wobei die wenigsten Bewohner noch wußten warum. Leipzig war inzwischen eine der bedeutendsten Messestädte im ganzen Reich geworden, während Taucha zum Provinznest abgesunken war.

Seit damals hat sich zum alljährlichen Pflaumenmarkt in Taucha, eines der größten Volks- und Marktfeste in der Gegend, der Brauch des *tauchschern* eingebürgert. Die Leipziger kommen wieder verkleidet nach Taucha, doch lauern diesmal ebenfalls verkleideten Burschenbanden aus Taucha den „fremden" Gästen aus der Messestadt auf. Die beiden Gruppen verspotten sich gegenseitig, bis jedes Mal eine wilde Keilerei entsteht.

Alles Einschreiten und Verbote der Obrigkeit bis weit ins 19. Jahrhundert hinein, hat nichts gefruchtet.

Die wichtigsten Personen im Roman

kursiv geschriebene Namen oder Daten sind fiktiv

Windsheimer Personen:

1 **Andreas Christoph Bartel**, Schneider- und Zeugmachermeister, *12.10.1695/† 8.10.1763
2 **Anna Maria**, Frau von 1+3, *18.05.1683/† 9.08.1764
3 **Johann Georg Bäumer**, † 1725, erster Mann von 2
4 **Johann Sebastian Knörr**, Bürgermeister u. Oberrichter, *02.09.1699/† 08.02.1780
*5 **Lena**, **Tochter von 2+3**, Frau von 4, *26.01.1719*
*6 **Andreas Christoph Knörr**, Sohn von 4+5, *25.10.1736*
*7 **Helena Maria Knörr**, Tochter von 4+5, *28.2.1741*
*8 **Johann Albrecht Bartel**, Sohn von 2+3,*18.05.1712*
*__Marcella__, geb. De Pachino, Frau von 8, *1717*
*__Samuel Großmann__, Goldschmid, *1662*
__Christina De Pachino__, Schwester v. Marcella, Lena´s Magd
__Georg Weyknecht__, Stadtbüttel
Franz Jacob Merklein, Oberrichter
Horlacher, Eilfa, Engerer, Merklein, Rücker
    Windsheimer Ratsherren

AnsbacherPersonen

Markgraf Wilhelm Friedrich von Ansbach
Friederike Luise von Preußen, seine Frau
Johann Wilhelm Gottfried Fhr. von Seckendorff-Gutend, Politiker
Johann Sebastian Haller, Generalmajor der Truppen
Markgraf Carl Wilhelm von Bayreuth, fränk. Generalfeldmarschall
Johann Christoph Hirsch, Kastner des Markgrafen in Ansbach
__Leonore Charlotte Hirsch__, seine Frau
Marx Model, Hofjude und Finanzberater des Markgrafen
Elias Model, sein Sohn, Hofjude
__Hannah Model__, Frau von Elias
__Margarete Mechtesheimer__, Frau v. Amtmann in Egenhausen
Leopold Retti, Hofbaumeister
Georg Heinrich Bümler, Komponist u. Hofkapellmeister
Johann Wilhelm Conrad Liebhard, Hofmaler

Lassaner Personen:
Freia Reetschneider, *19.03.1719
Michael Sarren, Bürgermeister in Lassan
Johann Singer, *Fischer*1670*
Margarete Singer, *seine Frau*1677*
Petrus Singer, *ihr Sohn*1705*
Michael Hartwig, Diakon
Michael Mähl, Lehrer
Lars Asmundson, *schwedischer Unteroffizier*

Sonstige Personen:
Bruder Barnabas, *Küchenbruder im Kloster Annaberg, *1668/† 5.5.1736*
Franziskus Hennär, *Findelkind, *4.10.1721*
Abraham Rosenzweig, *Händler und Patrizier in Nürnberg*
Johann Adam Delsenbach, Kupferstecher in Nürnberg
Johann Theodor von Bayern, Bischof, Nuntius des Hlg. Stuhls
Friedrich Karl von Schönborn, Fürstbischof von Bamberg
Georg Wilhelm Steller, Arzt und Naturforscher,entdeckt Alaska
Anna Iwanowna, Zarin von Russland
Andrewitsch von Nowgorod, *Fürstl. Gesandter*
Friedrich Wilhelm I., König von Preußen
Friedrich August II., Kurfürst von Sachsen und Polen
Johann Christoph Gottsched, Philosoph
Johann Sebastian Bach, Kantor in Leipzig
Johann Gottfried Silbermann, Orgelbauer
Johann Jacob Key, Wirt in "Auerbachs Keller"
Timotheus Ritzsch, 1660 Herausgeber Tageszeitung in Leipzig
Paul Maria Kerbholzer, *Oderschiffer*
Ferdinand Kerbholzer, *sein Sohn*
Husein Mohammed Ben Özmur, *Arzt aus Alexandria*
Freiherr Georgus Ferdinand von Hohenschwarthau,
Deutschherrnordensritter
Jan Henrik Becker, *Kapitän und Kaufmann*
Gloria Konstanze Becker, *seine Tochter*
Frederik van der Linde, *deren Bräutigam*
Henriette von Gleisewitz, *Schwägerin von Becker*
Johann August Meyerfeld, Generalgouverneur von Schwedisch-Pommern
Maria Elisabeth von Holstein-Gottdorf, Äbtissin in Quedlinburg,

Personen in Sizilien

Conte Paolo Alessandrao de Cardinali, *1700/† 1739*
Contessa Albertina Frederica Maria, seine Frau, *1706*
Christiano Paolo Frederico, ihr Sohn, *1720/† 1763*
Albertina Alessandra, Tochter, *1723*
Francesco Casserino, Ziegenhirte, *1693/† 1753*
Franca, geb. Corlessa, seine Frau, *1698/† 1761*
Tommaso Casserino, ihr jüngster Sohn, *13.1.1720*

Ortsregister

Heutige Namensbezeichnungen

Windsheim	kleine Freie Reichsstadt in Mittelfranken
Bamberg	fürstbischhöfliche Residenzstadt in Franken
Ansbach	markgräfliche Residenzstadt in Franken
Leipzig	Messe- und Handelszentrum in Sachsen
Torgau	ehemalige sächsische Residenzstadt
Halle	alte Universitätsstadt in Sachsen-Anhalt
Lassan	kleine Hafenstadt am Peenestrom (Usedom)
Greifswald	Hanse- und Seehandelsstadt an der Ostsee
Palazollo Acreide	Barockstadt in der Provinz Siracusa
Siracusa	antike Provinzhauptstadt auf Sizilien

Italienische Begriffe

Conte, Contessa	Graf, Gräfin
Principe, Principessa	Prinz, Prinzessin
Palazzo,	Villa, Palast, auch kleiner Landsitz
Fattoria	Gutshof, landwirtschaftlicher Großbetrieb
Fiume	Fluss, manchmal auch die Talbezeichnung
Campagna	Garten, Feld auf dem Land
Anapo	Fluss mit bis zu 100 m tiefen Schluchten
Piazza	Hauptplatz, Marktplatz
Chiesa	Kirche, meist mit Namen eines Heiligen
Patrone	Gutsherr, Besitzer, Herrscher, Arbeitgeber

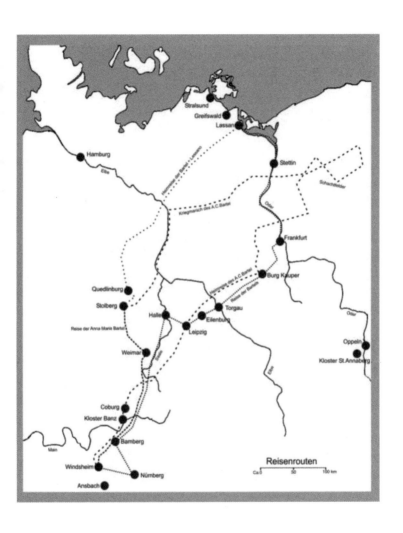

Karten

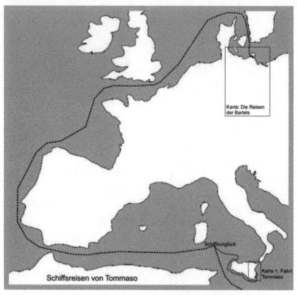

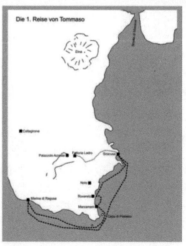

Maße und Gewichte:

Je nach Gegend waren damals Schwankungen üblich, nachfolgend die etwa in Windsheim gültigen Werte:

1 Eimer = 60 Maß = 128 Seidla = 64 Liter
1 Schoppen oder Quardel = 1/4 Maß = 0,267 Liter (in Franken)
1 Kanne = 2 Nösel = 0,9356 Liter (in Sachsen)
1 Scheffel = 2,3 hl = 230 l bzw. 60 kg als Maß für Getreide
1 Nürnberger Elle = 66,10 cm
1 Gulden (fl) = 21 Groschen = 60 Kreutzer =
    entspricht heute einer Kaufkraft von 40-50 Euro
1 Tagesreise = ca. 27 - 36km
1 Tagewerk = 2 Morgen = 1 1/2 Hufe = ca. 36Ar = 360 m^2
1 Zentner = 100 Pfund
1 Pfund = 30 Lot = 16 Unzen
1 Nürnberger Rute = 16 Fuß = 4,86 m
1 Fränkisches Ackermaß ist ein Feld
    von 360 x 120 Nürnberger Fuß, gleich 39,87 ar
Eine Fränkische Kleinhufe sind 15 Acker, entsprich ca. 6 ha

Preise und Verdienst (in Franken)

für 1 Tagewerk (etwa 13 Stunden):

Handwerker / Geselle	6 Groschen/Tag	~ 85 Gulden/Jahr
einf. Meister/Altgeselle	8 Groschen/Tag	~ 115 Gulden/Jahr
Baumeister/gr. Betrieb	12 Groschen/Tag	~ 170 Gulden/Jahr
Tagelöhner/Helfer	3 Groschen/Tag	~ 42 Gulden/Jahr

1 Scheffel Weizen kostete etwa 30 Groschen
1 Scheffel Roggen kostete etwa 23 Groschen
1 Scheffel Gerste kostete etwa 14 Groschen
1 Maß Bier kostete etwa 2 Kreutzer

Im CT-Verlag sind bisher erschienen:
www.spyra.info

Meister Andreas Christoph Bartel kommt 1726 auf der Suche nach einer eigenen Werkstatt in die kleine Stadt Windsheim - zwischen Nürnberg und Rothenburg gelegen.

Er findet in der fränkischen Freien Reichsstadt sein Glück. Im Laufe der Jahre erlebt er Not, Elend und Prunk des untergehenden Absolutismus und schließt sich den Gedanken der Aufklärung an.

... Es war schon eine traurige Gesellschaft, die da zum Rothenburger Tor hinauszog. Vorne weg ein Hund, schmutzig und zottelig, schon lange nicht mehr gestreichelt. Zwei Buben zogen eine einfache Holzkarre. Gleich dahinter drei schwarz verhüllte Gestalten, der Größe nach könnten es eine Frau und zwei Kinder sein. Eine Handvoll Frauen, alle in ihre Kopftücher gehüllt, schlossen sich ihnen an. Sie geleiteten den in einer schwarzen, grob zusammengezimmerten Holzkiste liegenden und vor drei Tagen verstorbenen Schneidermeister Johann Georg Bäumer weit vor das Stadttor hinaus, hinter den neuen Friedhof...

„Des Meisters Bartel verlorener Ring"
von Thomas Spyra
Taschenbuch 304 Seiten oder Ebook
ISBN 978-3-00-028908-8 - € 12,80 (D)

Lebe Dein Leben

Bist wieder zurück
nistest dich ein
Stück für Stück
vereinnahmst du mein
merke entsetzt
muss Grenzen setzen
fällt absolut schwer
nein zu sagen
bis hierher und nicht weiter
Morgen – ja Morgen
werde ich es wagen
habe ein Recht
auf mein eigenes Leben
lebe du deines
werd dir meines
nicht geben
es tut wohl weh
aber wenn du`s
nicht akzeptierst
sag ich Ade – bitte geh
damit wir Freunde bleiben

© Christl Spyra

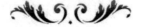

Ängstlich

Du sprichst
ängstlich ein Nein
statt ein Ja zu sagen
bist lieber vorsichtig
willst kein Risiko wagen
das Leben
hat dich ängstlich gemacht
Schatten der Vergangenheit
besitzen große Macht
wo sind deine Träume
dein Planen geblieben
du bleibst am Boden
anstatt zu fliegen
willst dich nur noch
auf sicherem Grund bewegen
hast ganz vergessen
Spontanität ist auch ein Segen

© Christl Spyra

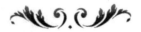

Vor Gott gleich

Vor Gott sind alle Menschen gleich
ob einer arm ist oder reich
über Allen steht das Himmelszelt
doch wie gerecht ist unsere Welt?

Manch einer lebt wie die Made im Speck
schert sich um Hungernde einen Dreck
vergisst in seinem Reichtum voller Gier
am Ende lassen wir Alle – Alles hier

Vor Gott sind alle Menschen gleich
es zählt nur die Liebe in seinem Reich

© Christl Spyra

Alle Gedichte aus
„SichtWeise"
88 Gedichte
von Christl Spyra

Als Ebook bei Amazon
erhältlich   € 2,99 (D)

Akazie

**Die Galerie
in der historischen
Altstadt Bad Windsheim**

www.akazie-die-galerie.de